MERIAN *momente*

KROATIEN

SÜDLICHE KÜSTE UND INSELN

HARALD KLÖCKER

Zeichenerklärung

- barrierefreie Unterkünfte
- familienfreundlich
- Der ideale Zeitpunkt
- Neu entdeckt
- Ziele in der Umgebung
- Faltkarte

Preisklassen

Preise für ein Doppelzimmer mit Frühstück:

€€€€ ab 150 € €€€ ab 110 €
€€ ab 80 € € bis 80 €

Preise für ein dreigängiges Menü:

€€€€ ab 40 € €€€ ab 30 €
€€ ab 20 € € bis 20 €

KROATIENS SÜDLICHE KÜSTE ENTDECKEN

KROATIENS SÜDLICHE KÜSTE ERLEBEN

KROATIENS SÜDLICHE KÜSTE ERKUNDEN

QUER DURCH KROATIEN

KROATIENS SÜDLICHE KÜSTE ERFASSEN

IM FOKUS

KARTEN UND PLÄNE

Turm der Kathedrale, vom Diokletian-Palast (▶ S. 82) in Split aus gesehen.

KROATIENS SÜDLICHE KÜSTE ENTDECKEN

MEIN KROATIEN

Seien Sie willkommen an Kroatiens südlicher Küste mit ihrer venezianischen Architektur, den mediterranen Landschaften, den zerklüfteten Küsten und bewaldeten Inseln. Freundliche Menschen und eine interessante Kultur erwarten Sie zu erholsamen Tagen.

An die erste Begegnung mit Dalmatien kann ich mich erinnern. Es war ein Tag mit außergewöhnlich klarer Sicht. Ich blickte gebannt aus dem Fenster des Flugzeugs, das mich nach Dubrovnik bringen sollte. Die Sonne blinkte auf der Adria. Graue Felsenriffe waren zu sehen, Eilande über Eilande, ein ganzer Archipel, schließlich größere Inseln, Landzungen, Buchten, Segelschiffe, Leuchttürme, von Natursteinmauern eingefasste Felder. So viele Inseln, so viele Klippen und Riffe. Ein derart vielgestaltiges Ensemble von Land und Meer hatte ich niemals zuvor gesehen. Als wir in Dubrovnik landeten, war mein Entschluss gereift, viel Zeit aufzuwenden, um diese Küsten- und Inselwelt zu erkunden. Das ist rund 30 Jahre her. Seither komme ich jedes Jahr wieder, möglichst einmal im

◀ Das Pakleni-Archipel vor Hvar punktet mit schönen Stränden (▶ S. 110).

Frühsommer, ein weiteres Mal im Herbst. Dalmatien gefällt mir immer noch außerordentlich.

Wer diese kroatische Region zwischen Zadar und der Grenze zum Nachbarstaat Montenegro noch nicht erlebt hat, breite eine Karte vor sich aus und betrachte die maritime Landschaft. Archipele über Archipele, felsige und bewaldete, von Buchten eingekerbte, lang gestreckte und gerundete Inseln, bewohnte und unbewohnte. Ugljan, Pašman, Iž, Dugi Otok, Žirje, Zlarin, Šolta, Brač, Hvar, Vis, Korčula, Lastovo, Mljet, Lopud, Koločep – um nur einige zu nennen. Dieses Szenario vor Augen, kommt man von ganz allein auf den Gedanken, man sollte über ein Boot, am besten ein Segelboot verfügen, um diese maritime Pracht angemessen erkunden zu können. Oder mit Fähren von Insel zu Insel reisen, dort wandern, die Landschaften erleben und sich immer wieder an den weiten Blicken über die Adria erfreuen.

Einmal las ich in einem vergilbten Reiseführer die Worte des kroatischen Geografieprofessors Ivo Rubić: »Das Meer ist der wichtigste Teil dieses Raumes. Das Meer, das die Küste mit ihren Buchten und Inseln umspült; das Meer, auf dem die Völker ihre materiellen und geistigen Güter austauschen; die Quelle politischer und wirtschaftlicher Macht; das Meer mit seinen Sonnenuntergängen, seiner Wärme und seiner Frische, seiner Stille und seinen Stürmen.« 69 Großinseln, 558 Eilande, 413 Klippen und Riffe hatte der Professor im »Land der 1000 Inseln« gezählt. Es ist wirklich so: Man sollte mit dem Meer, den Inseln und der Küste beginnen, wenn man den tieferen Charme dieses Lebensraumes begreifen will.

UND IMMER WIEDER DAS MEER

Wer hier unterwegs ist, wird die Begegnung mit dem Meer als tägliches Schauspiel erfahren. Wolken und Horizont über der Weite des Wassers, Brisen, mäßige und starke Winde, salzige Luft, das Geräusch der Wellen, die Farben der von der Sonne durchleuchteten Adria. Man versteht, dass dieses Meer die Bewohner an seinen Ufern geprägt hat. Viele Seefahrer, Fischer, Kapitäne, Boots- und Schiffbauer hat Dalmatien hervorgebracht. Einige Museen dokumentieren heute die Geschichte der Seefahrt, der Unterwasserwelt und der Fischerei. Begreiflich wird auch, dass diese exponierte Lage am Meer die Menschen zu allen Arten von Wassersport motiviert: Segeln, Tauchen, Paddeln, Schnorcheln, Surfen.

Vom Stein muss noch die Rede sein. Auch er, der weiße oder hellgraue Kalkstein, der auf einigen Inseln oder in Küstennähe seit Jahrhunderten aus dem Boden gebrochen wird, prägt das Ambiente der Region. Man schaue sich nur die Altstädte von Zadar, Trogir, Korčula, Dubrovnik oder Hvar an, auch die Überreste des Diokletian-Palastes in Split. Römische oder venezianische Baumeister haben hier virtuos gewirkt und aus dem Kalkstein schmuckvoll verzierte Fassaden, Kirchen, Wachtürme, Säulen und wuchtige Wehrmauern geschaffen.

DUFTENDE BLUMEN UND KRÄUTER

Die Pracht der mediterranen Pflanzen sollte noch Erwähnung finden. Stets einen Ausflug wert ist die Insel Hvar während der Salbei- oder Lavendelblüte. Duftenden Oregano und Thymian kann man auf der Halbinsel Pelješac erleben. Prächtige alte Zypressen haben nahe der Ortschaft Orebić überdauert. Erdbeer-, Feigen-, Mandel-, Oliven- und Johannisbrotbäume gedeihen auf fast allen dalmatinischen Inseln, außerdem Myrte und Fenchel, Ginster, Lorbeer, Tamarisken, Steineichen und Oleander. Einmal habe ich auf der Insel Lastovo einem grün schillernden Rosenkäfer zugeschaut, wie er in den Blüten der Zistrosen nach Nahrung suchte. Ein anderes Mal sah ich einen schwarz-gelben Falter; wie sich herausstellte: ein Schwalbenschwanz. Ich sollte noch den würzigen Duft des Pinienharzes erwähnen, den man an Dalmatiens Küsten auf Schritt und Tritt erleben kann. Manchmal hört man die Nachtigall am frühen Morgen oder den Ruf des Steinkauzes während der Dämmerung.
Nach dem Zerfall des Bundesstaates Jugoslawien erlangte Kroatien im Sommer 1991 seine Selbstständigkeit. Inzwischen haben sich die demokratischen Strukturen verfestigt, mehr Offenheit und Toleranz sind üblich geworden. Aber trotz der eingeleiteten Reformen wiegen die wirtschaftlichen Probleme schwer; auch das sollte man als Besucher wissen, sich aber mit belehrenden Verbesserungsvorschlägen zurückhalten. Nur wenige kroatische Produkte sind auf den Weltmärkten konkurrenzfähig. Viele Betriebe sind hoch verschuldet. Gerade den kleinen Betrieben fehlt meist das Kapital, um dringend notwendige Investitionen vornehmen zu können. Immer noch ist die Jugendarbeitslosigkeit hoch. Die Bevölkerung klagt zudem über die Steuerbelastungen und die hohen Preise für Dienstleistungen und Artikel des täglichen Bedarfs. Es gibt aber auch positive Entwicklungen: Ausländische Unternehmen können unkomplizierter als früher in Kroatien investieren; die Rechtssicherheit wurde verbessert, das Verkehrssystem an moderne Standards angepasst; Korruption

und Vetternwirtschaft sind erschwert worden. Durch die Mitgliedschaft in der EU erhofft sich Kroatien dringend benötigte Fördermittel für weitere Infrastrukturmaßnahmen.

Viele Unterkünfte wurden modernisiert und haben den verstaubten Mief der jugoslawischen Epoche hinter sich gelassen. Mit Einrichtungen für Wellness, Fitness und sportliche Aktivitäten sollen anspruchsvolle Kunden überzeugt werden. Fahrrad-, Wein- und Wanderrouten sind angelegt worden. Historische Klostergebäude, Paläste, Festungen und Kirchen wurden restauriert. Die Qualität der Weine hat sich gesteigert. Private Restaurants und touristische Dienstleister haben sich etabliert. Die Wasserqualität der Adria ist nach wie vor beeindruckend gut. Wer die Region vor etlichen Jahren erlebt hat und nun wiederkehrt, wird sicherlich angenehm überrascht sein.

IDEALE NEBENSAISON

Verfestigt hat sich meine Überzeugung, dass man die Region außerhalb des sommerlichen Hochbetriebs, also im Frühling oder Herbst besuchen sollte. Auch klimatisch ist dann die rechte Zeit für Wanderungen; beispielsweise durch die Rebgärten an den Südhängen der Insel Hvar. Immer wieder lohnend ist der Aufstieg auf den 961 Meter hohen Sveti Ilija oberhalb von Viganji oder eine Durchquerung der Insel Vis. Oder der Insel Šipan. Oder der Insel Mljet. Oder der Insel Brač. Den stimmungsvollen Friedhof der alten Kapitäne beim Franziskanerkloster oberhalb von Orebić gibt es noch. Auch das in Mark und Bein gehende Glockengeläut der Kathedrale von Korčula am Morgen des Ostersonntags. Immer noch schlägt mein Herz freudig erregt, wenn die Fähre in die Hafenbucht von Hvar einläuft und sich das ganze Ensemble aus Uferpromenade, Palmen, Plätzen, Türmen und Terrassencafés darbietet. »Zeitlose mediterrane Schönheit« habe ich einmal in einem Werbeprospekt gelesen. Manchmal meine ich zu ahnen, was damit gemeint sein könnte.

Der Autor Als Journalist und Buchautor ist **Harald Klöcker** seit rund 30 Jahren mit Dalmatien verbunden. Naturkundliche und kulturelle Themen interessieren ihn besonders. Jedes Mal, wenn er dort Freunde besucht, lässt er sich zu Bergbesteigungen, Weinproben oder gemeinsamem Grillen überreden. Das sind die besten Gelegenheiten, intensiv darüber nachzudenken, welche Wanderung oder andere Aktivität als Nächstes unternommen werden könnte.

MERIAN TopTen

Diese Höhepunkte sollten Sie sich bei Ihrem Besuch auf keinen Fall entgehen lassen: Ob die Altstadt von Zadar, der Strand Zlatni rat oder Sveti Jure – MERIAN präsentiert Ihnen hier die wichtigsten Sehenswürdigkeiten an Kroatiens südlicher Küste.

1 Altstadt von Zadar
Das kompakte architektonische Ensemble zeigt alle Züge einer historischen mediterranen Hafenstadt (▶ S. 13, 66, 68).

2 Diokletian-Palast, Split
Die von Kaiser Diokletian erbaute Palastanlage beeindruckt durch ihre wehrhaften Mauern und riesigen Ausmaße (▶ S. 82, 192).

3 Makarska Riviera
Hier gibt es reizvolle Strände, ein sonnenreiches Klima und zahlreiche Angebote für Wassersportler (▶ S. 54, 80, 88, 165).

4 Trogir
Die Küstenstadt hat sich einen attraktiven Altstadtkern mit bedeutenden Bauwerken aus dem Mittelalter bewahrt (▶ S. 88, 92).

5 Strand Zlatni rat, Brač
Der auf der Insel Brač gelegene Strand Zlatni rat gilt als der bekannteste der ganzen Region. Sein feiner Kies ist goldfarben (▶ S. 13, 54, 101, 102).

6 Hafenstadt Hvar
Die geschützt in einer Bucht gelegene Stadt Hvar hat ein sonnenreiches Klima und typische Züge einer dalmatinischen Hafenstadt (▶ S. 101, 107).

7 Altstadt von Korčula
Ein architektonisches Juwel. Vom Beginn des 15. bis zum Ende des 18. Jh. stand Korčula unter der Herrschaft Venedigs (▶ S. 118, 162).

8 Altstadt von Dubrovnik
Das mittelalterliche Altstadtensemble Dubrovniks wurde von der UNESCO 1979 zum Weltkulturerbe ernannt. Es geht weitgehend zurück auf die Zeit der unabhängigen, wohlhabenden Stadtrepublik Ragusa (▶ S. 15, 49, 138, 144).

9 Sveti Jure
Vom 1762 m hohen Gipfel des Sveti Jure im Naturpark Biokovo kann man oft bis zur italienischen Ostküste sehen (▶ S. 39, 61, 156).

10 Krka-Wasserfälle
Der spektakuläre Fluss Krka stürzt über 17 Stufen insgesamt fast 50 m tosend in die Tiefe. Einige Bassins im unteren Bereich der Kaskaden eignen sich zum Baden (▶ S. 160).

MERIAN Momente

Das kleine Glück auf Reisen

Oft sind es die kleinen Momente auf einer Reise, die am stärksten in Erinnerung bleiben – Momente, in denen Sie die leisen, feinen Seiten der Region kennenlernen. Hier geben wir Ihnen Tipps für kleine Auszeiten und neue Einblicke.

1 Rare Spezialität: dalmatinische Bouillabaisse

»Brodet« auf der Speisekarte? Unbedingt bestellen! Sehr gehaltvoll, aber auch sehr aromatisch ist die einer Bouillabaisse ähnliche Spezialität. Die langsam gegarte Fischsuppe wird mit Zwiebeln, Petersilie, Lorbeer, Tomaten und Kräutern aromatisiert. Die Grundlage bilden kleinere Fische sowie Krusten- und Schalentiere. Sie werden auf kleiner Flamme geschmort und mit Weißwein, Olivenöl und Knoblauch verfeinert. Das Gericht muss lange garen, bis eine Konzentration der Zutaten erreicht ist. Dazu wird Reis oder Maisgrieß gereicht. Die Suppe hat das Potenzial eines Hauptgerichts und ist vor allem im Bereich der Küsten und Inseln beliebt. Dazu trinkt man Weißwein und schaut auf die Adria.

2 Unterwasserwelt zum Staunen und Genießen

Leihen Sie sich Schwimmflossen, Taucherbrille, Schnorchel aus. Suchen Sie sich eine ruhige Bucht und schauen Sie durch das wunderbar klare Wasser der

Adria auf den Grund. Seeanemonen, Muscheln, Schnecken, Krebse, glänzende Steine. Vielleicht entdecken Sie einen Schwarm bunter Fische zwischen den Felsen.
Kenner schätzen die Tauchreviere vor den Inselgruppen Dugi Otok und Kornati sowie vor den Inseln Murter, Brač, Hvar, Korčula, Mljet, Lastovo und Vis. Die Zahl der Tauchschulen ist erheblich, die meisten sind aber nur zwischen Mai und Oktober geöffnet.

3 Wassermusik ▶ S. 69, a 2

Sie sitzen vor der Meeresorgel am Rand der **Altstadt von Zadar** ★1 und lauschen den wundersamen Tönen, die sich aufschwingen und zu einer Melodie fügen. Manchmal herrscht reger Wellengang, das beschwingt die Musik. Wenig später verliert sie an Schwung, wird erst melancholisch, dann heiter. Immer wieder variieren die Wellen die wundersame Komposition der Töne.
Zadar, Istarska obala

4 Nasse Erfrischung gegen müde Füße ▶ Klappe hinten, b 6

Die Besichtigung von Split war anstrengend, Sie schwitzen und sehnen sich nach einer Erfrischung, verständ-

2

8

lich! Die Lösung liegt in Fußweite. Wie angenehm, dass es bis zum Hotel Jadran auf der Marjan-Halbinsel gar nicht weit ist. Angegliedert ist ein großes öffentliches Schwimmbad. Erst unter die Dusche, dann hinein ins Wasser, welch ein Segen! So bekommt man wieder Energie für Besichtigungstouren in und um Split.
Split, Sustipanski put 23

5 Erholsame Stille, Entspannung am Abend F 4

Zlatni rat ★5, der oft mit einem goldenen Horn verglichene Strand auf der Insel Brač, wird im Sommer Tag für Tag von vielen Badegästen in Anspruch genommen. Dann herrscht Gedränge, und gerade leise geht es auch nicht zu. Aber es gibt eine Alternative. Gehen Sie an einem sternenklaren Abend bis zur Spitze des Strandes, setzen Sie sich in den Sand und schauen Sie sich um. Endlich wohltuende Stille.
Insel Brač, Stadt Bol (wenige km westl. der Stadt)

6 Ein beglückendes, mediterranes Panorama F/G 4

Auf der Fähre von Split nach Hvar haben Sie sich einen ungestörten Steh-

platz auf dem Oberdeck gesucht. Die ersten freudigen Erwartungen stellen sich ein. Wie mag die Stadt aussehen? Nun ist das Schiff am Rat Pelegrin in die Bucht eingebogen. Die ersten Blicke auf Palmen, Gebäude aus weißem Stein, Türme und Mauern. Ein harmonisches Panorama. Das ist Dalmatien. In Kürze werden Sie dort zu Gast sein. Genießen Sie es!

Stadt Hvar auf der Insel Hvar

7 Aromatisches Hvar für kulinarische Erinnerungen F/G 4

In den Karstmulden auf der Insel Hvar wächst der Salbei so üppig wie auf keiner anderen dalmatinischen Insel. Nahezu das ganze Jahr hindurch streckt sich der Salbei in die Sonne. Besorgen Sie sich einen Korb und sammeln Sie Salbeiblätter. Das bereitet Freude und entspannt. Noch lange wird Sie das betörende Aroma verfolgen. Und zu Hause bereichert der Salbei Ihre Küche.

Besonders gut riecht auch der Lavendel von der Lavendelinsel genannten Insel Hvar. Hier hat der Lavendelanbau eine lange Tradition. Oft wird er in kleinen, dekorativen Leinensäckchen auf dem Markt angeboten. Zu Hause in den Schrank gehängt, sollen sie Motten bekämpfen. Auf jeden Fall verbreiten sie einen angenehmen Duft.

Insel Hvar

8 Stille und ein merkwürdiges blaues Licht E5

Von Komiža auf der Insel Vis bringt Sie ein Boot zur Blauen Grotte. Sie ist nur vom Meer aus zu erreichen. In ihr spiegelt sich auf der Wasseroberfläche ein merkwürdig blaues Licht und erfüllt das Felsenrund der Grotte. Das Boot schaukelt auf den Wellen. Der Motor wird abgestellt, Stille stellt sich ein. Überall dieses üppige Licht, mal tiefblau, dann leicht ins Grünliche spielend, schließlich schillernd blau. Zauberhaft! Ein unvergessliches Erlebnis.

Insel Vis, Stadt Komiža, ab dem Kai fahren Boote zur Blauen Grotte

9 Spaziergang im milden Abendlicht E5

Wenn Sie schon den Hafenort Vis auf der gleichnamigen Insel besuchen, sollten Sie sich am Abend auf die Uferpromenade nahe dem Hotel Tamaris begeben. Hier flanieren die Einheimischen, plaudern, entrüsten sich, gestikulieren. Mischen Sie sich unter die Flaneure und genießen Sie diese volkstümliche Atmosphäre. Dazu das milde Abendlicht und anregende Düfte von Grillgerichten, die nahebei zubereitet werden. Ist es nicht bald Zeit für ein schmackhaftes Abendessen?

Insel Vis, Stadt Vis, Obala Sv. Jurja (Riva)

10 Die geballte Pracht der dalmatinischen Inselwelt G5

Vor dem Franziskanerkloster von Orebić wenden Sie sich der Adria zu. Begeben Sie sich an die Begrenzungsmauer der Straße und schauen Sie nach vorn. Welch ein Ausblick, ein Überblick! Die Altstadt von Korčula, das blaue Wasser, die Insel Badija und die vielen anderen. Möwen fliegen vorbei. In der Ferne erkennt man Segelschiffe. Viele Minuten lang möchte man so stehen und sich an diesem wundervollen Blick erfreuen. Es darf gern auch noch länger dauern.

Stadt Orebić, Ortsteil Podgorke, Franjevački samostan (ca. 3 km westl. der Stadt)

11 Ruhiger, besinnlicher Sonnenuntergang J6

Aus dem quirligen, viel besuchten Dubrovnik fahren Sie rechtzeitig vor Sonnenuntergang mit der Seilbahn auf den Srđ-Berg und halten Ausschau nach einem ruhigen Plätzchen. Das Bedürfnis nach Ruhe und Besinnung macht sich bemerkbar. Die vielgestaltigen und mannigfaltigen Eindrücke, die die Stadt hervorgerufen hat, wollen sortiert werden. Dabei helfen die Blicke auf die schöne **Altstadt von Dubrovnik** 8, die Sonne versinkt in der Adria. Wo könnte es jetzt schöner sein?

Endstation der Seilbahn auf dem Srđ-Berg oberhalb von Dubrovnik

12 Schwimmen mit Ausblick und Siesta H6

Gut, dass Sie für den Ausflug auf die Klosterinsel im Veliko jezero auf der Insel Mljet Badebekleidung und ein Handtuch mitgenommen haben. Hinein in den See mit seinem extrem klaren und nicht zu kalten Wasser! Der große See Veliko jezero mit seinen 145 ha und 46 m Tiefe erwärmt sich im Sommer auf bis zu 25 Grad! Es handelt sich übrigens um Salzwasser, da der See eine Verbindung zum Meer hat. Jedoch ist der See ein ruhiges Gewässer. Schwimmen Sie bedächtig und genießen Sie den Ausblick auf die Uferwälder mit Aleppokiefern, Steineichen und Wacholder. Danach eine erholsame Siesta an einem der kleinen Strände und ein leckeres Picknick. Herrlich!

Veliko jezero (Großer Binnensee) auf der Insel Mljet

11

NEU ENTDECKT

Jetzt nicht verpassen

Jede Region verändert sich – auch wenn vieles beim Alten bleibt. Durch neu eröffnete Museen, Hotels oder Restaurants gewinnen Orte und manchmal ganze Landstriche weiter an Attraktivität. Ebenso lässt sich die Region mit neuen Freizeitangeboten vielfältiger erleben und vielleicht sogar mit anderen Augen sehen. Hier erfahren Sie alles über die jüngsten Entwicklungen.

◀ Im Muzej Sinjske Alke sind die prächtigen Kostüme der Reiter zu sehen (▶ S. 17).

MUSEEN UND GALERIEN

Muzej Sinjske Alke F 2

Die in einem historischen Gebäude untergebrachte Schau wurde im August 2015 eröffnet und widmet sich der 300 Jahre währenden Geschichte des berühmten Alka-Festes. Diese Ritterspiele finden in Sinj stets im August statt. Dann erlebt die ca. eine Stunde von Split aus im Hinterland gelegene Ortschaft einen enormen Besucherandrang (▶ S. 158).

Wer sich für die Geschichte des Reiterfestes interessiert, sollte bei seinem nächsten Besuch in der rund 4500 Einwohner zählenden Ortschaft das entsprechende Museum besuchen. Zu sehen sind zahlreiche Dokumente aus der Historie der Alka, überdies werden traditionelle Kostüme der Reiter sowie Gegenstände, die während des Festes zum Einsatz kommen, gezeigt. Auch mit stimmungsvoller Musik aus den vergangenen drei Jahrhunderten soll den Besuchern die typische Stimmung des Festes vorgestellt werden. Leider orientiert sich das Museum zu wenig an den Bedürfnissen ausländischer Besucher. Fremdsprachige Erläuterungen sowie Audio-Informationen sind nicht vorhanden. Auch der Weg zum Museum ist nicht ausgeschildert.

Dem Museum angeschlossen ist ein Shop für Souvenirartikel. Die Website (Englisch und Kroatisch) gibt einen guten ersten Überblick.

Sinj | Put Petrovca 12 | Tel. 0 21/44 47 30 | www.alka.hr | Di–So 9–19 Uhr | Eintritt 30 Kuna, Kinder 15 Kuna

ESSEN UND TRINKEN

Corto Maltese Freestyle Food

Klappe hinten, d 4

Kreative Zubereitungen – Nahe dem Fischmarkt in der Altstadt gelegene Konoba mit innovativem Gastronomie-Konzept. Die im Jahr 2014 eröffnete Lokalität besticht durch eine äußerst kreative Zubereitung dalmatinischer Traditionsgerichte. Interessante Kombinationen von Fisch, Gemüse, Obst, Käse und Gewürzen. Zahlreiche vegetarische Gerichte. Jede Speise wird frisch zubereitet und optisch attraktiv arrangiert. Kulinarisch besonders gelungen: der Seeteufel und die Auberginencreme. Die übersichtliche Speisekarte konzentriert sich auf einige Klassiker. Kleine Terrasse, aufmerksamer Service. Solides Weinangebot.

Split | Obrov 7 | Tel. 0 21/58 72 01 | in der Saison tgl. geöffnet | €€

Croccantino G 5

Die nahe von Fährstation und Postamt gelegene Lokalität wird vor allem wegen der ausgefallenen, stets frisch zubereiteten Eissorten geschätzt, die auf der Basis natürlicher Zutaten hergestellt werden. Zudem kann man sich an Torten und Kuchen erfreuen, die ebenfalls durch Frische und aromatische Originalität überzeugen. Sie stammen aus der Konditorei der ortsansässigen Familie Antunović, die auch das Croccantino ins Leben gerufen hat. Terrasse mit Meerblick. Wer in der Hochsaison auf die Fähre von Orebić nach Korčula warten muss, sollte sich die Wartezeit mit einem Eis versüßen.

Orebić (Halbinsel Pelješac) | Obala pomoraca 30 | Tel. 0 20/71 44 16, mobil 0 98/1 65 07 77

Otto Tavern

S. 141, westl. a 2

Herzhafte Speisen – Das beim Hafen gelegene Restaurant repräsentiert eine gepflegte, solide Mittelklasse. Man speist in einem Gewölbekeller oder draußen auf der Terrasse. Klares, modernes Interieur ohne Schnörkel. Das junge, engagierte Team serviert deftige,

kompetent zubereitete Gerichte zu günstigen Preisen. Viel gelobte Steaks, delikates Carpaccio. Übersichtliche Weinkarte mit typischen Weinen aus der Umgebung. Flinker, freundlicher Service. Ein überzeugendes Beispiel für eine modern ausgerichtete Taverne.

Dubrovnik | Nikole Tesle 8 (mit Buslinie 6 erreichbar) | Tel. 0 20/35 86 33 | www.tavernaotto.com | in der Saison tgl. 12–23 Uhr geöffnet | €/€€

Pantarul

S. 141, nordwestl. a 1

Vorbildlich – Das auf der Lapad-Halbinsel gelegene Restaurant bereichert die kulinarische Landschaft Dubrovniks erheblich. Hohes professionelles Niveau in der Küche ebenso wie beim Service und der Einrichtung. Das junge, ambitionierte Team bevorzugt frische regionale Produkte. Außergewöhnliche Zubereitungsarten von traditionellen Zutaten. Mehrgängige Gourmet-Menüs, hausgemachte Nudelgerichte. Gepflegte Weinkarte. Für das hohe kulinarische Niveau günstige Preise. Einziger Nachteil: Inzwischen haben sich die Vorzüge des Pantarul so sehr herumgesprochen, dass das Lokal fast jeden Abend ausgebucht ist. Eine rechtzeitige Reservierung ist daher unbedingt ratsam.

Dubrovnik | Kralja Tomislava 1 | Tel. 0 20/33 34 86 | www.pantarul.com | Di–So 12–16 und 18–24 Uhr | €€

AKTIVITÄTEN

Im Laufschritt

J 6/F 3

Etwas für die eigene Fitness tun und sich gleichzeitig über eine Stadt informieren kann man in Dubrovnik mit der Firma Minuta dvije za usluge. Das Angebot richtet sich an Jogger, die mit einem Coach durch die Stadt laufen und dabei in Englisch über die interessantesten Aspekte dieser Stadt informiert werden. Es gibt Touren durch die Altstadt oder durch die städtischen Parks, sie dauern bis 60 Minuten und erstrecken sich über maximal sechs Kilometer.

Der Coach holt den oder die Kunden am Hotel oder an einem anderen vereinbarten Treffpunkt am frühen Morgen oder am Abend ab. Die Firma kennt sich in den örtlichen Gegebenheiten bestens aus. Außer in Dubrovnik ist die Firma auch in Split und Zagreb tätig.

Dubrovnik/Split | Tel. mobil 0 91/2 01 24 56 und 0 91/6 12 97 00 | www.minutadvije.hr | booking@sightrunningcroatia.com | Einzelpersonen 300–375 Kuna, Vierergruppe pro Person 190–200 Kuna

SERVICE

Per Katamaran zu den Inseln

J 6/F 3

Seit 2015 existiert eine neue schnelle Schiffsverbindung zu den Inseln der Adria zwischen Split und Dubrovnik. Der Katamaran startet in Split (derzeit um 7.45 Uhr), legt in Brač, Hvar, Korčula, Mljet an und erreicht gegen 12 Uhr Dubrovnik. Am Nachmittag eilt der schnelle Katamaran auf der gleichen Route zurück nach Split. Keine andere Schiffsverbindung bringt die Passagiere schneller und bequemer zu den Inseln. Die Tickets für die Fahrt mit der Krilo Star werden entweder in speziellen Krilo-Star-Kiosken bzw. von den örtlichen Reiseagenturen verkauft. Das Angebot gilt ganzjährig. Juni bis September verkehrt ein zusätzlicher Katamaran zwischen Split, Hvar und Korčula.

Buchung: www.krilo.hr oder Tel. 0 21/ 64 54 76 | Fahrt Split–Dubrovnik ca. 180 Kuna, Korčula–Split ca. 110 Kuna

Wasserflugzeuge im Linienverkehr

J 6/F 3 Klappe hinten, e 6

Wer schnell und komfortabel vom kroatischen Festland auf die Inseln gelangen möchte, kann mit den Wasserflugzeugen von European Coastal Airlines (ECA) fliegen. Das Unternehmen mit Sitz im Hafenbereich von Split bietet Frühbucher- und andere Rabatte bei geringer Nachfrage.

Im Linienverkehr verbindet die Firma beispielsweise Split (Hafen und Flughafen), Zadar, Rijeka und Dubrovnik mit den Inseln Hvar, Vis, Korčula, Rab und Lastovo. Von Split aus werden auch die italienischen Hafenstädte Ancona und Pescara angeflogen. Flugzeiten und aktuelle Preise können im Internet eingesehen werden.

ECA Split | Kaštel Štafilić | Put Divulja 7 | Tel. 0 21/44 48 88 | www.ec-air.eu

Weitere Neuentdeckungen sind durch dieses Symbol gekennzeichnet.

Diese DHC-6 Twin Otter (▶ S. 19) wird von European Coastal Airlines (ECA) im Linienverkehr eingesetzt, um Fluggäste von Split auf kroatische Inseln und in Küstenstädte zu bringen.

KROATIENS SÜDLICHE KÜSTE ERLEBEN

Der Onofrio-Brunnen (▶ S. 140) liegt in der Altstadt von Dubrovnik.

ÜBERNACHTEN

Damit Sie auf Ihrer Reise so unterkommen, wie Sie es sich vorstellen: Hier erfahren Sie alles, was Sie über die Hotels und weitere Übernachtungsmöglichkeiten an Kroatiens südlicher Küste wissen sollten. Im Anschluss finden Sie besonders empfehlenswerte Adressen.

Die Situation der Hotels an der Küste und auf den Inseln ist recht unterschiedlich. Einige konnten Kredite beantragen und damit die nötige Modernisierung verwirklichen. Manche Häuser haben sich auch mit erfahrenen ausländischen Hotelketten verbündet, um nötige Investitionen finanzieren zu können. Die neueren Hotels sind größtenteils mit Wellness- und Sporteinrichtungen ausgestattet. Einige bieten Hydro- oder Duftmassagen, Peelings, Sauna, Reflexzonen- oder Aroma-Therapie, Stress Relief oder Akupressur an. Auch Kräuterbäder, Thalasso- oder Heilschlamm-Anwendungen können geordert werden. Inzwischen gibt es auch kleinere sowie mittelgroße Privathotels oder -pensionen, die einen anspruchsvollen Standard repräsentieren und die Lücke zwischen Hotels und dem Angebot an Apartments und **Privatzimmern** schließen wollen. Manche Häuser werden als **Boutique-Hotel** oder **Villa** bezeich-

◀ Vom Palace-Hotel (▶ S. 109) ist man gleich am kleinen Hafen von Hvar.

net, wurden mit Design-Mobiliar eingerichtet und sprechen ausdrücklich ein vermögendes, manchmal neureiches Publikum an. Nicht immer entsprechen die hohen Preise den gebotenen Service-Leistungen.
Offiziell gelten für Hotels Komfortkategorien zwischen einem Stern und fünf Sternen. Bei **Pensionen** werden maximal drei Sterne vergeben. Die Einstufungen sind für den Gast aber nur von eingeschränkter Bedeutung. Selbst ein Ein-Stern-Hotel kann durchaus mit professioneller Gastlichkeit und zweckmäßig eingerichteten Zimmern überzeugen. Vor der definitiven Buchung einer Unterkunft sollte sich der Tourist möglichst per Telefongespräch erkundigen, ob die im Internet oder Prospekt aufgeführten Einrichtungen auch wirklich benutzbar sind und ob Zusatzkosten dafür entstehen. Man sollte zumindest absichern, dass das Zimmer keinem heftigen Straßenlärm ausgesetzt ist und die Klimaanlage bzw. Heizung gut funktioniert.

FAMILIÄRE GASTLICHKEIT

Erheblich gewachsen ist das Angebot an **privaten Ferienwohnungen** oder Apartments. Viele dieser Unterkünfte sind preiswert, sauber, zweckmäßig ausgestattet und werden engagiert von den Besitzern geführt. Meist ist auch die gesamte Atmosphäre ausgesprochen gastlich und herzlich; das macht ihren eigentlichen Charme aus. Die attraktivsten Unterkünfte sind allerdings in der Hochsaison (Juli und August) ausgebucht. In der Regel bucht man Ferienwohnungen und Apartments wochenweise, gewöhnlich von Samstag zu Samstag. Flexiblere Regelungen müssen von Fall zu Fall ausgehandelt werden.
Deutlich gestiegen sind die Preise für **Stadthotels** in den Metropolen Split und Dubrovnik. Im Juli und August steigen die Preise abermals – oft in exorbitante Höhen. Manchmal macht es Sinn, in einer preiswerteren Unterkunft außerhalb der Stadt zu übernachten und mit öffentlichen Verkehrsmitteln ins Stadtzentrum zu fahren. Nach wie vor günstig sind Pauschalangebote in der Vor- und Nachsaison; auch die Preise in den meisten Familienpensionen halten sich außerhalb der Hochsaison in einem überzeugenden Rahmen und eignen sich für einen Familienurlaub.
Beim Frühstück haben sich die großen Hotels mit vielen internationalen Gästen zumeist erheblich auf die Wünsche von Ausländern eingestellt. Es dominieren abwechslungsreiche Frühstückbuffets. Nach wie vor gibt es

aber Hotels und Pensionen, die nach Landessitte ein eher karges Frühstück anbieten. Auch beim Kaffee oder Tee kann sich das auswirken. In solchen Fällen ist es ratsam, gegen Aufpreis um ein reichhaltigeres Frühstück zu bitten.
Braucht man kurzfristig eine Unterkunft für eine oder mehrere Nächte, wendet man sich am besten an das örtliche Fremdenverkehrsbüro oder an private Agenturen. Keinesfalls sollte man definitiv buchen, ohne das gewünschte Zimmer ausführlich begutachtet zu haben. Bei der Anmietung von privaten Zimmern oder **Apartments** (Apartmani) wird oft eine Pauschale für die Endreinigung berechnet. Manchmal kommen auch noch Kurtaxen, Agenturprovisionen oder lokale Steuern hinzu. Es sollte mit dem Vermieter unmissverständlich abgesprochen werden, wie hoch der zu entrichtende Endpreis ist. Zu klären ist auch, ob Kreditkarten akzeptiert werden und in welcher Währung (Kuna oder Euro) bezahlt werden soll. Benötigt man eine Quittung, sollte auch das frühzeitig mit dem Vermieter abgesprochen werden.

EINSAMKEIT IM LEUCHTTURM

Seit einigen Jahren können Touristen auch eine Unterbringung in kroatischen Leuchttürmen buchen. Sie liegen draußen auf adriatischen Inseln oder an der Küste. Das Angebot ist begrenzt, die Unterkünfte sollten möglichst frühzeitig gebucht (www.lighthouses-croatia.com) werden. Wer sich zu einem solchen Aufenthalt entschließt, sollte mit Stille und Einsamkeit umzugehen verstehen. Die Verpflegung kann in Koordination mit dem Veranstalter arrangiert werden. Ansonsten ist man auf sich allein gestellt. Aber genau das ist ja schließlich einer der Gründe, warum man sich in einem Leuchtturm einmietet.

BESONDERE EMPFEHLUNGEN

APARTMENTS

Villa Tudor F4

Attraktive Lage – Das moderne Apartment-Gebäude liegt ca. 5 km von der Stadt Hvar entfernt im Weiler Milna. Attraktive Blicke von den Balkonen über Küste und Meer. Der Strand ist zu Fuß zu erreichen. Unterschiedlich große Apartments, sauber, zweckmäßig eingerichtet, Internet, eigener Parkplatz. Die Lokalität wird seit 2003 von der Familie Tudor geführt. Engagierter Service.
Sportmöglichkeiten wie Tennis, Surfen, Tauchen in der Nähe. Gute Ausgangslage für Wanderungen. Ein gelungenes Beispiel für ein Apartment-Angebot mit Niveau und Flair.
Milna (Hvar) | Milna bb | Tel. 0 21/ 74 50 00 | www.hvar-tudor.com | 3 Apartments | €€

HOTELS

Judita Palace ▶ Klappe hinten, d 4

Komfortabel und zentral gelegen – Neuere, geschmackvoll ausgestattete Boutique-Hotels gibt es mehrere an der kroatischen Küste, aber manchmal demonstrieren sie mehr Schein als Sein und erweisen sich als überteuert. Dieses nach der biblischen Judith benannte Vier-Sterne-Hotel überzeugt auf der ganzen Linie. Die Räumlichkeiten sind in einem restaurierten Palast aus dem 16. Jh. untergebracht. Hinzu kommt die zentrale Lage am beliebten Narodi Trg am Rand der Altstadt. Es gibt nur wenige Hotels in Split, die mit einer derart günstigen Lage aufwarten können. Komfortabel und stilvoll eingerichtete Zimmer mit schalldichten Fenstern. Umfassender, professioneller Service mit hauseigener Terrasse, Bücher für die Urlaubslektüre, Bar, kostenlose Parkplätze, Internet.
Geradezu überwältigend ist das im Preis eingeschlossene Frühstück. Das schöne Hotel wurde mehrfach mit Preisen ausgezeichnet.

Split | Narodni Trg 4 | Tel. 0 21/42 02 20 | www. Juditapalace.com | 8 Zimmer | €€€€

PENSIONEN

Gina D 2

Bewährte Gastlichkeit – Diese direkt am Meer gelegene Familienpension besteht seit 1969 und wird seither mit viel Herzlichkeit und Professionalität geführt. Ein herausragendes Beispiel für Beständigkeit und unbedingte Orientierung an den Wünschen der Gäste. Hauseigener Anlegeplatz für Boote, umfassender Service für Hausgäste mit eigenem Boot. Angeschlossen ist auch ein Restaurant, in dem dalmatinische Traditionsgerichte serviert werden. Eigenes Obst, Gemüse, eigene Weine und Schnäpse. Wi-Fi, Klimaanlage. Viele Stammgäste aus Deutschland und Österreich. Zimmer in der Hochsaison unbedingt rechtzeitig buchen.

Tisno (Murter) | Put Jazine 9 | 0 22/43 85 80 | www.gina.hr | 13 Zimmer | €€

Mirina G 5

Sympathischer Familienbetrieb – Von der Familie Antunović seit mehr als 30 Jahren mit Engagement und viel Herzlichkeit geführte Pension in ruhiger Lage außerhalb der Ortschaft Viganj mit großartigen Blicken über die Adria und die gegenüber gelegene Altstadt von Korčula. Günstige Lage für Wanderungen in der angrenzenden Gebirgsregion des Sveti Ilija. Der Eigentümer führt auch eine Konditorei/Bäckerei in Orebić und bekocht allabendlich seine Gäste mit regionalen Spezialitäten. Das kulinarische Niveau überrascht durch gehobene Qualität und originelle Darbietung. Eigene Weine, Schnäpse, Gemüse aus dem Garten, fabelhafte Grillgerichte.
Die Lage des Hauses, die familiäre, freundliche und ruhige Atmosphäre überzeugen viele Stammgäste seit Jahren. In der Hauptsaison ist die Pension oft ausgebucht.

Viganj (Pelješac) | an der Küstenstraße in Richtung Lovište | Tel. 0 20/71 90 33 | www.mirina-viganj.com | 6 Apartments | €

Weitere Adressen finden Sie im Kapitel KROATIENS SÜDLICHE KÜSTE ERKUNDEN.

Preise für ein Doppelzimmer mit Frühstück:

€€€€	ab 150 €	€€€	ab 110 €
€€	ab 80 €	€	bis 80 €

ESSEN UND TRINKEN

Gehen Sie an Kroatiens südlicher Küste auf kulinarische Entdeckungsreise: Hier erfahren Sie alles, was Sie über die lokale Küche und Gastronomie wissen sollten. Im Anschluss finden Sie besonders empfehlenswerte Adressen aus diesem Band.

Während im gebirgigen Hinterland Dalmatiens deftige Gerichte mit Hammel-, Lamm-, Schweine-, Rind- oder Ziegenfleisch – oft in Weißkohlblätter gewickelt – geschätzt werden, ist der kulinarische Horizont im Bereich der Küste und Inseln aus verständlichen Gründen von Meeresfrüchten und Seefischen geprägt. Sie müssen zumeist nicht von fern herbeitransportiert werden, daher sind sie in der Regel vorbildlich frisch und von tadelloser Qualität. Einige Fischarten stammen inzwischen aus speziellen Zuchtanlagen im Küstenbereich. Edelfische wie Zahnbrasse, Goldbrasse, Seebarsch, Seehecht, Zackenbarsch, Drachenkopf, Seezunge oder Meeräsche werden normalerweise gegrillt (»na žaru«) und oft begleitet von Kartoffeln und Mangold serviert.
Eine seltene, originelle Rarität ist luftgetrockneter Meeräschenrogen oder Seeigelrogen. In Konobas oder Tavernen kommen manchmal gegrillte

◀ Der Markt (▶ S. 86) in Split bietet Obst und Gemüse in allen Formen und Farben.

Sardinen oder Sardellen auf den Tisch, was sich zumeist als ausgesprochene Köstlichkeit erweist. Gleiches gilt für eingesalzene Sardellenfilets. Sie sollten möglichst grätenfrei, dunkel in der Farbe und nicht übermäßig gesalzen sein. Es gibt sie als Konservenware von spezialisierten Firmen, manchmal werden sie auch als hausgemachte Produkte auf den Fischmärkten angeboten. Dalmatien blickt auf eine renommierte Tradition bei der handwerklichen Verarbeitung von Sardellen zurück, in Zeiten der Globalisierung hat dieser Wirtschaftsfaktor an Bedeutung verloren.

EDLE MEERESFRÜCHTE

Auf nahezu allen Speisekarten der Region findet man Muschel- und Tintenfischgerichte. Allerorten beliebt ist Tintenfischsalat, angemacht mit Zwiebeln, Petersilie, Rotweinessig, Meersalz und Olivenöl. Ähnliches gilt für das weiße Muschelrisotto auf der Basis von Miesmuscheln sowie das schwarze Risotto, bei dem die Tinte des Tintenfischs unter den Reis gemischt wird. Hummer, Langusten, Austern und Scampi gelten als luxuriöse Köstlichkeit und haben ihren Preis. Letztere Delikatesse wird gern als »škampi buzara« bzw. »škampi na buzaru« in einem Sud aus Gemüse, Weißwein, Knoblauch und Tomaten geschmort. Duft und Geschmack dieses Gerichts zählen zu den Highlights unter den feinen dalmatinischen Rezepturen.

Gerade bei Hummer- und Langustengerichten werden in den Restaurants oft ungerechtfertigt hohe Preise verlangt. Vermögende kroatische oder ausländische Touristen bestellen diese Spezialitäten oft aus Prestigegründen, auch wenn die Ware tiefgefroren aus Übersee kommt. Nicht weniger schmackhaft, aber nur bei Kennern als Delikatesse geschätzt ist der Drachenkopf (»škarpina«). Manchmal wird er wegen der vielen Gräten als Fisch dritter Kategorie eingestuft. Versierte Köche sind allerdings geübt darin, die Gräten zu entfernen und aus dem äußerst wohlschmeckenden Fleisch dieses Felsenfischs einen unvergesslichen Gaumenschmaus zuzubereiten. Zu einer kulinarischen Pilgerstätte für Liebhaber exquisiter Meeresfrüchte hat sich die Ortschaft Mali Ston (Halbinsel Pelješac) entwickelt. Die aufgetischten Produkte stammen aus den vorgelagerten Miesmuschel- und Austernzuchtanlagen.

Was die Gemüsesorten betrifft, kommt zu allen Jahreszeiten dem Mangold (»blitva«) und dem Kohl (»kupus«) eine herausgehobene Position zu. Auch Zucchini, Auberginen, Sauerkraut und Gurken kommen häufig zum Einsatz. Besonders saftig und schmackhaft geraten in der Regel mit Kartoffeln und Gemüse akzentuierte Fleischgerichte, die unter einer mit Holzkohlenglut und -asche überdeckten Metallglocke (»peka«) gegart worden sind. Diese traditionelle Gartechnik erfordert zwar Zeit – nicht selten um die zwei Stunden –, führt aber zu einer wunderbaren Aromasteigerung insbesondere von Fleisch, Fisch und Kartoffeln.

SPEZIELLE REZEPTUREN

Weitere renommierte Spezialitäten sind der geräucherte und gereifte Schweineschinken (»pršut«), der gereifte, besonders würzige Schafskäse von der Insel Pag sowie Lammfleisch, das meist aus dem kroatischen Hinterland stammt. Inzwischen selten geworden sind Grillstationen, wo das Fleisch von Ochsen oder Wildschweinen gegart wird. Ein typisches Gericht der Insel Brač ist der »vitalac«. Die Innereien eines Lamms (Lunge, Herz, Leber und Milz) werden zerkleinert und auf einen Spieß gesteckt. Danach werden sie mit Lammdärmen umwickelt und so lange über der Holzkohlenglut gegart, bis sich die Därme dunkel gefärbt haben. Unter den typischen Gerichten der Region sind auch die Krautwickel mit Hackfleisch (»sarma«) hervorzuheben. Auch die »pašticada« zählt zu den traditionellen Fleischgerichten. Darunter versteht man einen Rinderschmorbraten, der mit Speck, Zwiebeln, Sellerie, Knoblauch, Möhren, Lorbeer und Rotwein aromatisiert wird. Manchmal gibt man auch noch getrocknete Pflaumen hinzu. Die deftige, gehaltvolle und intensive Speise kam in der dalmatinischen Tradition nur zu außergewöhnlichen Anlässen auf den Tisch, vorzugsweise zu Hochzeiten, Taufen oder Jubiläumsfeierlichkeiten.

KULINARISCHE RARITÄTEN

Eher selten auf den Speisekarten trifft man die »gregada« an. Auch sie wurzelt in der Tradition der Fischer und Seefahrer. Man zerteilt eine oder mehrere Fischsorten in kleinere Partien, legt eine Schicht auf den Boden eines Topfes und schichtet eine Lage dünn geschnittener Kartoffeln darüber. Dazu gibt man Zwiebeln, Knoblauch, Petersilie, Weißwein und Olivenöl. Die »gregada« wird so lange gekocht, bis die Kartoffeln gar und die Fische hinreichend weich geworden sind.
Bei den Nachspeisen hält sich der Variantenreichtum in Grenzen. Oft angeboten wird die »rožata«, eine Art Karamellpudding aus Eiern, Zucker und Milch. Im Sommer und Herbst isst man gern nach einem opulenten

Essen gut ausgereifte Früchte, insbesondere Kirschen, Feigen, Aprikosen, Pfirsiche oder Weintrauben. Die meisten lokal kultivierten Früchte, auch Mandarinen und Nektarinen, stammen aus dem Neretva-Delta nahe Metković oder Ploče. Zum Kaffee nach dem Essen werden mancherorts Backwaren gereicht, etwa »kruštule« oder »fritule«. Dabei wird ein Hefeteig ähnlich den Krapfen in Öl ausgebacken und mit Puderzucker serviert. Andere Backerzeugnisse enthalten vornehmlich Mandeln, Walnüsse oder Pinienkerne.

GEMÜTLICHES SCHMAUSEN

Gaststätten, die weniger mit edlem Interieur, sondern mit regionaltypischen Speisen und gemütlicher Atmosphäre aufwarten, nennen sich meist »**Gostiona**« bzw. »Gostionica«, »**Taverna**« oder »**Konoba**«, was ursprünglich Weinkeller bedeutete. Eine öffentliche Konoba bietet aber gewöhnlich auch Speisen an, manchmal nur Wurst, Schinken, Speck, Käse, Brot; gelegentlich auch Grillgerichte mit Beilage. Erheblich ist die Zahl der kroatischen Café-Bars. In der »**Kavana**« bekommt man Espresso »kava«, Cappuccino, Tee »čaj«, aber auch Süßgebäck, Kuchen oder Torten. Speiseeis erwirbt man in der Eisdiele, »Slastičarna« genannt.

Frischer als an der dalmatinischen Küste kann man den Fisch kaum bekommen. Er wird gerne zu Fischsuppen verarbeitet, aber auch wie hier einfach auf den Grill gelegt.

Die renommiertesten Rotweine, meist basierend auf der Plavac-Mali-Rebe, stammen von der Halbinsel Pelješac; auch auf der Insel Hvar bringen modern eingestellte Winzer beachtliche Rotweine hervor. Bei den Weißweinen spielt die Insel Korčula eine herausragende Rolle. Hier gedeihen die Reben für den »Pošip«, »Rukatac« und »Grk«. Nicht wenige jüngere Winzer haben in eine zeitgemäße Ausrüstung investiert und die Weinqualitäten verbessert. Überzeugen will man insbesondere mit der Verarbeitung von regionaltypischen Reben, die Weine mit Charakter und Komplexität hervorbringen (▶ S. 32). Als Dessertwein wird der »Prošek« geschätzt. Die geernteten Trauben trocknen an der Sonne, bis sie ein extrem hohes Fruchtzuckerniveau erreicht haben. Aus den fast rosinenartigen Trauben wird dann der berühmte Süßwein fermentiert.

VERDAUUNGSFREUNDLICHE SPIRITUOSEN

Vor oder nach dem Essen trinkt man in der Region gern ein Gläschen Traubentrester (»Lozovača«, manchmal auch »Rakija« genannt). Ist dieser mit aromatischen Kräutern wie Minze, Salbei, Majoran, Thymian sowie einem Zitronenblatt, einer noch unreifen Walnuss oder etwas Fenchel versetzt, nennt man ihn »Travarica«. Diese Spirituosen eignen sich als Mitbringsel aus dem Urlaub.

BESONDERE EMPFEHLUNGEN

RESTAURANTS

Konoba Mate — G 5

Traditionelle Leckerbissen – Sympathisches Beispiel für einen kleinen, familiär geführten Gastronomiebetrieb. Der Bauer Mate sowie Frau und Tochter bewirten Gäste mit hausgemachten Speisen und Getränken in einem schlichten, rustikalen Ambiente. Alle Produkte stammen aus eigener Herstellung. Fahrrad-Touristen machen hier gern Station. Dörfliche Umgebung. Telefonische Voranmeldung (Tel. 0 20/71 71 09) ratsam.

Pupnat auf Korčula | mitten im Dorf, ohne konkrete Adresse | www.pupnat.com | tgl. 11–14 und 17–23 Uhr oder nach Voranmeldung | €

Konoba Varoš — ▶ Klappe hinten, d 4

Klassiker mit beständigem Niveau – Das Restaurant befindet sich im historischen Fischer- und Bauernviertel von Split und ist aus dem Zentrum leicht zu Fuß zu erreichen. Die Lokalität überzeugt einheimisches und internationales Publikum seit Jahrzehnten durch eine Mischung aus gepflegter Gemütlichkeit und kompetent zubereiteten dalmatinischen Traditionsgerichten. Die hausgemachten Fisch-, Fleisch- und Gemüsegerichte sind von respektabler Originalität und halten seit Jahren ein überdurchschnittliches Niveau. Beachtliche Auswahl an kroatischen Weinen. Kompetenter Service.

Split | Ban Mladenova 7 | www.konobavaros.com | tgl. 9–24 Uhr | €€

Vila Koruna

H5

Delikate Muscheln und Austern – Renommiertes Spezialitätenrestaurant für Meeresfrüchte und Fische. Die stets frischen Miesmuscheln und die Austern (Saison von März bis Juli) kommen aus den Zuchtanlagen in der angrenzenden Bucht. Beide Produkte werden hier besonders kompetent und abwechslungsreich zubereitet, was viele Stammgäste und kulinarisch interessierte Menschen anzieht. Rund 300 Sitzplätze im Innen- und Außenbereich. Besonders beliebt sind Risotto, Fischsuppe, Hummer, Langusten, Garnelen. Die in der Hochsaison viel besuchte Lokalität wird von der Familie Pejić geführt. Angeschlossen ist auch eine Pension mit zwölf Zimmern mit Seeblick. Ganzjährig geöffnet. Aufgrund der Größe des Lokals ist es auch bei Gruppen beliebt.

Mali Ston | ausgeschildert, nahe Durchgangsstraße | www.vila-koruna.hr | tgl. 8–23 Uhr | €€

Dalmatinische Bouillabaisse

1

Wenn »brodet« auf der Speisekarte steht, sollten Sie das Gericht unbedingt probieren! Die aromatische Fischsuppe ist ein Hauptgericht und wird mit Maisgrieß oder Reis kombiniert (▶ S. 12).

Weitere Adressen finden Sie im Kapitel KROATIENS SÜDLICHE KÜSTE ERKUNDEN.

Preise für ein dreigängiges Menü:

€€€€	ab 40 €	€€€	ab 30 €
€€	ab 20 €	€	bis 20 €

KLEINE WARENKUNDE

Aromatische, gesunde Gewürze

Frisch gepflückte Salbei- und Lorbeerblätter spielen in vielen dalmatinischen Traditionsgerichten eine Hauptrolle.

Wilder Salbei wächst im Küstenbereich oder auf den Inseln Dalmatiens rund ums Jahr. Zwischen Karstfelsen gedeiht er besonders üppig. In der Region würzt man damit fette Fisch- und Fleischgerichte, Schweine- und Lammbraten oder Innereien und macht diese Gerichte dadurch leichter verdaulich. Frisch gepflückte Blätter erzielen die höchste Würzkraft. Man kann sie aber auch trocknen und als aromatisches Souvenir mit nach Hause nehmen.

Auch wilder Lorbeer wächst in Dalmatien an vielen Stellen. Die jungen, zartgrünen Blätter verwenden die Dalmatiner als würzende Komponente in Marinaden, delikaten Fischgerichten, Tomatensaucen, Suppen und Eintöpfen. Auch diese Blätter lassen sich problemlos trocknen und aufbewahren. Salbei und Lorbeer kann man auch auf Märkten kaufen.

Im Fokus

Die neuen dalmatinischen Rot- und Weißweine

Rot- wie auch Weißweine überzeugen durch ihr eigenwilliges, angenehm individuelles Aroma und ihren vollmundigen Geschmack. Junge, aufstrebende Winzer punkten mit interessanten Innovationen.

Den Aufbruch zu verbesserten Weinqualitäten repräsentiert Frano Miloš (www.milos.hr) aus der kleinen Ortschaft Ponikve auf der Halbinsel Pelješac in nahezu idealer Weise. Manche hielten ihn für einen weltfremden Idealisten, als er auf ca. 20 ha neue Rebflächen an den steinigen Hängen oberhalb seines Heimatdorfes anlegen ließ und nicht wenig Geld in die Anschaffung neuer Barrique-Fässer investierte. Zudem machte er sich daran, Trauben von Rebstöcken, die bereits 40 Jahre alt waren und von anderen Winzern wegen ihrer geringen Produktivität herausgerissen wurden, zu verarbeiten. Und was die Vergärung der Weine anbetrifft, setzte Frano Miloš von Anfang an auf die Verwendung von Naturhefen aus den eigenen Traubenkulturen. Das ist komplizierter und riskanter als der Einsatz von im Labor gezüchteten Hefen, verleiht den Weinen aber komplexe eigentümliche Aromen. Merlot, Cabernet Sauvignon, Cabernet

◄ Bei Lumbarda (► S. 123) im Osten Korčulas wird der rare Weißwein Grk angebaut.

Franc, Pinot Noir? Von Anfang hatte sich Frano Miloš festgelegt: Diese Rebsorten mag man in anderen Gegenden kultivieren, hier gedeiht am besten Plavac Mali.
Kommt man auf diese Rebsorte zu sprechen, gerät er geradezu ins Schwärmen. Im Weinberg gebärdet sich Plavac Mali wild und widerspenstig. Sie muss sehr individuell geschnitten und behandelt werden, für den großflächigen Einsatz ist sie ungeeignet. Sie muss extreme Hitze vertragen und mit wenig Regen auskommen können. Außerdem reagiert sie sehr sensibel auf die unterschiedlichen Boden- und Klimaverhältnisse der einzelnen Lagen. Im Ergebnis bringt sie Rotweine hervor, die extrem komplex, tiefgründig und facettenreich sind. Heute spottet niemand mehr über das von Entschiedenheit und Beharrlichkeit geprägte Engagement des Winzers. Inzwischen sind seine nach Lagen, Alter der Rebstöcke und Höhe des Ertrages unterschiedlichen Rotweine mehrfach mit Preisen ausgezeichnet worden und haben bei Weinkennern höchste Anerkennung gefunden.

PLAVAC MALI IN BARRIQUE

Wenige Kilometer von Ponikve entfernt hat Mike Grgich (www.grgic-vina.com) in Trstenik auf einem Gelände, das ehemals der jugoslawischen Armee gehörte, seine Kellerei erbauen lassen. Der Winzer wanderte 1958 ins kalifornische Napa Valley aus und war bereits dort mit eigenen Weinen erfolgreich. Nach der kroatischen Unabhängigkeit, die er engagiert unterstützte, kehrte er in seine Heimat zurück und machte sich ab 1996 an die Arbeit. Sein Credo war stets: Man muss den ungestümen, eigenwilligen Charakter des Plavac Mali ein wenig bändigen und abrunden, damit er mehr Eleganz erlangt. Grgich mischt die Trauben verschiedener Lagen und erreicht durch eine betont kontrollierte, langsame Vergärung, dass der Fruchtcharakter dieser Sorte erhalten bleibt. Beim Ausbau der Weine in neuen und gebrauchten Barrique-Fässern aus französischer Eiche werden zudem die ausgeprägten Gerbsäuren des Plavac Mali gerundet und gefälliger gemacht. Trotzdem bleiben die typischen Aromen von gedörrten Früchten, Leder und mediterranen Kräutern erhalten. So entsteht ein Stil, der in den USA gefragt ist. Mehr als die Hälfte seiner Weine verkauft Grgich inzwischen dorthin. Auch sein aus der Rebsorte Pošip gekelterter Weißwein findet dort großen Anklang.

Sowohl Frano Miloš als auch Mike Grgich haben die anderen Rotwein-Winzer auf der Halbinsel Pelješac mit Ideen und Kontroversen angesteckt. Die ehemals betont schweren, tiefgründigen und alkoholreichen Rotweine, deren Trauben an den südlichen sonnenreichen Steilhängen der Halbinsel gedeihen, sind vielerorts schlanker und dynamischer geworden. Jeder Winzer verfolgt sein eigenes Konzept und setzt andere Akzente. In ganz Kroatien verfügen die Rotweine aus Dingač, Postup, Kuna oder Potomje über einen hervorragenden Ruf. Deshalb zählen sie zu den teuersten Rotweinen des Landes. Schon zu Zeiten der Donaumonarchie wurden diese hoch konzentrierten Weine als sogenannte Kaiserweine an den Hof nach Wien gebracht.
Mit herausragender Qualität und einem abwechslungsreichen Sortiment hat sich auch der Weinmacher von Matuško vina (www.matusko-vina.hr) aus Potomje in die Schlagzeilen gebracht. Neben diversen Plavac-Mali-Rotweinen stellt er reinsortige Weißweine aus den Rebsorten Pošip und Rukatac sowie Schaumwein her. Die stilvolle unterirdische Kellerei wird häufig von Touristen besucht. Eine Führung ist auch in deutscher Sprache möglich. Nahebei hat er inzwischen sogar ein eigenes Restaurant eröffnet. Auch eigenes Olivenöl kann der dynamische Winzer seinen Kunden anbieten.

WEISSWEIN-RARITÄTEN

Auf der benachbarten Insel Korčula dominieren die weißen Reben, vor allem die Sorten Rukatac und Pošip. Beide Sorten finden hier in den nach Süden ausgerichteten Lagen Klima- und Bodenverhältnisse vor, die das aromatische Potenzial optimal zur Entwicklung bringen. Pošip und Rukatac werden größtenteils in der Ebene nahe der Ortschaften Smokvica und Čara angebaut. Beide Weißweine verbinden eine herbe Frische mit sanften mineralischen Nuancen und dezent-angenehmen Aromen von wilden Aprikosen bzw. Pfirsichen. Inzwischen gibt es sogar im Fass vergorene Varianten. Die auf Korčula verbreitete Rebsorte Rukatac, die manchmal mit Pošip verschnitten wird, heißt in anderen Weingebieten Dalmatiens Maraština.
Wenn es darum geht, vor allem die aromatischen Finessen der Pošip-Rebe optimal hervorzubringen, haben die Gebrüder Šain-Marelić (Tel. 0 20/83 31 66 sowie 0 20/83 40 01) aus der Ortschaft Čara Vorbildliches geleistet. Sie schneiden die Rebstöcke extrem zurück, ernten nur vollkommen ausgereifte Trauben und achten mit Akkuratesse darauf, dass das aromatische Potenzial der Weißweine komplex bleibt und auch genü-

gend Säure aufweist. Pošip-Weißweine gibt es auf Korčula einige, auch die örtliche Genossenschaft ist auf diesem Sektor aktiv, erreicht aber nicht die Konzentration und Komplexität der Weine von Šain-Marelić. Vor allem die zarten Aprikosennuancen, kombiniert mit einer angenehmen Frische, machen diese Weine so delikat.

Auch der Grk gilt als eine äußerst individuelle Weißwein-Rarität. Die Sorte wird nur noch von wenigen Winzern nahe der Ortschaft Lumbarda im Osten der Insel Korčula angebaut. Der Grk wächst auf Sandböden und zeigt ein zartbitteres mineralisches Aroma. Daher der Name: grk bedeutet bitter im Kroatischen. Die Rebe stammt vermutlich aus dem antiken Griechenland. Seit wann sie in der Gegend von Lumbarda kultiviert wird, ist umstritten. Sicher scheint indes, dass hier bereits vor mehr als 2300 Jahren Weintrauben angebaut wurden. Leider wird Grk nur in begrenztem Umfang auf kleinen Rebflächen produziert. Oft wird er mit anderen Rebsorten verschnitten. Enthusiasten von reinsortigem Grk sind beispielsweise Bartul Cebalo und Branimr Cebalo (www.grk-lumbarda.com). Zudem hat sich die Familie Batistić-Zure (www.zure.hr), die ein agrotouristisches Projekt mit Unterkünften und Restaurant unterhält, der Herstellung von Grk im gehobenen Qualitätsbereich verschrieben.

SONNE UND WIND – IDEAL FÜR DIE REBEN

Sehr erfreulich haben sich die Weinqualitäten an den steilen Westhängen der Insel Hvar entwickelt. Sie zählen zu den renommiertesten Lagen für den Anbau von Weintrauben. Die exponierte Lage über dem Meer, rund 3000 Sonnenstunden im Jahr sowie eine dem Reifeprozess der Rebe förderliche Zirkulation der Winde macht vor allem die Erzeugung von tiefgründigen, körperreichen Rotweinen möglich. Angebaut wird auch hier hauptsächlich die rote Rebsorte Plavac Mali, die bedeutendste Rebsorte Dalmatiens.

Bei den weißen Sorten dominieren Bogdanuša, Zavala und Maraština. Die bedeutendsten Weinbau-Gemeinden heißen Sveta Nedjelja, Ivan Dolac und Zavala. Berühmtester und erfolgreichster Winzer ist derzeit Zlatan Plenković (www.zlatanotok.hr), der seine Weine im Weiler Sveta Nedjelja vinifiziert.

Erwähnenswerte Weine aus dem Küstenbereich sind der Debit, ein leichter Weißwein aus der Gegend von Šibenik; der Babić, ein gefälliger Rotwein aus der Gegend von Primošten, sowie der weiße bzw. rote Kaštelet, der aus der Rebsorte Vranac bzw. Plavac gekeltert wird. Weitere Weine werden auch bei Gruda und Komaji sowie auf der Insel Vis hergestellt.

Grüner reisen

Urlaub nachhaltig genießen

Wer zu Hause umweltbewusst lebt, möchte vielleicht auch im Urlaub Menschen unterstützen, denen ein verantwortungsvoller Umgang mit der Natur am Herzen liegt. Empfehlenswerte Projekte, mit denen Sie sich und der Umwelt einen Gefallen tun können, finden Sie hier.

Bäuerliche Betriebe, die konsequent nach Öko-Richtlinien wirtschaften, sind Einzelfälle und spielen in der kroatischen Landwirtschaft noch keine bedeutende Rolle. Es muss abgewartet werden, ob durch die EU-Mitgliedschaft Kroatiens mehr Bauern gefördert werden, die auf Öko-Standards umstellen möchten. Einige engagierte Bio-Bauern machen in Istrien von sich reden. Sie überzeugen vor allem mit Olivenöl, Wein und Gemüse. Auch im kroatischen Hinterland regen sich erste Initiativen von Bio-Bauern. Obst und Kürbiskernöl zählen hier zu den herausragenden Produkten. In Dalmatien – auf den Inseln zumal – bieten einzelne Bauern naturnah hergestellte Trockenfeigen, Gemüse, Obst, Liköre, Kräuterschnäpse, Tafeloliven oder Olivenöl an. Auch Olivenseife, Würzkräuter, Honig oder Lavendelessenz findet man auf den Märkten. Eine verlässliche Bio-Zertifizierung dieser Produkte steht noch aus, weil die gesetzlichen Bestimmungen nicht vereinheitlicht sind und es an Kontrollinstanzen mangelt, die unabhängig und mit anerkannter Autorität agieren

◀ Es schneit Salz – in der traditionellen Saline Nin (▶ S. 38) bei Zadar.

können. Die Anzahl der Bio-Läden ist noch recht überschaubar und konzentriert sich auf größere Städte wie Split, Dubrovnik oder Zadar. Meist überwiegen hier Markenprodukte aus dem Ausland, aber es wird auch Obst und Gemüse aus der Region angeboten.

Wer sich für Tier- und Naturbeobachtungen interessiert, sollte einen Besuch der Nationalparks Paklenica, Krka, Kornati oder Mljet erwägen. Kaum weniger beeindruckend sind die Höhenzüge des Biokovo-Gebirges oder die Umgebung des Sveti Ilija auf der Halbinsel Pelješac. Und wer mit Flora und Fauna, Wind und Wellen allein sein möchte, könnte sich draußen auf der Adria in einem der kroatischen Leuchttürme einmieten.

BESONDERE EMPFEHLUNGEN

ÜBERNACHTEN

Leuchttürme an der Adria

Seit einigen Jahren besteht für Touristen die Möglichkeit, in kroatischen Leuchttürmen zu übernachten. Einige liegen am Festland, andere mehr oder weniger weit draußen auf der Adria. In allen Leuchttürmen können nur wenige Besucher untergebracht werden. Jene, die sich dafür entscheiden, erwartet ein Höchstmaß an Stille, Besinnlichkeit und Naturnähe.

Als besonders reizvoll gilt unter Kennern ein Aufenthalt im Leuchtturm der kleinen, westlich von Lastovo gelegenen Insel Sušac. Freunde einer urwüchsigen Natur werden sich hier rundum wohlfühlen. Buchbar ist auch ein Aufenthalt im Leuchtturm der weit draußen auf der Adria gelegenen Insel Palagruža.

Auch in Struga auf Lastovo, in Veli Rat auf Dugi Otok sowie auf der kleinen Insel Pločica zwischen Korčula und Pelješac gibt es Leuchttürme mit Unterkunftsmöglichkeiten. Über die örtlichen Konditionen informieren auch die zuständigen Fremdenverkehrsbüros und touristische Agenturen.

www.lighthouses-croatia.com

ESSEN UND TRINKEN

Nishta in Dubrovnik ▶ S. 141, b 2

Die Zahl der vegetarischen oder Bio-Restaurants in Dalmatien hält sich bislang in engen Grenzen. Innerhalb dieser Grenzen hebt sich das Nishta in Dubrovnik positiv heraus. Das Restaurant wird erfolgreich und engagiert von einem kroatisch-schweizerischen Paar geführt. Sie legen Wert auf regionale Produkte in bester Qualität. Das Restaurant liegt in einer Seitenstraße der Altstadt und ist auf frische, herzhaft angerichtete vegetarische Gerichte spezialisiert. Es gibt auch Gerichte für Gäste, die sich konsequent vegan oder glutenfrei ernähren wollen. Bislang besuchen mehr ausländische Touristen als Einheimische das Lokal.

Angeboten werden internationale vegetarische Gerichte, darunter ein spanischer Gazpacho, mexikanische Nachos, indische Pakoras, mexikanische Temperitos oder japanische Miso-Suppe. Neben diversen Salaten, Kartoffel-, Tofu- und Reisgerichten kommen bei den Gästen die gegrillten Gemüsegerichte, die hausgemachten Falafeln sowie die indischen Curry-Gerichte besonders gut an. Äußerst verlockend präsentieren sich die Desserts, darunter der frische Fruchtsalat, der Reispudding, der hausgemachte Kuchen sowie das Schokoladen-Fondue.

Dubrovnik | Prijeko bb (Altstadt Ecke Palmotičeva/Prijeko) | Tel. 0 20/32 20 88 | www.nishtarestaurant.com | Mo–Sa 11.30–23 Uhr, So geschl. | €

EINKAUFEN

Bio and Bio in Dubrovnik

▶ S. 141, nordwestl. a 1

Zertifizierte Bio-Lebensmittel in Dalmatien zu finden war noch bis in die jüngste Vergangenheit alles andere als einfach. Inzwischen hat sich die Situation leicht gebessert. Dieser in Dubrovnik etwas außerhalb der Altstadt gelegene Bio-Laden gilt als die Nummer eins in der Stadt und bietet ein solides Lebensmittelsortiment an. Hinzu kommen Naturkosmetika sowie Bücher.

Dubrovnik | Tommy Centar, Vukovarska 36 | Tel. 0 20/31 16 14 | www.happycow.net | Mo–Sa 8–21 Uhr

Köstliches Olivenöl

J 6

Olivenbäume werden auf nahezu allen bewohnten kroatischen Inseln und in den geschützten Lagen der Küste kultiviert. Angebaut werden italienische und einheimische Olivensorten wie die Orgula. Die Olivenöle werden in der Regel kalt gepresst und zeigen je nach Olivensorte unterschiedliche Aromen. Leider reicht die produzierte Menge oft nur für den Hausgebrauch. Vielfach hat der Urlauber aber die Chance, in Familienpensionen oder -restaurants gutes Olivenöl aus eigener Herstellung zu erwerben. Auch lokale Märkte wie der Wochenmarkt in Dubrovnik sind eine gute Quelle. Interessante Öle mit individuellem Duft und Geschmack findet man insbesondere auf den Inseln Korčula, Hvar, Brač, Murter, Ugljan und Pašman.

Dubrovnik, Gundulić-Platz | ab ca. 8 Uhr bis zum Nachmittag

Meersalz aus Nin

C 1

Rund 20 km nordwestlich der Küstenstadt Zadar liegt die Ortschaft Nin. Wer sich für die natürliche Gewinnung von Meersalz interessiert, hat hier die Gelegenheit, die Anlage Solana Nin sowie das angeschlossene Museum zu besuchen. Die Saline gilt als eine der bedeutendsten an der kroatischen Küste und kann auf eine sehr lange Tradition verweisen.

Bei der Führung durch die Saline erfahren Besucher, wie die natürliche Gewinnung des Salzes gewährleistet wird, welche Qualitätsunterschiede es gibt und warum das Salz aus Nin über außergewöhnliche Eigenschaften verfügt. Zudem bietet die Führung einen Exkurs in die Geschichte der Salzgewinnung seit der Antike. Auch Informationen über Flora und Fauna der Niner Lagune sowie die Möglichkeit der Vogelbeobachtung werden geboten. Das Meersalz kann vor Ort gekauft werden.

Solana Nin | Ilirska cesta 4 | Tel. 0 23/26 47 64 sowie 0 23/26 40 21 | www.solananin.hr | geöffnet nur von Juni bis Sept. Mo–Fr 8–12 Uhr

Ökologisch angebaute Weine

Berühmtester und erfolgreichster Winzer ist derzeit Zlatan Plenković, der seine Weine im Weiler Sveta Nedjelja auf der Insel Hvar vinifiziert. Er und sein innovationsfreudiges Team kultivieren die Reben auf einer Höhe zwischen 30 und 400 m über dem Meer. Auf den Einsatz von Kunstdünger oder sonstigen chemischen Mitteln im Weinberg wird komplett verzichtet. Die Weine erfüllen die Kriterien des ökologischen Anbaus. Spitzenprodukt ist der Rotwein Zlatan Stijena, der in der Variante auch als Zlatan Plavac, Zlatan Plavac Barrique oder Zlatan Plavac Gran Cru bezeichnet wird. Auch die weißen Bio-Weine aus dem Hause Plenković zeigen Originalität und ein komplexes Aroma. Die Weine können direkt beim Winzer erworben werden.

Sveta Nedjelja (Insel Hvar), Zlatan Plenković | Tel. 0 21/74 57 09 | www.zlatanotok.hr

AKTIVITÄTEN

Biokovo-Gebirge G 4

Für Freunde einer artenreichen Flora und Fauna stellt das Biokovo-Gebirge oberhalb der Makarska Riviera eine große Herausforderung dar. Das zerklüftete Bergland steigt bis zu einer Höhe von 1762 m (**Sveti Jure** 9) an. Das gesamte Gebirgsmassiv ist bekannt für seine Pflanzenpracht, auch einige endemische Arten gibt es hier, überdies einen großen Schwarzkiefernwald. Das Gebiet ist geprägt von Dolinen und anderen Karsterscheinungen.Wer diesen geschützten Naturraum gründlich und facettenreich erleben will, vertraut sich am besten Biokovo Active Holidays an. Zum Programm der Firma gehören auch Wanderungen durch andere Natur- und Nationalparks. Es gibt eintägige Wanderungen sowie Arrangements, die acht oder gar 15 Tage dauern.

Biokovo Active Holidays | Makarska | Kralja Petra Kresimira IV 7b | Tel. 0 21/67 96 55 | www.biokovo.net

Urlaub einmal ganz anders: Ein besonderes Erlebnis verspricht der Aufenthalt im Leuchtturm von Sušac (▶ S. 37), einer kleinen, einsamen Insel bei Lastovo.

Im Fokus

Nationalparks und andere Formen des Naturschutzes

Wer sich für Tier- und Naturbeobachtungen interessiert, sollte einen Besuch der Nationalparks Paklenica, Krka, Kornati oder Mljet erwägen. Genauso beeindruckend sind die Höhenzüge des Biokovo-Gebirges oder der Sveti Ilija auf der Halbinsel Pelješac.

Die Gebrüder Tonči und Zeljko Antunović sind am Fuß des 961 m hohen Gebirgsmassivs Sveti Ilija aufgewachsen und fühlen sich mit dieser markanten Berglandschaft heimatlich verbunden. Wann immer es ihre Freizeit erlaubt, verabreden sie sich mit Freunden aus der nahen Ortschaft Orebić und begeben sich hinauf in die Gipfelregionen dieses höchsten Berges der Halbinsel Pelješac. Fast drei Stunden steigt man durch wildes Buschland und Steineichenwälder auf, ehe man eine zerklüftete Karstlandschaft erreicht. Nur noch wenige Minuten, dann steht man auf dem Gipfel, genießt die wunderbar weiten Blicke bis zum Festland oder über die Inseln und erfreut sich an der Stille hier oben. Vor wenigen Jahren kursierten Pläne, eine Straße bis zum Gipfel zu errichten und dort eine Radarstation zu bauen. Sofort formierte sich Widerstand. Auch Tonči, Zeljko und andere Natur- und Wanderfreunde aus Orebić schlossen sich

◀ Der Nationalpark von Mljet. Im Hintergrund der Veliko jezero (▶ S. 150).

dem Widerstand an, nutzten alle Verbindungen zu Politikern und einflussreichen Prominenten, um das Projekt zu verhindern. Der Widerstand zahlte sich aus, das Projekt wurde an einem anderen Ort realisiert. Nach diesem Erlebnis ist das Engagement der locker organisierten Gruppe der Wander- und Naturfreunde aus Orebić noch entschiedener geworden. Eigeninitiative und Verantwortung für den Sveti Ilija haben sie sich auf die Fahne geschrieben. Mehrfach im Jahr bessern sie die Wanderwege aus und prüfen, ob die Wege hinreichend markiert sind. Sie kümmern sich um die Ausstattung der Schutzhütten und entsorgen Abfall, der im Umkreis der Schutzhütten oder am Wegrand weggeworfen wurde. Manchmal kommen sie einfach nur hinauf zur Schutzhütte unter dem Gipfel, um die landschaftlichen Schönheiten zu genießen, Kräuter zu sammeln oder die Herden der Mufflons zu beobachten. Sogar Schakale und Uhus leben in dieser Wildnis, die keinen offiziellen Schutzstatus genießt.

DRAUSSEN AUF DER ADRIA

An sehr klaren Tagen kann man vom Sveti Ilija die weit draußen auf der Adria gelegene Insel Mljet sehen. Im Nordwesten der Insel wurde bereits im Jahr 1960 ein rund 30 km^2 großes Areal zum Nationalpark (www.np-mljet.hr) erklärt. Dazu zählen uralte Aleppokiefern- und Steineichenwälder sowie zwei durch einen Kanal mit dem Meer verbundene Binnenseen. Auch historische Denkmäler, Paläste, Basiliken oder das auf einer Insel gelegene Benediktinerkloster befinden sich im Bereich des Nationalparks. Das große Areal des Nationalparks ist nur in einigen Bereichen zugänglich. Die meisten Besucher bleiben im Bereich der beiden Binnenseen, die sich durch geringe Tiefe und ein nahezu kristallklares Wasser auszeichnen. Die Verwaltung des Nationalparks schreibt vor, dass Besucher (Eintritt 70 Kuna, in der Hauptsaison 80 Kuna) auf den Wegen bleiben müssen. Es gibt Picknickplätze und die Möglichkeit, mit einem Boot auf die Insel mit dem Benediktinerkloster überzusetzen.
Neben seltenen Pflanzenarten gilt die Tierwelt im Nationalpark als artenreich und interessant. Verbreitet sind wilde Ziegen und Esel, Marder, Wildkatzen, Siebenschläfer, Hirsche und Hasen. Nachdem sich zu Anfang des vergangenen Jahrhunderts Hornvipern stark ausgebreitet hatten und Einwohner am Biss dieser Schlangenart starben, wurden Mungos auf

der Insel ausgesetzt. Sie sollten die Schlangen dezimieren, was auch weitgehend gelang. Vor allem breiten sich aber seit Jahren die Mungos stark aus. Sie jagen Hühner und alle Arten von Vögeln, selbst Skorpione. Inzwischen gelten die Mungos fast schon als Plage. Ähnliches wird von den Wildschweinen behauptet, die mittlerweile in kontrollierter Anzahl im Nationalpark gejagt werden dürfen. Wissenschaftliche Untersuchungen haben erbracht, dass auf Mljet vor allem der Artenreichtum der Insekten außergewöhnlich ausgeprägt ist. Als Besucher bemerkt man insbesondere eine Vielzahl von seltenen Schmetterlingsarten.

Eine vollkommen andere Landschaft erwartet den Besucher im **Nationalpark Kornati** (www.kornati.hr). Zu ihm zählen 89 Inseln und Riffe. Der Meerespark erstreckt sich über 220 km^2 und weist eine Küstenlinie auf, die fast 240 km erreicht. Die größtenteils unbewohnten Inseln (keine ist ganzjährig bewohnt) dienten früher Landbesitzern von der Insel Murter als Weiden für ihre Schafe. Die Landschaft ist karg, von bizarren Karstformationen geprägt und arm an Süßwasser. Erste Versuche, den Archipel und die angrenzenden Küstenbereiche unter Schutz zu stellen, starteten im Jahr 1967. Erst 1980 gelang es, das Gebiet als Nationalpark auszuweisen. Das entsprechende Statut hat seither nicht wenige Modifikationen erfahren.

WALD UND WASSER

Wer mit dem Schiff in den Bereich des Nationalparks eindringen möchte, muss ein Ticket lösen, das derzeit pro Schiff (nach Größe gestaffelt) zwischen 150 und 1500 Kuna pro Tag kostet. Es gibt mehrere Anbieter, die über eine entsprechende Lizenz verfügen und mit Touristen Schiffstouren durch den Nationalpark unternehmen. Innerhalb des Parks gelten strikte Restriktionen, aber die Besucher dürfen die Inseln betreten und sich ein Bild von Vegetation, Geologie und hinterlassenen Bauwerken machen. Rund 800 bodennahe Pflanzenarten haben Experten auf diesen Inseln ermitteln können. Erheblich ist auch die Zahl der Seevögel. Besonders selten, empfindlich und artenreich ist die Unterwasserwelt des Archipels. Sie in ihren Beständen zu schützen war ein wesentlicher Grund für die Schaffung des Nationalparks Kornati. Die Zahl der jährlichen Besucher hält sich in Grenzen.

Das kann man vom Nationalpark Krka (www.npkrka.hr) nicht sagen. Ihn besuchen Tausende von Touristen Jahr um Jahr. Er kann problemlos von der Küstenstadt Šibenik per Pkw erreicht werden und ist nicht zuletzt für Familien ein attraktives Ziel für einen Tagesausflug (▸ S. 160). Der Nationalpark wurde 1985 ins Leben gerufen und umfasst mehr als 110 km^2. Im Zentrum des Nationalparks stürzt der Fluss Krka, der östlich der Stadt Knin entspringt, über Kaskaden und Kalkterrassen auf dramatische Weise zu Tal. Die Landschaft ist geprägt von ausgewaschenen Kerbtälern, Wäldern und einzigartigen Biotopen an den Ufern des Flusses. Angeblich wachsen hier 850 Pflanzenarten. In den Schilfgürteln, Seerosen- und Binsenbeständen leben seltene Amphibien und Insekten. Forscher haben 18 Fisch- und Fledermausarten ausgemacht. Zudem wurde festgestellt, dass hier rund 220 Vogelarten leben, darunter viele Nachtigallen, Wildtauben, Habichte und Falken.

SPEKTAKULÄRE KASKADEN

Von den Besuchern wird Eintritt verlangt. Je nach Saison liegt er pro Person zwischen 30 und 110 Kuna; für Kinder älter als sieben Jahre bewegt er sich zwischen 20 und 65 Kuna. Alle Besucher müssen sich an die vorgeschriebenen Regeln halten und dürfen nur an gekennzeichneten Stellen im Fluss schwimmen. Als viel besuchte Attraktion gelten die beiden Kaskaden Roški slap und Skradinski buk, wo der Fluss in spektakulärer Manier herabstürzt, Gischt versprüht und nahezu ohrenbetäubend rauscht. Wer an dieser wasserreichen Waldlandschaft Gefallen findet, wird bald einsehen, dass ein Tagesausflug nur begrenzte Erfahrungen mit dieser grandiosen Landschaft vermittelt. Der Fluss und seine Uferwälder sind aber interessant und abwechslungsreich genug, um hier mehrere Tage lang unterwegs zu sein. Die Ortschaft Skradin verfügt über eine entwickelte touristische Infrastruktur mit zahlreichen Unterkünften. Wer die Krka nicht nur an einem Tag erleben möchte, sollte sich in Skradin einmieten und von hier Tagestouren unternehmen.

WANDERN DURCH GEBIRGSFLORA

Auch das im Hinterland gelegene Biokovo-Gebirge, das bis auf 1762 m ansteigt, ist als Naturschutzgebiet ausgewiesen. Das Gebiet ist sehr dünn besiedelt und weist eine üppige Gebirgsflora auf. Organisierte Wandertouren (▶ S. 156) kann man in Makarska buchen.

Es ist eher unwahrscheinlich, dass im Bereich der dalmatinischen Küste in nächster Zeit weitere Natur- oder Nationalparks geschaffen werden. Zu rechnen ist aber damit, dass örtliche Initiativen von Wander- und Naturfreunden entschiedenen Widerstand leisten werden, sollten ökologisch wertvolle Naturräume durch wirtschaftliche oder militärische Projekte gefährdet werden.

EINKAUFEN

Damit das Einkaufen Spaß macht und Sie wissen, wonach Sie Ausschau halten können: Hier sind Anregungen zu dem speziellen Angebot und zu individuellen Mitbringseln. Im Anschluss finden Sie besonders empfehlenswerte Adressen aus diesem Band.

Insgesamt ist das Angebot an schönen kunsthandwerklichen Souvenirs nicht gerade üppig bemessen. Die meisten Geschäfte sind dazu übergegangen, industriell gefertigte Artikel aus der Massenproduktion ins Sortiment zu nehmen. Erst seit Kurzem besinnen sich manche Händler wieder auf Souvenirs, die tatsächlich handwerklich gefertigt sind und sich durch Originalität und Individualität auszeichnen.

Würz- oder Heilkräuter wie Salbei, Oregano, Thymian, Rosmarin, Lavendel, Fenchel oder Kamille werden auf den meisten Märkten angeboten. Manchmal sind die Kräuter in kleinen, dekorativen Leinensäckchen verpackt. Sie stammen meist von der Insel Hvar, wo der Anbau von Lavendel eine lange Tradition hat. Ein neues interessantes Sortiment bietet die Zagreber Firma Aromatica (www.aromatica.hr) in zahlreichen Geschäften an. Alle Artikel wie Badesalze, Tees, Hautcremes oder Massage-

◀ Naturschwämme kommen aus der Ortschaft Krapanj (▶ S. 78) bei Šibenik.

öle basieren auf typischen Aromen aus der kroatischen Küstenregion oder aus dem bergigen Hinterland. Verarbeitet werden insbesondere Salbei, Rosmarin, Lavendel, Zistrosen und Wildrosen.
Ein nach wie vor attraktiver Klassiker unter den Souvenirs sind die **Naturschwämme** aus den Gewässern um die dalmatinische Insel Krapanj. Das ist die Heimat der Schwammtaucher, die zum Šibeniker Archipel zählt. Handwerklich gearbeitete **Körbe** aus dem Holz des Johannisbrotbaums sind inzwischen selten geworden; da und dort tauchen sie aber noch auf. Dann sollte man zugreifen. Gleiches gilt für echte Holzschnitzarbeiten. Dekorativ und praktisch sind auch von Hand geschnitzte Holzbecher für den Genuss von Wein oder anderen Getränken.
In Geschäften für nautische Ausrüstung stößt man gelegentlich auf schöne Miniaturmodelle von traditionellen Fischerbooten oder Schiffen. Diese **Schiffsmodelle** folgen Originalvorlagen, sind mit allen Details nachgebildet und zeigen Spezialboote für den Tintenfischfang, historische Dampfer oder Segelboote. Ein geschmackvolles Souvenir sind auch Reproduktionen von historischen Landkarten, die die kroatische Küste oder die Inseln illustrieren.

TYPISCHE DELIKATESSEN

Zu allen Jahreszeiten einen Besuch wert sind die kleinen wie großen Bauernmärkte in den Städten und Dörfern. Obst, Gemüse, Fleisch, Fisch, Blumen, Wein, Olivenöl, eingelegte Oliven, Honig, Käse, Wurst und Schnäpse werden hier zumeist von Kleinproduzenten angeboten. Was eignet sich davon als Souvenir? Unbedingt die hausgemachten Frucht-, Kräuter- oder Walnussschnäpse; gerade die letzten beiden Varianten – »travarica« und »orahovica« – eignen sich gut als Digestif, fördern also die Verdauung nach einem opulenten Essen.
Auch wer naturbelassenen **Honig** mag, wird auf diesen Märkten fündig. Geschmacklich sehr interessant sind Sortenhonige mit einem hohen Anteil an Salbei, Lavendel, Rosmarin oder Thymian. Eine Rarität ist der leicht bittere Mandelhonig. Bekannt für besonders guten Honig sind die Inseln Šolta, Ugljan, Pašman oder Brač. Es rentiert sich immer, auf diesen Märkten bereits am frühen Morgen zu erscheinen, dann kann man davon ausgehen, dass das Sortiment in vollem Umfang verfügbar und der Andrang nicht so groß ist.

Beim Kauf von **Olivenöl** sollte man sich davon überzeugen, dass das Öl noch intensiv duftet und hinreichend fruchtig schmeckt. Es darf keinesfalls auf dem Wochenmarkt lange in der Sonne gestanden haben, was die Qualität des Öls drastisch mindert. Vorzügliche Olivenöle, hergestellt aus regionaltypischen Olivensorten, kommen insbesondere aus der Gegend von Blato auf der Insel Korčula sowie von den Inseln Ugljan oder Pašman. Trockenfeigen werden gern auf einer Kordel zu einer Kette aufgefädelt; zwischen jeder Feige ist ein Lorbeerblatt aufgereiht. Auch diese dekorativen **Feigenketten** – sie werden meist ab September auf den Märkten angeboten – sind landestypische Souvenirs. Seit Kurzem gelangen auch getrocknete Algen aus der kroatischen Adria sowie erlesene **Speisesalze** in die Delikatessen- bzw. Souvenirgeschäfte. Beide Produkte sind haltbar und können ohne Probleme auf die Rückreise aus dem Urlaub mitgenommen werden. Kulinarische Mitbringsel mit Tradition und typischem Charakter sind auch die aus der Adria stammenden Sardellenfilets. Angeboten werden sie gewöhnlich in Konserven aus Glas oder Blech. Manchmal findet man sie auch auf Fischmärkten. In der Regel überzeugen diese möglichst grätenfreien, nicht übermäßig salzigen Filets durch eine gediegene Qualität. Ähnliches gilt für in Salzlake eingelegte Kapern, ebenfalls ein beliebtes Traditionsprodukt.

KUNST UND KITSCH

Nicht wenige Geschäfte in den größeren Städten oder touristischen Zentren weisen sich als Galerie aus und bieten gemalte Bilder mit unterschiedlichsten Motiven an. Gemälde mit künstlerischem Anspruch sind selten, aber in manchen Galerien findet man sie. In Split und Dubrovnik ist die Chance am größten, ein künstlerisches Bild zu erwerben.
Bei Einkäufen sollte man beachten, dass in der Sommersaison vor allem kleinere Geschäfte mittags geschlossen sind. Große Supermärkte und viele Souvenirgeschäfte in den touristischen Metropolen sind in der Saison durchgehend geöffnet.

BESONDERE EMPFEHLUNGEN

LEBENSMITTEL

Cukarin G5

Regionaltypische Backwaren in altbewährter Ausführung. Das kleine Geschäft in Korčulas Altstadt lockt mit Walnuss- und Mandelgebäck (Klašuni, Cukarini, Amarete, Marko Polo Bombica, Harubica etc.) sowie Kuchen. Neben dem hausgemachten Gebäck wird mit Kräutern aromatisierter Traubentrester von heimischen Erzeugern angeboten. Keine Massenware, entsprechend gehobenes Preisniveau.

Kommen Sie möglichst bald nach 10 Uhr, dann sind viele der hausgebackenen Produkte noch warm und ofenfrisch.
Korčula | Hrvatske Bratske Zajednice | www.cukarin.hr | Mo–Sa 10–22 Uhr

GETRÄNKE

Maraska ▸ S. 69, b 2

Dieser kleine Laden in der Altstadt von Zadar konzentriert sich auf die Getränkepalette der berühmten ortsansässigen Firma Maraska. Spitzenprodukt ist der traditionelle Fruchtsirup aus der regionaltypischen Maraska-Kirsche, einer Sauerkirschart. Überdies werden Destillate und Liköre im dalmatinischen Stil sowie Cherry Brandy und Säfte angeboten.
Zadar | Ulica Mate Karamana, Ecke Ulica Jakše Čedomila-Čuke | www.maraska.hr | So geschl.

MÄRKTE

Tržnica ▸ S. 77, östl. f 2

Ein noch recht traditionell gebliebener Bauernmarkt, etwas außerhalb der Altstadt gelegen, daher selten von Touristen besucht. Dargeboten werden typische Artikel der Regionalküche: je nach Jahreszeit Bohnen- und Linsensorten, gepökelter Schinken, Käse, getrocknete Pilze, Honig, mit Kräutern aromatisierte Schnäpse. Günstige Preise, dazu ein quirliges Marktambiente.
Es ist ratsam, den Besuch für den frühen Vormittag einzuplanen.
Šibenik | Ulica Stankovačka 9 | www.sibenik-tourism.hr | Mo–Sa, nur vormittags ab ca. 8 Uhr

Weitere Geschäfte und Märkte finden Sie im Kapitel KROATIENS SÜDLICHE KÜSTE ERKUNDEN.

In einer Region, die seit jeher von Seefahrt und Fischerei geprägt ist, entstehen auch kleine, originalgetreue Schiffsmodelle (▶ S. 45) als typische Mitbringsel.

SPORT UND STRÄNDE

Genießen Sie Ihren Urlaub aktiv. Welche sportlichen Möglichkeiten Kroatiens südliche Küste bietet und was Sie in der Natur erleben können, erfahren Sie hier. Im Anschluss finden Sie besondere Empfehlungen.

Die gesamte Festlandküste Kroatiens zieht sich über eine Länge von 1778 km. Dieser Küste sind mehr als 700 kleine und größere, bewohnte und unbewohnte Inseln vorgelagert, dazu kommen etwa 500 Felsen und Riffe. Seit Jahrzehnten steht diese maritime Welt bei Freunden der **Sportschifffahrt** hoch im Kurs. In den vergangenen Jahren sind neue Marinas gebaut bzw. bestehende modernisiert und an die Ansprüche der Skipper angepasst worden. Auch Taucher, Schnorchler und Windsurfer treffen im Bereich der kroatischen Küste auf gute Bedingungen. Die Saison für Wassersportler dauert von Mai bis Oktober. Im Juli und August kann es wegen des erheblichen Andrangs zu Engpässen in einigen Marinas kommen. Für andere Sportarten wie etwa Wandern, Klettern, Reiten oder Radfahren bietet die Region zwar günstige Rahmenbedingungen, vielfach sind aber die Serviceeinrichtungen verbesserungsbedürftig.

◀ Paddeln (▶ S. 50) kann man auf Flüssen oder wie hier auf dem Meer nahe Dubrovnik.

Die Zahl der Agenturen für sportliche Betätigungen steigt deutlich an. Sie richten sich in der Regel an jüngere Kunden und verfügen über Personal mit Fremdsprachenkenntnissen für ein internationales Publikum. Es sind überdies spezielle Abenteuer-Agenturen entstanden, die in mehrfachen Sportbereichen mehr oder weniger abenteuerliche Aktivitäten organisieren. In der Regel verfügen die Mitarbeiter dieser Agenturen über gute Kontakte vor Ort und solide landeskundliche Kenntnisse. Veranstaltet werden Höhlenerkundungen, Klettertouren, anspruchsvolle Kanufahrten auf Flüssen oder auf dem Meer, Radausflüge ins Gebirge oder Wanderungen. Zu beachten ist, dass ein Großteil dieser Agenturen nur während der Saison von Mai bis Oktober in vollem Umfang aktiv ist. Während der Hochsaison im Juli und August sind die angebotenen Programme nicht selten ausgebucht. Dann kann es Engpässe beim Verleih von Booten oder Sportausrüstungen geben.

ACHTUNG HOCHSAISON

Wer sich für eine organisierte eintägige oder mehrtägige Unternehmung interessiert, sollte unbedingt rechtzeitig buchen. Die Gruppen sind in der Regel international besetzt, meist dominiert Englisch als Kommunikationssprache.

BESONDERE EMPFEHLUNGEN

ABENTEUER

Adventure Dalmatia ▶ Klappe hinten, f 5

Seit dem Jahr 2000 konzentriert sich die Firma auf die Entwicklung und Organisation von sportlichen und Abenteuer-Aktivitäten. In dieser Branche ist das Unternehmen inzwischen im Süden Dalmatiens führend. Das Sortiment umfasst eine Fülle von eintägigen und mehrtägigen Outdoor-Angeboten. Veranstaltet werden Besuche in Höhlen, Rafting sowie Kajakfahrten auf Flüssen und auf dem Meer, Jeep-Safaris, Fahrradtouren und Wanderungen im Gebirge, Kletter-Ausflüge. Beliebt sind auch Touren mit motorisierten Schnellbooten. In der **Altstadt von Dubrovnik** ★8 können Kletterübungen an den Mauerwänden der Altstadt organisiert werden.

Auch Orientierungswettbewerbe in der Altstadt wurden bereits mit großem Erfolg durchgeführt. Die meisten Destinationen liegen nahe der Stadt Dubrovnik, aber auch auf den Inseln Vis oder Hvar sowie in der Nähe der Städte Zadar oder Šibenik. Alle Projektleiter des jungen Teams zeichnen sich durch langjährige Erfahrung aus.

Split | Tomića stine 8 | Tel. 0 21/ 54 06 42 | www.adventuredalmatia.com

Split Excursions ▶ Klappe hinten, d 4
Abwechslungsreiches Sortiment für Aktivitäten in Mitteldalmatien sowie im Hinterland. Rafting, Bootsausflüge zu den Inseln Vis, Hvar und Brač, Wandern in Nationalparks, Klettern und Tauchen. Zudem bietet die Firma diverse Führungen durch die Stadt Split an.
Split | Trg republike 1 | Tel. 0 21/ 36 00 61 | www.split-excursions.com

ANGELN

Generell sind die Bedingungen in der gesamten Adria gut. Der Fischfang bis 5 kg täglich bedarf keiner besonderen Genehmigung. Alle Formalitäten für anspruchsvolle **Hochseeangler** regeln spezialisierte Agenturen. Harpunieren ist verboten. Strenge Schutzbestimmungen gelten vor allem im Nationalpark Kornati und in anderen ausgewiesenen Schutzgebieten.
Interessante Reviere für den Fang von Süßwasserfischen liegen im Bereich des Binnensees Vransko jezero zwischen Zadar und Šibenik sowie an der Krka-Mündung und im Neretva-Delta nahe der Stadt Ploče.

KLETTERN

Spezielle Einrichtungen gibt es auf der Insel Hvar im Bereich der Ortschaften Jelsa und Stari Grad. Weitaus anspruchsvollere Möglichkeiten finden Kletterer in den Küstengebirgen unweit von Omiš oder nahe Makarska und Tučepi (Biokovo-Gebirge). Auch erfahrene Kletterer sind gut beraten, lokale Spezialagenturen für Kletterunternehmungen in Anspruch zu nehmen, da die Klettergebiete oft recht abgelegen sind.

PADDELN

Die reizvollsten und anspruchsvollsten Möglichkeiten ergeben sich im Hinterland auf den Flüssen Cetina, Zrmanja und Krka. Erfahrene Paddler auf dem Meer schätzen die Reviere der Kornatinseln, die Küsten vor Zadar und Šibenik sowie die nahe Dubrovnik gelegenen Gewässer vor den Inseln Koločep, Lopud und Šipan. In nahezu allen touristischen Zentren an der Küste und auf den Inseln kann man Kanus oder Paddelboote leihen. Gemütliche Paddeltouren im Küstenbereich können auch von Anfängern bewältigt werden und bieten während des Urlaubs eine vergnügliche Abwechslung. Viele einsame Buchten und Strände können am besten per Paddelboot erreicht werden. Aber Vorsicht: An Tagen mit starken Winden sollte man keine Paddeltour unternehmen, dann verschiebt man das Unternehmen lieber auf einen windstillen Tag.

RADFAHREN

Interessante Routen befinden sich auf den dalmatinischen Inseln Ugljan und Pašman (flaches Gelände). Wer Touren mit leichten Steigungen vorzieht, wird das Straßennetz auf den Inseln Korčula und Brač, teilweise auch auf Hvar (reparaturbedürftige Straßen) vorziehen. Die Küstenstraße ist zu verkehrsreich für gemütliche Fahrradtouren. Landschaftlich abwechslungsreich und für Ungeübte meist gut zu fahren sind die Strecken auf den Inseln. Ein herausragendes landschaftliches Erlebnis ist eine Fahrradtour auf der Hauptstraße, die sich über die Insel Mljet erstreckt. Es werden auch organisierte Radreisen unterschiedlichster Schwierigkeitsgrade (vom Rennrad bis zum Mountainbike) angeboten.

RAFTING

Beliebt sind Rafting-Touren auf der **Cetina**, die bei Omiš in die Adria mündet. Die Rafting-Touren werden in der Regel von Omiš aus organisiert. Die Zahl der Agenturen, die Touren mit unterschiedlichen Schwierigkeitsgraden anbieten, ist erheblich. Gute Rafting-Möglichkeiten bietet auch der Fluss **Krka**. Weite Teile des kaskadenreichen Unterlaufs sind allerdings als Nationalpark geschützt. Auch auf dem Fluss **Zrmanja** ist Rafting verbreitet. Er gilt als besonders wild und abenteuerlich. Die Fahrt durch das 15 km lange Schluchttal (mehrere Wasserfälle) kann nur von äußerst geübten Rafting-Fans bewältigt werden.
Infos bei den Fremdenverkehrsämtern in Omiš und Skradin sowie bei den örtlichen Agenturen für sportliche Aktivitäten.

Rafting Pinta

F3

Das kleine Unternehmen unter der Leitung von Stefan Barbarić organisiert Rafting-Touren auf der Cetina und wendet sich vornehmlich an Kunden, die wenig oder gar keine Rafting-Erfahrung mitbringen. Die klassische Tour dauert ca. vier Stunden, führt durch eine Schlucht und ist rund 10 km lang. Es sind nur Stromschnellen mit geringem Schwierigkeitsgrad zu überwinden. In Omiš gibt es mehrere Veranstalter für Rafting-Touren auf der Cetina.

Omiš | Duce, Rogac 1/10 | Tel. 0 21/ 73 40 16 | www.rafting-pinta.com | ca. 30 € pro Person

SEGELN

Die dalmatinische Küste, noch mehr die vorgelagerten Archipele gelten nicht nur bei Hobbyskippern als großer Leckerbissen. Beliebt sind vor allem die Reviere im Bereich der wunderschönen Inselgruppen Dugi Otok und Kornati. Auch die Gewässer vor Ugljan, Pašman, Kaprije, Žirje, Zlarin sowie die gesamte süddalmatinische Inselwelt sind ausgesprochen attraktiv. Der Adriatic Croatia International Club (ACI) vermittelt aktuelle Informationen zu den Marinas, gesetzlichen Bestimmungen und Segelmöglichkeiten: www.aci.hr
Informationen zu den kroatischen Segelrevieren gibt es auch beim Deutschen Segler-Verband: www.dsv.org
AMS-Yachting bietet organisierte Segeltouren vor der kroatischen Küste und zwischen den Inseln an: www.ams-yachting.de

---

Wollen Sie's wagen?

Die bei Omiš in die Adria mündende Cetina ist ein wilder Karstfluss mit Strudeln, Kaskaden und einer sich geradezu überschlagenden Strömung. Rafting heißt hier die ebenso aufregende wie vergnügliche Art, das Temperament des Flusses zu bezwingen. Wäre das was für Sie?

TAUCHEN

Reizvolle Tauchreviere mit klarem Waser und einer abwechslungsreichen Unterwasserwelt befinden sich vor allem in der Umgebung der Inseln und Archipele.

Dive Dugi Otok B2

Die Gewässer in der Umgebung der Insel Dugi Otok zählen zu den reizvollsten Tauchrevieren Kroatiens. Die Anreise bis nach Dugi Otok erfordert Geduld und Zeit, aber Taucher, die auf der Suche nach außergewöhnlichen Erlebnissen sind, wird das nicht abschrecken. Die kleine, familiär geprägte Tauchschule wird vom erfahrenen Taucher Eric Šešelja geleitet, der 27 Jahre in Kanada lebte.

Sali | Zagl av | Tel. mobil 0 98/ 1 69 31 07 | www.kornati-diver.com, www.dive-dugiotok.com

Unterwasserwelt 2

Mit Flossen, Taucherbrille und Schnorchel suchen Sie sich eine ruhige Bucht. Im wunderbar klaren Wasser werden Sie Seeanemonen, Muscheln, Schnecken und Krebse sehen (▶ S. 12).

Viking E/F 4

Kleinere, kompetente Firma mit viel Erfahrung für Tauchgänge vor den Küsten der Insel Hvar. Besonders interessant sind Tauchausflüge zum Pakleni-Archipel. Das Gebiet zählt zu den attraktivsten Tauchrevieren Mitteldalmatiens. Umfassende Ausrüstung und Beratung, auch in Deutsch.

Hvar | Podstine b. b. | Tel. 0 21/74 25 29 | www.viking-diving.com

WANDERN

Erst seit kurzer Zeit bemühen sich örtliche Behörden oder private Initiativen

Das Tauchrevier vor der Inselgruppe Dugi Otok (▶ S. 52) wird von Kennern sehr geschätzt. Tauchschulen kümmern sich um Anfänger und Fortgeschrittene.

um die Markierung und Pflege von Wanderwegen. Oft sind bei Fremdenverkehrsbüros oder Agenturen spezielle Karten mit den bestehenden Wanderrouten erhältlich. Neben einfach zu begehenden Wegen längs der Küste (Hvar, Brač etc.) oder mit geringer Steigung eröffnen sich auch anspruchsvolle Wanderungen durch die wilde Natur von Gebirgslandschaften. Solche Möglichkeiten bieten sich im Biokovo-Küstengebirge (Sveti Jure, 1762 m) nahe Makarska und in der Umgebung des Sveti Ilija (961 m) im Westen der Halbinsel Pelješac. Vor allem bei Wanderungen durch das **Biokovo-Gebirge** sollte man sich einer von einem erfahrenen Wanderführer geleiteten Gruppe anschließen. Die entsprechenden Agenturen sind zumeist in der Stadt Makarska ansässig.

Biokovo Active Holidays G4

Das seit 1994 bestehende Unternehmen verfügt über herausragende Kompetenzen für Wanderungen im Biokovo-Gebirge und anderen Gebirgsbereichen an der kroatischen Küste. Angeboten werden eintägige und mehrtägige Gruppen-Wanderungen für ein internationales und ambitioniertes Publikum unterschiedlicher Fitnessgrade. Die Wanderführer kennen sich vor allem im Biokovo-Gebirge bestens aus und vermitteln auch Hintergrundinformationen zu Flora, Fauna, Landschaft und Brauchtum.

Die Firma bietet auch Touren mit dem Fahrrad sowie Bootsausflüge und Rafting-Unternehmungen an. Junges, engagiertes Team.

Makarska | Kralja Petra Kresimira IV 7b | Tel. 0 21/67 96 55 | www.biokovo.net

WASSERSPORT

Cro Rent G5

Seit mehr als 15 Jahren ist das Unternehmen darauf spezialisiert, Motorboote in unterschiedlicher Größe und Ausstattung zu verleihen. Angeboten werden besonders leistungsstarke Boote für extrem schnelle Fahrten, aber auch Boote für gemütliche Ausflüge. Professioneller Service und umfassende Beratung. Das Unternehmen verleiht auch Motorroller und Autos.

Korčula | Ulica 29 br. 10 | Tel. 0 20/71 19 08 | crorent@gmail.com

Korkyra Info G5

Diese Agentur hat sich durch solide Planung und ein attraktives Serviceangebot einen Namen gemacht. Neben Transfer-Angeboten und Unterkunftsvermittlung gibt es auch Wassersport-Charter. Der Kunde kann Scooter und Boote unterschiedlicher Leistungsstärke bis zu 14 Tage lang anmieten, ebenso Zubehör für diverse Wassersportarten. Beliebt sind die vom Unternehmen veranstalteten Schiffsausflüge nach Dubrovnik oder Mljet. Zuvorkommendes, kompetentes Personal.

Korčula | Trg Petra Šegedina 3a | Tel. 0 20/71 17 50, mobil 0 91/5 71 43 55 | www.korkyra.info

Morski Covik G5

Verleih von Schlauch-, Ruder- und Motorbooten für Touren längs der Küste von Pelješac oder zu den Archipelen zwischen Pelješac und Korčula. Angebote für Familien bzw. Kunden mit wenig Erfahrung im Wassersport.

Orebić (Pelješac) | Trstenica-Strand | Tel. mobil 0 98/29 36 57 | www.morskicovik.hr

WINDSURFEN

Die attraktivsten Surfreviere liegen im Pelješki-Kanal zwischen der Ortschaft Viganj auf Pelješac und der gegenüberliegenden Insel Korčula sowie im Hvarski-Kanal zwischen der Ortschaft Bol auf Brač und der gegenüberliegenden Insel Hvar. In den Gewässern vor Viganj fanden im Sommer 2013 die Weltmeisterschaften (olympische Klasse) im Surfen statt.

Liberan Surf G 5

Diese Schule für Windsurfen existiert seit 1982, verfügt über viel Erfahrung und unterhält ihr Zentrum in Viganj an der Küste des Pelješki-Kanals, wo die Bedingungen für Surfaktivitäten besonders günstig sind. Wind herrscht hier an sehr vielen Tagen im Jahr. Vor der Küste wurden bereits nationale und internationale Meisterschaften ausgetragen. Die Surfschule wendet sich an ein internationales Publikum und berät sowohl Anfänger als auch Fortgeschrittene. Dazu gehören auch ein Kite-Center sowie ein Auto-Campingplatz. In der Nähe gibt es noch andere Surfschulen.

Viganj (Perješac) | Camping Liberan an der Küstenstraße | Tel. 0 20/71 90 77 bzw. mobil 0 98/9 76 96 17 | www.liberansurf.eu bzw. www.antony-boy.com

STRÄNDE

Groß ist die Zahl der kleineren Strände und Badebuchten. Oft liegen sie in landschaftlich reizvoller Umgebung, bieten Stille und schöne Aussichten, verfügen aber nicht immer über Serviceeinrichtungen. Auch Schatten ist nicht in jedem Fall garantiert. Es dominieren **Felsen- und Kiesstrände**. Hier benötigt man solide Badeschuhe als Schutz gegen spitze Steine oder Seeigel. Die Zahl der Sandstrände ist gering. Aber auch Felsen- und Kiesstrände müssen nicht weniger angenehm sein; vor allem, wenn man von dort durch saubere, nahezu glasklare Gewässer schwimmen kann. Die tadellose Wasserqualität längs der gesamten kroatischen Adria erleben Besucher immer wieder als sehr erfreuliche Überraschung. Die Topqualität der adriatischen Gewässer wird alljährlich auch von unabhängigen Institutionen bestätigt.

Bol F 4

Nahe diesem beliebten Urlaubsort an der Südküste der Insel Brač liegt der 600 m lange, feinkiesige Strand **Zlatni rat** 5. Er ist der berühmteste dalmatinische Strand und ziert zahllose Prospekte. Viel Betrieb in der Hochsaison. Gute Surfmöglichkeiten. Nahebei Serviceeinrichtungen und Hotels aller Art.

Brela G 4

Viel besuchter Badeort an der **Makarska Riviera** 3. Mehrere gepflegte Kieselstrände, auch in den Nachbarortschaften Baška Voda, Makarska, Tučepi und Podgora. Zahlreiche Hotels, Restaurants und touristische Dienstleistungen. Sonnenreiches Klima.

Jerolim E 4

Mehrfach in nationalen wie internationalen Medien ausgezeichneter Strand im Bereich des Pakleni-Archipels gegenüber der Hafenstadt Hvar. Reizvolle landschaftliche Umgebung mit alten Kieferwäldern. Mehrere FKK-Bereiche und geschützte Buchten. Die Strände des Pakleni-Archipels sind auch bei Seglern beliebt. Auch nahe Rudine bei Stari Grad gibt es am Zaboćni rat einen FKK-Strand.

Lokrum J 6

Kleine, der Stadt Dubrovnik vorgelagerte Insel, die per Ausflugsboot ab dem Alten Hafen (Stara Luka) nahe dem Ploče-Tor erreicht wird. Auf der Insel befindet sich ein Park mit prächtiger subtropischer Vegetation. Die hiesigen Badestrände sind bei den Einheimischen beliebt, die Zahl der Touristen hält sich zumeist in Grenzen.

Omiš F 3

Nahe der Cetina-Mündung gibt es kleinere Sand- bzw. feinkiesige Strände, die auch für Familien mit Kindern gut geeignet sind. Serviceeinrichtungen sind vorhanden.

Prižba F 5

Mehrere kleine Kiesstrände nahe der Ortschaft Prižba an der Südküste der Insel Korčula. Weite Blicke über die Adria, an klaren Tagen bis Lastovo. Mehrere Serviceeinrichtungen.

Pupnatska Luka G 5

Dieser Strand ist einer der reizvollsten auf der Insel Korčula. Betrieb herrscht hier höchstens im Juli und August. Ansonsten wird dieser geschützt in einer Bucht gelegene Kieselstrand auf der Südseite der Insel fast nur von Kennern aufgesucht. Schatten nahebei, aber regelmäßig geöffnete Versorgungseinrichtungen wie Strandbars gibt es nur in der Hochsaison.

Pupnatska Luka (▶ S. 55) heißt einer der schönsten Strände auf Korčula. Mit ihrem klaren Wasser eignet sich die stille Bucht auch für Kinder und Wassersportler.

FESTE FEIERN

Kirchliche Patronatsfeste sowie volkstümliche Darstellungen von wichtigen historischen Ereignissen sind sehr beliebt. Gefeiert werden sie stets mit Musik, Tanz und vielen kulinarischen Genüssen.

Im katholischen Kroatien hat sich praktisch jede Ortschaft einen Schutzpatron oder eine Schutzpatronin ausgewählt. Ihm oder ihr zu Ehren wird alljährlich ein Fest mit Messfeier, Prozession, Segnungen und begleitenden irdischen Vergnügungen veranstaltet. Selbst in kleineren Dörfern ist das so. Diese **Patronatsfeste** beginnen in der Regel mit den üblichen religiösen Zeremonien, klingen dann aber zwanglos und gesellig aus. Traditionelle Gesänge gehören ebenso dazu wie schwungvolle Musik. Auch ein üppiges Mittagessen im Kreis der Familie oder mit Freunden darf nicht fehlen. Dann erlebt der Gast die Kroaten besonders gesellig und kontaktfreudig, vor allem in der Vor- oder Nachsaison, wenn die touristischen Geschäfte noch nicht oder nicht mehr auf Hochtouren laufen.

Nicht wenige Feste widmen sich historischen Begebenheiten aus dem Mittelalter. Theatralisch und dramatisch inszeniert wird gern der Sieg

◀ Der berühmte Schwertertanz Moreška (▶ S. 59) wird auf Korčula gezeigt.

christlicher Truppen über die muslimischen Türken. Eines der attraktivsten Feste mit historischem Hintergrund findet alljährlich in der Stadt Korčula statt. Aufgeführt wird in prachtvollen Kostümen aus dem 15. Jh. der **Moreška-Tanz**, der an eine Begebenheit aus dem Mittelalter erinnern soll. Die Truppen zweier Könige kämpfen gegeneinander. Der Sieger bekommt das Recht, die entführte Frau Bula zur Frau zu nehmen. Die eine Truppe trägt schwarze, die andere rote Ritterkostüme. Die aus der Geschichte entlehnten Ereignisse werden so nachgespielt, dass am Ende der weiße König über den schwarzen siegt. Angeblich symbolisieren diese Darbietungen nicht zuletzt das Freiheitsstreben der Korčulaner. Viele Bürger, junge wie ältere, wirken mit, um dieses spektakulärste Fest der Stadt zum Erfolg zu führen. Alljährlich begeben sich Heerscharen von Touristen nach Korčula, um dieses Spektakel aus der Nähe zu erleben und zu fotografieren.

WILDE RITTERSPIELE

Ähnlich verhält es sich in Sinj, einer von Split aus rund 40 km landeinwärts gelegenen Ortschaft mit einer bedeutenden Tradition in der Pferdezucht. Gefeiert wird im August in Erinnerung an den Sieg über die Türken im Jahr 1715 die Sinjska Alka. Bei diesen **Ritterspielen** in historischen Kostümen kommen so viele Besucher nach Sinj wie zu keinem anderen Zeitpunkt im Jahr. Die ganze Ortschaft ist auf den Beinen, Gedränge und Geselligkeit allerorten. Beim viel bestaunten Höhepunkt treten Reiter in mittelalterlichen Kostümen an, um beim Ringstechen den Sieger zu ermitteln. Die Prozedur dauert, jeder Erfolg eines Reiters wird von der Menge mit Applaus und Anfeuerungen begleitet. Wohl jenen Zuschauern, die einen Tribünenplatz in der Nähe des Geschehens ergattert haben; sie fiebern intensiv mit und feuern die Reiter am lautesten an. Zwei Tage lang erlebt Sinj einen quirligen Menschenauflauf, viele Unterkünfte sind ausgebucht, Plätze in den Restaurants reserviert, Rundfunk und Fernsehen übertragen das Ereignis. Recht bald nach der Sinjska Alka kehren in der Provinzstadt im Hinterland wieder die ansonsten übliche Ruhe und Gemütlichkeit ein.

Viele kroatische Männer singen leidenschaftlich gern, am liebsten im kleinen Kreis von acht bis zehn Männern. »**Klapas**« nennt man solche Gesangsgemeinschaften. Längs der kroatischen Küste sind sie besonders zahlreich und beliebt. Bei nicht wenigen Festen treten ortsansässige Klapas auf und demonstrieren die Virtuosität ihrer Gesänge. Gesungen wird a cappella oder – seltener – in Begleitung von Mandolinenklängen. Manchmal beginnt ein Sänger, ehe die anderen Chormitglieder einfallen. Oft wird im Kanon gesungen. Muntere und getragene Weisen wechseln sich ab. Die Struktur der Gesänge und die Textinhalte gehen normalerweise auf traditionelle Vorbilder zurück. Manche Klapas haben eigene Kompositionen geschaffen. Die Texte handeln von Sehnsucht, Liebesglück und -leid, Lebensfreude und Heimatverbundenheit. Manche Klapa-Chöre haben bereits CDs herausgebracht, betreiben ihre Leidenschaft aber weiterhin ohne vorrangige kommerzielle Ausrichtung.

BERÜHMTE KLAPA-MUSIK

In der ganzen Region berühmte Klapas kommen aus Vela Luka auf Korčula, aus Stari Grad auf Hvar oder aus Zadar. Manchmal kündigen Plakate die Darbietungen einer bestimmten Klapa an; dann sollte der musikinteressierte Tourist nicht lange überlegen. Der Besuch einer solchen Gesangsveranstaltung ist lohnend, auch wenn man des Kroatischen nicht mächtig ist und die Texte nicht in allen Einzelheiten versteht. Die Stimmung passt ideal zu diesem maritimen Lebensraum der Küsten, Buchten und Inseln.

Die renommiertesten Klapas treten einmal im Jahr in der Stadt Omiš zu einem Wettbewerb an. Zuhörer aus nah und fern reisen zu diesem Event an. Alle Klapas, die über Rang, Namen und ein neues Repertoire verfügen, sind versammelt. Wer in Omiš gewinnt, kann sichergehen, dass dadurch die Bekanntheit in der Region wesentlich gesteigert wird.

FESTKALENDER

APRIL

Patronatsfest und Ritterspiele in Blato auf der Insel Korčula

Das Fest ist der örtlichen Schutzpatronin Sveta Vicenca (Heilige Vizenza) gewidmet. Großes Kultur- und Unterhaltungsprogramm. Aufgeführt wird das Ritterspiel Kumpanija. Zwei Armeen kämpfen miteinander und müssen ihre Bereitschaft zur bedingungslosen-Verteidigung der Heimat unter Beweis stellen. Fahnentänze, Dudelsackmusik und dumpfe Klänge der großen Kriegstrommel begleiten das Fest.

28. April

MAI

Fest des Stadtpatrons Sveti Duje in Split

Umzüge der Folkloregruppen durch die Straßen von Split.

7. Mai

www.visitsplit.com

JUNI

Internationales Kinderfestival in Šibenik

Das für die Stadt sehr bedeutende Fest wird in Zusammenarbeit mit UNICEF veranstaltet und existiert bereits seit mehr als 50 Jahren. Zwei Wochen lang im Juni und Juli verwandelt sich die Ortschaft in ein internationales Forum für Kultur und Unterhaltung für Kinder. Mal- und Schreibwettbewerbe, Puppentheater, Filmvorführungen, Spiele und Feuerwerk.

www.mdf-sibenik.com

JULI

Makarska-Kultursommer

Folkloreveranstaltungen, Konzerte, Poesieabende, Theaterdarbietungen sowie Ausstellungen zeigen einen kulturellen Querschnitt aus Makarska und Umgebung. Die meisten Veranstaltungen sind kostenlos.

Anfang Juli–Ende August
www.makarska-info.hr

Sängerwettstreit in Omiš

Klapa nennt man die typisch dalmatinischen Gesangsgruppen. Die besten aus der ganzen Region präsentieren sich einmal im Jahr in Omiš und tragen einen renommierten Wettbewerb aus. Für Freunde niveauvoller Chormusik ein großes Erlebnis.

Anfang–Ende Juli
www.tz-omis.hr

Musik in Zadar

Orgel-, mittelalterliche und Kirchenmusik in der Kirche Sv. Donat. Hervorragende Akustik. Außerdem Musik- und Kulturdarbietungen in der historischen Altstadt.

9. Juli– Mitte August
www.zadar.hr, www.tzzadar.hr

Kultursommer in Split

Folklore- und Kulturveranstaltungen, Konzerte, Theater- und Kunstdarbietungen.

Mitte Juli–Mitte August
www.visitsplit.com

Dubrovnik-Sommerfestival

Großes internationales Kulturangebot mit Konzerten, Opern-, Ballett-, Folklore- und Theateraufführungen. Karten unbedingt rechtzeitig vorbestellen.

Mitte Juli–Ende August
www.dubrovnik-festival.hr

Schwertertanz in Korčula

Moreška heißt der Tanz, der in Erinnerung an Ereignisse aus dem Mittelalter aufgeführt wird. Zumeist großer Andrang von Schaulustigen. Berühmtestes Fest der Stadt.

29. Juli (Fest des Sveti Todor), aber auch zu anderen Terminen in der touristischen Hochsaison
www.korcula.net, www.visitkorcula.eu

AUGUST

Ritterspiele in Sinj

Bei der legendären Sinjska Alka müssen in historischen Kostümen gekleidete Reiter mit einer Lanze einen Ring treffen. Der Reiter mit dem besten Ergebnis wird zum Sieger erklärt. Großer Besucherandrang. Das mit Abstand spektakulärste Fest der Stadt im dalmatinischen Hinterland. Unterkunft sowie Karten für die Haupttribüne langfristig vorbestellen.

Erster Sonntag im August
www.visitsinj.com

MIT ALLEN SINNEN

Kroatien spüren und erleben

Reisen – das bedeutet aufregende Gerüche und neue Geschmackserlebnisse, intensive Farben, unbekannte Klänge und unerwartete Einsichten; denn unterwegs ist Ihr Geist auf besondere Art und Weise geschärft. Also, lassen Sie sich mit unseren Empfehlungen auf das Leben vor Ort ein, fordern Sie Ihre Sinne heraus und erleben Sie Inspiration. Es wird Ihnen unter die Haut gehen!

◀ Vom gemütlichen Motorsegler aus heißt es: Ab ins erfrischende Wasser!

BESONDERE EMPFEHLUNGEN

AKTIVITÄTEN

Biokovo Active Holidays

G 4

Heute werden Sie ca. 1000 m aufsteigen, das kostet Schweiß und Muskelkraft, aber Sie müssen sich nicht um den richtigen Weg kümmern, sondern können sich ganz auf die Erfahrung des Wanderführers verlassen. Er sorgt auch für das Picknick-Mittagessen und erklärt der Gruppe gern, welche Tiere und Pflanzen im nahezu menschenleeren Biokovo-Gebirge leben.

Von Makarska geht es mit dem Minibus zum Dorf Makar. Von dort wandert die Gruppe bis zum Gipfel Vosac (1422 m). Nach dem Aufstieg bringt der Minibus die Gruppe hinauf zum **Sveti Jure** 9. Mit 1762 m ist er der höchste Gipfel der Region Dalmatien. Traumhafte Blicke über die Adria oder die bosnischen Berge in der Ferne. Genug Zeit zum Genießen. Dann fährt der Minibus zurück nach Makarska.

Makarska | Kralja Petra Kresimira IV 7b | Tel. 0 21/67 96 55 | www.biokovo.net | ca. 50 € pro Person

Fahrrad fahren auf Mljet

H 6

Diesen Tag verbringen Sie auf der Landstraße, die den Westen mit dem Osten der Insel verbindet. Es wird Schweiß fließen, es wird nach dem Harz der Aleppo-Kiefern duften, es wird angenehm still sein, es ist nur mit wenigen Autos zu rechnen. Im Hotel Odisej in Pomena haben Sie sich ein Fahrrad gemietet und sind aufgebrochen. Weiter und weiter ostwärts, an alten Steineichen, Erdbeer- und Olivenbäumen vorbei. In Babino Polje, dem Hauptort, gönnen Sie sich eine Stärkung, radeln aber weiter bis nach Sobra, Prožura, Korita, bis zum äußersten Osten.

Von dort wieder langsam zurück gen Westen. Allmählich bekommen Sie ein Gefühl für die Landschaft, die Vegeta-

tion und die besondere Stille dieser Insel. Wenn Sie abends das Rad zurückgegeben haben und sich von der Tagestour erholen, könnten Sie sich ein Glas Wein gönnen; er sollte von der Insel stammen, und die Trauben sollten dort gewachsen sein, wo Sie heute mit dem Fahrrad unterwegs gewesen sind.

Mljet | Hotel Odisej | Pomena bb | Tel. 0 20/74 40 22 | www.adriaticluxuryhotels.com

Kajak fahren in der Bucht

▶ Klappe hinten, f 5

Ihr Kajak wartet nahe dem Pile-Tor von Dubrovnik in einer Bucht. Der Führer begrüßt Sie, übergibt Ihnen die Ausrüstung. Persönliche Dinge können in einer wasserdichten Tonne im Kajak verstaut werden, los geht die

Fahrt. Gepaddelt wird auf die Insel Lokrum zu, dort immer am Ufer entlang bis zum Betina-Strand. Pause mit Schnorchelmöglichkeit.
Dann geht es im Kajak zurück auf die Küste zu. Vorbei am alten Hafen, am Fort Sv. Ivana und an der historischen Stadtmauer. Reizvolle Blicke auf die Stadt vom Meer aus. Nach ca. 3 Stunden sind Sie wieder dort, wo Sie das Kajak in Empfang genommen haben.
Dubrovnik | Tel. mobil 0 91/5 66 59 42 (Darijo) bzw. Zentrale in Split 0 91/82 89 95 | www.adventuredalmatia.com | ca. 33 € pro Person

Klettern im Adrenalin-Park K 6

Steht Ihnen der Sinn nach ziemlich gewagten oder anstrengenden Aktivitäten? Dann toben Sie sich aus im Cadmos Village. Hier gibt es einen originellen Klettergarten, der es den Besuchern erlaubt, sich durch die Wipfel der Bäume zu hangeln, auf Balken zu balancieren oder an Seilen über Berg und Tal zu schwingen.
Außerdem: Felsenklettern, Mountainbike-Touren oder Bogenschießen. Der Besuch außerhalb der Sommersaison sollte unbedingt vorher telefonisch abgestimmt werden. Man spricht auch Englisch.
Nahe der Ortschaft Komaji gelegen (ca. 20 km südöstl. von Dubrovnik aus in Richtung Boka kotorska; ca. 5 km vom Flughafen Čilipi entfernt) | Tel. mobil 0 91/ 1 12 92 00 oder 0 91/5 82 65 64 | www.cadmosvillage.com | Mo–Fr 13–19, Sa, So 10–19 Uhr

Kreuzfahrt auf der Adria

Ein erfahrener Kapitän steuert das Schiff durch die maritime Landschaft der Küsten und Inseln. Sie sind Gast an Bord, müssen sich um nichts kümmern, können sich ganz den Blicken über die Adria hingeben und die Atmosphäre an Bord genießen.
Manchmal springen Delfine aus dem Wasser, Möwen fliegen vorbei. In der Ferne ist ein Leuchtturm zu erkennen, dann ein Hafen und eine Kirche mit Glockenturm. Wind kommt auf, der Seegang wird noch schwungvoller, das Schiff kämpft sich vorwärts gegen die Wellen.
Die Kreuzfahrten starten in Rijeka, Zadar oder Trogir. Die Passagiere an Bord des Motorseglers werden mit dalmatinischen Spezialitäten verpflegt und sind in Kabinen mit Klimaanlage, Bett, Dusche, Wandschrank und WC untergebracht. Abends liegt das Schiff in Küstenortschaften, wo man von Bord gehen, sich einen Spaziergang oder Barbesuch gönnen kann. Tags wird in Buchten Halt gemacht, wo die Passagiere auf Wunsch schwimmen, schnorcheln oder sonnenbaden können.
Wenn man nach einer Woche wieder von Bord geht, hat man den Charme der Adria hautnah erlebt und plant sogleich den nächsten Urlaub.
Info und Buchung: 80331 München | I. D. Riva Tours | Neuhauser Str. 27 | Tel. 0 89/2 31 10 00 | www.kroatien-idriva.de | eine Woche mit Vollpension ab ca. 400 €

Surfen im Pelješki-Kanal mit Liberan Surf G 5

Wollten Sie nicht immer schon einen Surfkurs belegen oder die Vorkenntnisse im Surfen ausbauen? Auf dem Surfbrett über das Wasser gleiten, spüren, wie der Maestral-Wind frisch und

stetig weht, dabei moderate Wellen erzeugt. Wenn Sie günstige Surfbedingungen mit reichlich Wind an vielen Tagen suchen, überdies eine Schule, die Anfängern wie Fortgeschrittenen das Surfen beibringen kann, dann sind Sie in der Ortschaft Viganj auf der Halbinsel Pelješac richtig.
Zwischen Mai und Oktober treffen sich hier Surfer aus Kroatien, Ungarn, Österreich, Deutschland, Polen oder Slowenien. Manche sind schon recht fortgeschritten und kommen zum wiederholten Mal hierher. Andere lernen in der Surfschule am Pelješki-Kanal, wie man richtig auf dem Brett steht und die Winde für sich arbeiten lässt. Wollen Sie's nicht mal versuchen? Dann melden Sie sich rechtzeitig vorher an. Mehrsprachige Instruktoren, gutes Material verfügbar.
Viganj (Pelješac) | Camping Liberan | Tel. 0 20/71 90 77, mobil 0 98/ 9 76 96 17 | www.liberansurf.eu bzw. www.antony-boy.com

WELLNESS

Heilschlamm im Gesundheitszentrum Kalos F 5

Über den Heilschlamm aus der Umgebung von Vela Luka im Westen der Insel Korčula sind zahlreiche Studien angefertigt und veröffentlicht worden. Angeblich hilft der Schlamm bei der Heilung von Rheumaerkrankungen und Knochenleiden. Er soll auch die Vitalität und das Wohlbefinden anregen. Wollen Sie sich nicht eine solche Anwendung gönnen?
Das Gesundheitszentrum existiert seit 1972 und ist seither etwas erweitert und modernisiert worden. Noch immer waltet ein gewisser Charme aus jugoslawischer Zeit. Der Heilschlamm ist hier stets der Star unter den Anwendungen geblieben. Manche Besucher sagen, er tut gut und regt die Urlaubsgefühle an. Na dann!
Vela Luka (Korčula) | Gesundheitszentrum Kalos | Obala 3 br. 3 | Tel. 0 20/ 75 51 00 | www.kalos.hr

Warme Temperaturen und reichlich Wind machen aus dem Ort Viganj (▶ S. 133) auf der Halbinsel Pelješac einen idealen Surfspot, egal ob für Anfänger oder Profi-Surfer.

Café an den Festungsmauern der historischen Altstadt Dubrovniks (▶ S. 142).

KROATIENS SÜDLICHE KÜSTE ERKUNDEN

ZADAR UND ŠIBENIK

Die gemütlichen, eher ruhigen Kleinstädte sind typisch adriatische stimmungsvolle Hafenstädte. Sie haben dem Besucher nicht nur architektonisch viel zu bieten, sondern eignen sich auch für Touren ins Hinterland.

Wer aus den Metropolen Rijeka oder Split anreist, erfährt Zadar und Šibenik außerhalb der sommerlichen Hochsaison als gemütliche Kleinstädte, in denen eine angenehme Gemächlichkeit waltet und sich auch die Belästigungen durch den Autoverkehr in Grenzen halten. Man spürt das typische, von Gelassenheit und Flaniervergnügen geprägte Ambiente einer adriatischen Hafenstadt. Das gilt insbesondere für den kompakten **Altstadtbereich von Zadar** ★1, in dem sich die Sehenswürdigkeiten ballen und es viele historische Gebäude gibt, die architektonische Merkmale aus frühkroatischer, gotischer oder venezianischer Zeit aufweisen.
Im Vergleich mit den touristischen Zielgebieten im Süden Dalmatiens lag Zadar über viele Jahre etwas abseits des kommerziellen Geschehens. Das ist inzwischen nicht mehr so. Auch der lokale Flughafen mit Direktverbindungen nach Deutschland und in andere Länder West- und Zentral-

◀ Šibeniks (▶ S. 74) gemütlicher Hafen im warmen Licht des frühen Abends.

europas hat dazu beigetragen. Wer die Stadt vor zehn oder 15 Jahren erlebt hat, stellt heute fest, dass überall historische Gebäude, Monumente und Überreste der Stadtmauern restauriert wurden. Die Zahl der Restaurants, Cafés und Souvenirgeschäfte ist gestiegen. Das mediterrane Flair hat sich innerhalb der Altstadtmauern erhalten. Das Aufkommen an Tagesbesuchern hat deutlich zugenommen.
Als römische Stadt avancierte Zadar unter Kaiser Augustus zum Municipium mit rechtwinkliger Stadtanlage. Im 7. Jh. wurde Zadar Hauptstadt Dalmatiens und blieb dies bis zum Jahr 1919. In venezianischer Zeit hieß die Stadt Zara. Nach dem Ersten Weltkrieg wurde die Stadt Italien zugesprochen. Erst nach dem Zweiten Weltkrieg kam Zadar zu Jugoslawien. Heute profiliert sich die Stadt mit ihren rund 85 000 Einwohnern nicht nur als touristische Destination, sondern auch als Versorgungs- und Verwaltungszentrum der Region. Überdies gilt Zadar als Verkehrsknotenpunkt, speziell für Schiffslinien zu den vorgelagerten Inseln. Vom Fährhafen nahe der Altstadt verkehren Schiffe nach Ugljan, Pašman, Dugi Otok, Iž, Olib, Silba, Premuda, Molat und anderen Inseln.

TOURISMUS ALS PERSPEKTIVE

Auch die Stadt Šibenik bemüht sich darum, als touristische Destination besser wahrgenommen zu werden. Die ehemals von Metall erzeugenden Betrieben beherrschte Wirtschaftsstruktur wird derzeit Schritt für Schritt an zeitgemäße Umweltstandards angepasst, außerdem sind neue, zeitgemäß gestaltete Hotels entstanden. Die Stadt liegt zwischen den beiden Nationalparks Krka und Kornati und erhofft sich durch den Tourismus eine wirtschaftliche Perspektive.
Ähnlich wie die Nachbarstadt Zadar wurde Šibenik zwischen 1991 und 1994 von der jugoslawischen Armee beschossen; mehrere Gebäude, darunter die Kathedrale, wurden beschädigt. Inzwischen sind die Schäden behoben. Außerdem wurde die Kirche im gesamten Außenbereich vollkommen gesäubert und restauriert. Im Dezember 2000 wurde die restaurierte Kathedrale von der UNESCO zum Weltkulturerbe erklärt.

ZADAR

C1

85 000 Einwohner

Stadtplan ▶ S. 69

SEHENSWERTES

1 Donatuskirche (Sveti Donat) mit der Domkirche St. Anastasia (Sveta Stošija)

Die Rundkirche Sv. Donat aus dem 9. Jh. ist dem Bischof Donatus geweiht, der im 8. und 9. Jh. in Zadar tätig war. Der markante Kirchenbau zählt zu den herausragenden Denkmälern der altkroatischen Architektur. Wegen der guten Akustik in der Kirche finden hier häufig Konzerte statt. Verbunden ist die Kirche mit dem Dom Sv. Stošija.

Trg Sv. Stošije | tgl. 9–17, in der Hochsaison bis 22 Uhr | Eintritt 20 Kuna

2 Kirche des Heiligen Simeon (Sveti Šimun)

Die Kirche des Heiligen Simeon (Sv. Šimun), deren älteste Teile aus dem 14. Jh. stammen, zeigt baugeschichtliche Züge des Barock und birgt einen kunstvoll gearbeiteten Sarkophag mit den Gebeinen des Heiligen Simeon. Er wurde im 14. Jh. von italienischen und kroatischen Kunsthandwerkern geschaffen. Mehr als 250 kg Gold und Silber wurden dafür verarbeitet.

Trg Šime Budinića

Wassermusik 3

Die Meeresorgel gibt wundersame Töne von sich, die sich zu einer Melodie fügen. Manchmal herrscht reger Wellengang, das beschwingt die Musik. Die Wellen variieren die Komposition der Töne (▶ S. 13).

3 Meeresorgel (Morske orgulje)

Vom einheimischen Architekten Nikola Bašić im Jahr 2005 entworfenes Musikinstrument mit 35 Röhren. Durch die Bewegungen des Meeres wird Luft in die Röhren gedrückt. Dadurch entstehen angenehme, originelle Tonfolgen. Recht dynamisch sind die Töne bei bewegter See.

Kommen Sie rechtzeitig vor Sonnenuntergang. Wenn man betrachtet, wie die Sonne über dem Meer bzw. der Insel Pašman untergeht und dazu die Töne der Meeresorgel hört, erfährt das Erlebnis eine Steigerung.

Istarska obala

4 Römisches Forum (Rimski Forum)

Die erhalten gebliebenen Säulen, Kapitelle und Treppenfragmente lassen erkennen, wie groß das Forum einst gewesen sein muss.

Zeleni Trg

SEHENSWERTES
1 Donatuskirche/ Domkirche St. Anastasia
2 Kirche des Hl. Simeon
3 Meeresorgel
4 Römisches Forum

MUSEEN UND GALERIEN
5 Archäologisches Museum
6 Schatzkammer im Benediktinerkloster

ÜBERNACHTEN
7 Art Hotel Kalelarga
8 Bastion

ESSEN UND TRINKEN
9 Foša
10 Kornat

EINKAUFEN
11 Maraska
12 Tržnica

KULTUR UND UNTERHALTUNG
13 Cavana Central

TopTen
1 Altstadt

Momente
3 Wassermusik

Zadar
Flughafen, Split, Dubrovnik
Perivoj Vladimira Nazora
Među bedemima
Perivoj kraljice Jelene Madijevke
Perivoj Jarula
Kasica
Bartula Kasica
Narodnog lista
Stratico
Trg Pet bunara
Zoranića
Trg Petra Zoranića
Kralja Dmitra Zvonimira
Fosa
Obala kralja Tomislava
Liburnska obala
Bedemi zadarskih pobuna
Jurja Barakovića
Federica Grisogona
Kirche des Heiligen Simeon
Ilije Smiljanića
Trg Šime Budinića
Fürstenpalast
Stadt-loggia
Narodni trg
Stadttor
Mihe Klaića
Sv. Mihovil
Špire Brusine
Ante Kuzmanića
Rudera Boškovića
Sokolska
Sv. Dominik
Kovačka
Varoška
Sirac
Trg Petra Preradovića
Zitadelle
Zlatarska
Hrvoja Vukčića
Jurja Dalmatinca
Altstadt
Borelli
Stomorica
Benediktinerkloster
Dalmatinskog sabora
Zore dalmatinske
Schatzkammer im Benediktinerkloster
Široka ulica
Madijevaca
Mihovila Pavlinovića
Obala kralja Petra Krešimira IV
Adriatisches Meer
Stadt-museum
Sv. Krševan
Trg sv. Krševana
Knez Subića
bribirskih
Poljana Pape Aleksandra III
Trg opatice Čike
Archäologisches Museum
Šimuna Kožičića
Hafentor
Fährhafen
Poljana Natka Nodila
Jurja Divnića
Nikole Matafara
Sv. Stošija
Trg Sv. Stošije (St. Anastasia)
Donatus-Kirche (Sveti Donat)
Römisches Forum
Zeleni trg
Altstadt von Zadar
Zadarskog mira 1358
Mate Čarmana
Pavlovica
Jakše Čedomila
Eduke
Jurja Bijankinija
Sv. Ilija
Zamotija
Arsenal
Kaštel
Trg Tri bunara
Gospe od zdravlja
Braće Bersa
Donata
Sv. Frane
Trg sv. Frane
Fra
Božidara Petranovića
Ivana Brčića
Wassermusik
Luke Jelića
Ivana Danila
Istarska obala
Meeresorgel
0 60 m
© MERIAN-Kartographie

Die Kirche von St. Donatus mit dem Glockenturm der St. Anastasia-Kathedrale (▶ S. 68) in Zadar. Im Inneren sind der Sarkophag der Heiligen und die Taufkapelle zu sehen.

MUSEEN UND GALERIEN

5 Archäologisches Museum (Arheološki muzej)

Gegenüber dem römischen Forum gelegen. Umfassende Sammlung von Funden aus der Steinzeit bis zum Mittelalter. Römische Alltagsgegenstände, Grabbeigaben, Schmuckstücke und Inschriften belegen die Geschichte der Stadt und Dalmatiens. Besonders beeindruckend sind die altkroatischen Exponate wie Grabkeramik, Schmuckstücke und religiöse Objekte. Das Museum wurde 1832 gegründet und ist damit das zweitälteste in Kroatien.

Trg opatice čike 1 | in der Saison Mo–Sa 9–21, sonst 9–17 Uhr | Eintritt 20 Kuna

6 Schatzkammer im Benediktinerkloster (Sveta Marija)

Im an das Archäologische Museum angrenzenden Benediktinerinnenkloster (Kirche Sv. Marija) zeigt eine Dauerausstellung unter dem Titel »Gold und Silber von Zadar« auf ca. 1200 m^2 in acht modern ausgestatteten Sälen prunkvolle Objekte der Kirchenkunst. Kostbare Reliquienbehälter, Kreuze, Monstranzen, Ikonen, Stickereien, Kelche, Statuen und eine Holzskulptur der

zwölf Apostel. Die Sammlung – auch Schatzkammer genannt – lohnt unbedingt eine Besichtigung.
Trg opatice čike 1 (gegenüber der Donatus-Kirche) | Mo–Sa 10–13 und 18–20, So 10–13 Uhr | Eintritt 30 Kuna, Gruppen pro Person 20 Kuna

ÜBERNACHTEN

Albin 2 ▶ S. 69, nördl. a 1

Modern und ruhig – Nördlich des Stadtzentrums im Viertel Borik gelegene Pension, wo unter Leitung von Albin Jurin die Tradition der ehemaligen Pension Albin in neuen Räumlichkeiten fortgeführt wird. Der Eigentümer ist schon mehr als 40 Jahre im Tourismus engagiert. Hell und modern eingerichtete Zimmer. Ruhige Lage, 300 Meter bis zum Meer. Blicke bis hinüber zur Insel Ugljan. Gastliches Ambiente.
Augusta Šenoe 22/A | Tel. 0 23/33 51 73 und 0 23/33 35 90 | www.albin2.hr | 19 Zimmer und eine Suite | €€

7 Art Hotel

Geschmackvoll und individuell – Das Vier-Sterne-Hotel in der Altstadt von Zadar repräsentiert den neuen Stil kroatischer Komfort- bzw. Designhotels. Alle zehn Zimmer sind komfortabel eingerichtet. Generell wurde versucht, Natursteinelemente mit funktionalen Wänden und hellen, munteren Farben zu kombinieren. Auch das Frühstück verdeutlicht den hohen Anspruch des Hauses. Angeschlossen ist auch ein Restaurant. Wegen der zentralen Lage in der Altstadt ist das Hotel nicht direkt per Pkw zu erreichen.
Zadar | Ul. Maijke Margarite 3 | Tel. 0 23/23 30 00 | www.arthotel-kalelarga.com | 10 Zimmer | €€€€

8 Bastion

Luxus in der Altstadt – Boutique-Hotel (vier Sterne) mit privilegierter Lage in der Altstadt und in der Nähe des Hafens. Moderne, mit edlen Materialien ausgestattete Zimmer. Angeschlossen ist ein Wellness- und Relax-Bereich, türkische und finnische Sauna.
Bedemi zadarskih pobuna 13 | Tel. 0 23/49 49 50 | www.hotel-bastion.hr | 27 Zimmer und 1 Suite | €€€€

Kolovare ▶ S. 69, östl. f 3

Am Wasser – Traditionsreiches, etwas außerhalb der Altstadt am Meer gelegenes Hotel aus jugoslawischer Zeit, das inzwischen eine umfassende Modernisierung erfahren hat. Die Altstadt kann von hier problemlos zu Fuß erreicht werden. Vier Sterne. Internet, Bar, Pool, Fitnesszentrum, Konferenzsaal. Praktische Ausstattung.
Bože Peričića 14 | Tel. 0 23/20 32 00 | www.hotel-kolovare.com | 191 Zimmer | €€€

ESSEN UND TRINKEN

RESTAURANTS

9 Foša

Am Rand der Altstadt – Fischrestaurant mit Terrasse. Beliebt bei Einheimischen wie Touristen vor allem wegen der reizvollen Lage am Rande der Foša-Bucht nahe der Bastion (Blick auf Inseln und Meer). Durchschnittliches kulinarisches Niveau.
Kralja Dmitra Zvonimira 2 | Tel. 0 23/31 44 21 | www.fosa.hr | in der Saison tgl. 12–23 Uhr | €€

10 Kornat

Blick auf die Bucht – Das anspruchsvollste Restaurant in der Altstadt. Edle, gepflegte Einrichtung. Auf der Karte stehen Meeresfrüchte und Fischgerichte nach typisch dalmatinischen Rezepturen. Deftige Fleischgerichte werden ebenso gekonnt zubereitet. Attraktive Lage in der Nähe des Hafens. Ausgezeichnet für seine kulinarischen Leistungen und den Service.

Liburnska obala 6 | Tel. 0 23/25 45 01 | www.restaurant-kornat.hr | in der Saison tgl. 12–24 Uhr | €€€

Niko

▶ S. 69, nordwestl. a 2

Fisch, Fisch, Fisch – Gepflegtes, betont gemütliches Restaurant, außerhalb der Altstadt auf der Halbinsel Puntamika gelegen. Einrichtung mit dekorativen Elementen einer Fischertaverne, überdachte Terrasse. Gediegener, bewährter Service unter der Leitung der Familie Pavin seit dem Jahr 1963. Sehr delikat: die Niko-Fischplatte oder die Scampi in rohem Schinken. Auch herzhaft zubereitete Fleischgerichte werden serviert. Das originellste Restaurant am Ort. Angeschlossen ist auch ein Hotel. Günstige Lage bei der Marina.

Ob. kneza Domagoja 9 | Tel. 0 23/33 78 88 | www.hotel-niko.hr | in der Saison tgl. 12–23 Uhr | €€

EINKAUFEN

11 Maraska

▸ S. 47

12 Tržnica

Kleiner Bauernmarkt in der Altstadt. Verkauf von Gemüse, Obst, Blumen, Fisch (Ribarnica), Fleisch. Bauern aus der Umgebung oder aus dem Hinterland bieten Feldfrüchte und andere Erzeugnisse an.

Dalmatinskog sabora | Mo–Fr bis ca. 13 Uhr

KULTUR UND UNTERHALTUNG

13 Cavana Central

Typische Café-Bar, vor allem an Sommerabenden beliebter Treffpunkt von Jugendlichen.

Široka ulica 3 | tgl. 12–24 Uhr

SERVICE

ANKUNFT/ABFAHRT

Fähr- und Schiffslinien

Tel. 0 23/21 20 03, Fährverbindungen zu den vorgelagerten Inseln | www.jadrolinija.hr

Flughafen

C 1

In der Saison auch Direktflüge zu deutschen Flughäfen. Flughafenbus der Firma GENE ins Stadtzentrum.

Tel. 0 23/20 58 00 | www.zadar-airport.hr

AUSKUNFT

Informationsbüro des Fremdenverkehrsverbandes

▶ S. 69, d 2

Mihe Klaiča 2 (am Narodni Trg) | Tel. 0 23/31 61 66

Zentrale des Fremdenverkehrsverbandes

▶ S. 69, e 2

Ilije Smiljanica 5 | Tel. 0 23/21 22 22 | www.visitzadar.net, www.tzzadar.hr, www.zadar.travel/de

Ziele in der Umgebung

◎ DUGI OTOK

B 1–C 2

1500 Einwohner

Die »lange Insel« liegt weit draußen auf der Adria, ist knapp 50 km lang und nirgendwo breiter als 4 km. Bis 1985 war die Insel autofrei, heute ist sie immer noch außerhalb der sommerlichen Hochsaison ein Hort von Einsamkeit und Ruhe. Die Einwohner verteilen sich über zwölf Ortschaften und leben

von Fischfang, Landwirtschaft und Tourismus. Letzterer konzentriert sich auf Sali, Božava, Zaglav und Veli Rat, wo es Geschäfte, Unterkünfte und Serviceeinrichtungen gibt. Die Landschaft ist felsig und kahl, eigenes Süßwasser gibt es auf der Insel nicht. Wegen der schönen Strände und der zahlreichen einsamen Buchten ist Dugi Otok bei Seglern beliebt. Auch Taucher finden vor den Küsten exzellente Bedingungen. In letzter Zeit sind Fahrrad- und Wanderwege angelegt worden, um neben Tauchern und Seglern vermehrt Besucher anzusprechen, die Natur und Landschaft erkunden wollen. Schiffsverbindungen mit Zadar.
www.dugiotok.hr sowie
www.telascica.hr

KORNATI ▸ S. 42

UGLJAN UND PAŠMAN B1–C2

7500/2600 Einwohner

Beide Inseln liegen nicht weit vom Festland entfernt und sind von Zadar oder Biograd na Moru per Fähre zu erreichen. Seit 1973 sind beide Inseln durch eine Brücke verbunden. Ugljan orientiert sich mehr zur Küstenmetropole Zadar, Pašman zur Stadt Biograd na Moru. Auf beiden Inseln, ehemals stark landwirtschaftlich geprägt, breitet sich seit zwei Jahrzehnten ein enormer Bauboom aus. Die touristische Infrastruktur wurde intensiviert. Vor allem die Zahl der Apartments hat deutlich zugenommen. Nach wie vor ist der Anbau von Oliven verbreitet.
Die Fähre verbindet die Küstenstadt Biograd na Moru mit der kleinen Ortschaft Tkon auf Pašman. Hauptsiedlung auf Ugljan ist der Fährort Preko.

Der See Vransko jezero (▶ S. 74) liegt zwischen Zadar und Šibenik. Von den Hängen am Ufer kann man die grünen Inseln des Nationalparks Kornati (▶ S. 42) sehen.

Ihm ist eine kleine Insel vorgelagert, auf der sich ein für die Öffentlichkeit nicht zugängliches Franziskanerkloster befindet. Lohnend ist von Preko aus der Aufstieg zur Festung Sv. Mihovil aus dem 13. Jh. Von oben eröffnet sich ein beeindruckender Blick auf die Nachbarinseln Iž und Dugi Otok. Im Ort gibt es mehrere kleine Geschäfte, Restaurants und gemütliche Bars, die an den Wochenenden gerne von den zahlreichen Besuchern aus Zadar aufgesucht werden.
Beide Inseln bieten günstige Bedingungen für Fahrradtouren. Die Landschaft ist moderat hügelig ohne nennenswerte Steigungen.

AUSKUNFT

Fremdenverkehrsbüro Preko

Magazin 8 | Tel. 0 23/28 61 08 | www.preko.hr bzw. www.ugljan.hr

Fremdenverkehrsbüro Pašman

Pašman bb | Tel. 0 23/26 01 55 | www.pasman.hr

◎ VRANSKO JEZERO C/D 2

Nahe der Küstenmagistrale zwischen Zadar und Šibenik liegt dieser ca. 12 km lange und bis zu 4 km breite Süßwassersee. Der reizvoll von Hügeln und Feldern umgebene See, der durch einen Kanal mit dem Meer verbunden ist, gilt als wichtiges Brutgebiet für Wasservögel. Wegen seiner ökologischen Bedeutung wurde dieser größte Binnensee Kroatiens im Jahr 1999 als Naturpark ausgewiesen. Das Angeln von Hechten, Aalen oder Karpfen ist erlaubt, die strikten Bestimmungen der Parkverwaltung müssen aber eingehalten werden.
Die liebliche, weithin unverbaute Landschaft verlockt auch zu Wanderungen. Restaurants am Ufer oder in der Umgebung bieten Süßwasser-Fischgerichte an. Mehrere beschilderte Fahrrad- und Wanderwege laden zu sportlichen Aktivitäten ein.

www.vransko-jezero.hr, www.pp-vransko-jezero.hr (off. Infos des Naturparks)
30 km südöstl. von Zadar

ŠIBENIK C1

40 000 Einwohner
Stadtplan ▶ S. 77

SEHENSWERTES

1 Festung Heiliger Michael (Sveti Mihovil)

Die dem Heiligen Michael geweihte Festung liegt ca. 70 m über Meeresniveau und überragt die Altstadt. Das monumentale Bauwerk aus weißem Stein entstand zwischen dem 15. und 17. Jh. Äußerlich ist es gut erhalten, wegen Baufälligkeit können die Räumlichkeiten im Innern nicht besichtigt werden. Bei Grabungen auf dieser Anhöhe wurden Gegenstände aus illyrischer Zeit gefunden. Wegen der nahen Kirche wird die Festung auch als Sveta Ana bezeichnet. Ein Spaziergang aus der Altstadt hinauf zur Festung lohnt wegen des fabelhaften Blickes, den man hier oben genießen kann. Gut zu sehen sind die Altstadt, der Hafenbereich sowie mehrere adriatische Inseln.
Über der Altstadt gelegen

2 Kathedrale des Heiligen Jakob (Sveti Jakov)

Die Kathedrale der Stadt – Baubeginn 1433 unter der Herrschaft Venedigs – gilt als bedeutendster Sakralbau ihrer

Zeit. Vor allem italienische Architekten waren in den ersten Jahren am Bau tätig. Spektakulär für die damalige Zeit: das Tonnengewölbe aus ineinandergreifenden Steinplatten über dem Hauptschiff. Verwendung fanden der heimische Kalkstein und Marmor der Insel Brač. In einem Fries um die Apsiden des Chores sind an der Außenwand 70 steinerne Porträtköpfe zu sehen. Die individuell gestalteten Köpfe zeigen Einwohner der Stadt aus dem 15. Jh. Vor dem Gebäude steht eine von Ivan Meštrović 1961 geschaffene Skulptur des Bildhauers Juraj Dalmatinac. Er hat als Leiter der Bauhütte den Bau der Kathedrale – inzwischen Weltkulturerbe – wesentlich bestimmt.
Trg Republike Hrvatske

3 Klostergarten des Laurentiusklosters (Sveti Lovre)

Viele Jahrzehnte war der nach mittelalterlichen Vorbildern angelegte Garten nicht für die Öffentlichkeit zugänglich. Nach einer umfassenden Neuausrichtung wurde er im November 2007 Besuchern öffentlich zugänglich gemacht. Seither kommen neben Touristen nicht selten Schulklassen hierher. Zum Klostergarten zählen neben einem Kreuzweg und Brunnen mehrere Anpflanzungen, darunter ein Bereich mit Heil- und Gewürzkräutern. Als herausragende Attraktionen gelten die alten Rosenstöcke, unterschiedliche Thymian-Varianten sowie Kapernbüsche. Angeschlossen sind ein Restaurant, ein Café sowie ein Souvenirgeschäft.
Andrije Kačića | im Winter 9–16, im Sommer 8–23 Uhr | Führungen für Gruppen, Eintritt pro Person 15 Kuna

4 Stadtloggia

Sie stammt aus dem 16. Jh. und barg ehemals das Rathaus der Stadt. Nach der Zerstörung des Gebäudes im Zweiten Weltkrieg wurde die Loggia im ehemaligen Stil rekonstruiert. Die Pracht des Bauwerks mit Arkadenbögen, filigranen Fensterfeldern und einem Balkon, von dem einst die Repräsentanten der Stadt Volksreden hielten, versinnbildlicht die einstige Bedeutung Šibeniks. Im Parterre ist heute ein Café-Restaurant untergebracht.
Trg Republike Hrvatske

MUSEEN UND GALERIEN

5 Bunari

Die interaktive Schau in der historischen Zisterne der Altstadt ist auch für Familien interessant. Objekte und Arrangements veranschaulichen die eindrucksvolle Verteidigungsarchitektur der Stadt, die Wasserversorgung, die Lage von Schiffswracks und die unterschiedlichen, in der Region gebräuchlichen Schiffstypen. Auch die Zisterne selbst ist sehenswert.
Ulica Put Palih omladinaca | www.sibenik-tourism.hr | nur zwischen Juni und Sept. tgl. 10–23 Uhr, ansonsten auf Anfrage im angegliederten Café | Eintritt 30 Kuna, Kinder 20 Kuna

6 Stadtmuseum Šibenik (Muzej Grada Šibenika)

Das bereits im Jahr 1925 gegründete und heute im Fürstenpalast Kneževa Palača nahe der Kathedrale untergebrachte Museum widmet sich der frühen Stadt- bzw. Regionalgeschichte. Zu sehen sind Objekte aus illyrischer, vorrömischer und altkroatischer Zeit. Es gibt eine archäologische, kulturhistori-

sche und ethnografische Sammlung. Vom ehemaligen Fürstenpalast, der im 14. Jh. entstand und Teil einer Befestigungsanlage war, sind nur zwei Gebäudebereiche erhalten geblieben.
Gradska vrata 3 | www.muzej-sibenik.hr | in der Saison tgl. 10–13 und 18–20 Uhr | Eintritt frei

ÜBERNACHTEN

7 Jadran

An der Uferpromenade – Stark vom jugoslawischen Flair geprägtes Traditionshotel, zwischen Kathedrale und Nikolaus-Kirche gelegen. Einziges Hotel im Bereich der Altstadt. Manche Zimmer haben einen Blick auf die Uferpromenade und das Wasser. Die meisten Zimmer und Gesellschaftsräume bedürfen einer Modernisierung.
Obala Dr. Franje Tuđmana bzw. Obala oslobođenja 52 | Tel. 0 22/24 20 00 | www.rivijera.hr | 57 Zimmer | €€

ESSEN UND TRINKEN

Zlatna Ribica D 2

Kulinarische Hochkultur – Rund 7 km südlich der Stadt in der Küstensiedlung Brodarica gegenüber der Insel Krapanj gelegen. Anspruchsvollstes Restaurant der Gegend. Weiträumige Terrasse direkt am Ufer. Solide zubereitete Fisch- und Fleischgerichte. Ausgesuchte Weinkarte mit bekannten Marken aus Dalmatien, den im Hinterland Kroatiens gelegenen Anbaugebieten und aus Slowenien. Dem Restaurant ist auch eine Pension angeschlossen.
Brodarica, Krapanjskih spužvara 46 | Tel. 0 22/35 03 00 und 0 22/35 06 95 | www.zlatna-ribica.hr | tgl. 12–23 Uhr | €€€€

8 Dalmatino

Volkstümliches Ambiente – Im Zentrum der Altstadt in einer kleinen Gasse gelegene Taverne mit gemütlicher, fast schon musealer Einrichtung. Typisch dalmatinische Traditionsgerichte. Auffällig freundlicher Service. Preiswerte Weine aus der Region.
Fra Nikole Ružiča 1 | Tel. mobil 0 91/5 42 48 08 | in der Saison tgl. geöffnet | €€

EINKAUFEN

9 Suvenirnica NP Krka

Kunsthandwerk, Bilder und Skulpturen von Künstlern aus dem Hinterland sowie Informationen über den Nationalpark Krka.
Trg Ivana Pavla II 5 | 7–15 Uhr

Tržnica ▸ S. 47

SERVICE

ANKUNFT/ABFAHRT

Fährstation (Jadrolinija) ▸ S. 77, e 3

Abfahrten auch zu den Inseln Zlarin, Kaprije und Žirje.
Tel. 0 22/21 34 68 | www. Jadrolinija.hr

SEHENSWERTES
1 Festung Hl. Michael
2 Kathedrale des Hl. Jakob
3 Klostergarten Laurentiuskloster
4 Stadtloggia

MUSEEN UND GALERIEN
5 Bunari
6 Stadtmuseum Šibenik

ÜBERNACHTEN
7 Jadran

ESSEN UND TRINKEN
8 Dalmatino

EINKAUFEN
9 Suvenirnica NP Krka

Šibenik
Varos
Gorica
Dolac
Grad
Plišač
Split, Dubrovnik
Bauernmarkt
Gospe van grada
Perivoj Luje Maruna
Fra Stjepana
Blajburških žrtava
Riječka
Grubišića
Petra
Težačka
Aleksa Šantića
Miminac
Kraljice Jelene
Theater
Poljana
Trg kralja Držislava
Trg Ivana Gorana Kovačića
Perivoj Roberta Visianija
Vladimira Nazora
Put Splita
Sarajevska
Obala hrv. mornarice
Trg Nikolae Tommasea
Sv. Frane
Sižgorića
Jurja
Antuna Vračića
Uskočka
Zagrebačka
Tomislava
Sv. Duh
Sv. Ivan
Kralja Zvonimira
Fulgozi
Bosiljie
Zadarska
Fausta Vrančića
Trg Ivana Pavla II
Don Krste Stošića
Fra N. Ružića
Kralja
Nova crkva
Nove crkve
Kninska
Put groblja
Groblje
Sv. Ana
Festung Heiliger Michael (Sveti Mihovil)
Pod tvrđavom
Sv. Luce
Martina Kolunića
Samostan benediktinki
Kostergarten (Sv. Lovre)
Sv. sveti
Stadtloggia
Trg Republike Hrvatske
Zisterne
Bunari
Kathedrale des heiligen Jakob (Sv. Jakov)
Gradska vrata
Stadtmuseum Šibenik
Trg Pavla Šubića I
Fürstenpalast
Sv. Nikole
Obala Dr. Franje Tuđmana
Obala palih omladinaca
Sv. Dominik
Prominska
Jurja Dalmatinca
Bukovačka
Zagrade
Zadar
Sv. Križ
Sv. Križa
Obala prvoboraca
Šibenska luka
Zlarin
0
150 m
©MERIAN-Kartographie

AUSKUNFT

Informationsbüro des Fremdenverkehrsverbandes ▸ S. 77, e 3

Obala Dr. Franje Tuđmana 5 (nahe der Fährstation) | Tel. 0 22/21 44 11 und 21 44 48 | www.sibenik-tourism.hr

Ziele in der Umgebung

DUBRAVA ŠKUGORI — D 2

Das bedeutendste Greifvogelzentrum (Sokolarski Centar) Dalmatiens liegt am Rand des kleinen Dorfes Dubrava Škugori. Im Zentrum werden Falken, Adler, Bussarde und Habichte gehalten. Verletzte oder kranke Vögel werden gepflegt. Besucher erleben, wie die Greifvögel gefüttert werden und welche Flugleistungen sie vor den Augen des Publikums erbringen.

Dubrava Škugori bb | Tel. 0 22/33 01 16 oder mobil 0 91/5 06 76 10 | www.sokolarskicentar.com | in der Saison tgl. 10–17 Uhr | Eintritt 45 Kuna, Kinder 35 Kuna

10 km nordöstl. von Šibenik

KAPRIJE — D 2

100 Einwohner

Mit knapp 10 km^2 zählt die Insel zu den größeren im Archipel von Šibenik. Der Name leitet sich von der Kapernpflanze ab, deren eingelegte Knospen in der dalmatinischen Küche eine große Rolle spielen. Per Fähre gelangt man in ca. 45 Minuten von Zadar aus hierher. Gute Bademöglichkeiten vor allem in den Buchten im Osten der Insel.

KRAPANJ — D 3

200 Einwohner

Von der Ortschaft Brodarica, ca. 7 km südöstlich von Šibenik gelegen, verkehren mehrfach täglich Fährboote hinüber zur kleinen autofreien Insel Krapanj, dem bekanntesten dalmatinischen Zentrum der Schwammfischerei. Naturschwämme aus Krapanj werden heute an der ganzen dalmatinischen Adria als Souvenirs verkauft.

SERVICE

AUSKUNFT

Touristenbüro

Krapanj-Brodarica | Tel. 0 22/35 06 12

MURTER — D 3

5000 Einwohner

Die rund 30 km nordwestlich von Šibenik gelegene Insel Murter ist knapp 20 km^2 groß und bei der Ortschaft Tisno durch eine Drehbrücke mit dem Festland verbunden. Durch die günstige Anbindung ans Festland hat sich mittlerweile der Tourismus als maßgebliche Erwerbsquelle etabliert. Vor allem die Ortschaft Murter mit ihrem modernen Hafen ist beliebter Ausgangspunkt für Segeltörns oder Bootstouren zu den Kornaten.

ÜBERNACHTEN

Gina ▸ S. 24

SERVICE

AUSKUNFT

Touristenbüro

Rudina bb | Tel. 0 22/43 49 95 | www.tzo-murter.hr

SKRADIN — D 2

3800 Einwohner

Wegen seiner bevorzugten Lage am Ufer des windgeschützten Fjords hat sich Skradin in den letzten zwei Jahrzehnten zu einer Metropole des Wassersports entwickelt. Jachten können vom Meer aus auf der Krka bis hierher gelangen und in einer modernen Marina vor Anker gehen. Auch Ausflugstouren auf der Krka nehmen hier ihren Anfang. An Bars, Restaurants und Cafés nahe der Marina fehlt es keineswegs. In den Sommermonaten herrscht hier mehr touristischer Betrieb als in Šibenik. Der Nationalpark Krka (▸ S. 42 und S. 160) ist von hier aus sehr gut zu erreichen.

www.skradin.hr
10 km nördl. von Šibenik

ŽIRJE D 3

100 Einwohner

Mit knapp 16 km² ist diese Insel die größte im Šibeniker Archipel. Außerdem ist sie die von der Küste am weitesten entfernt gelegene Insel. Sie war in der Vergangenheit mit Steineichen bewachsen, wovon sich wahrscheinlich der Name ableitet, denn Žir wird im Kroatischen die Eichel genannt.

ZLARIN D 2

250 Einwohner

Die rund 8 km² kleine Insel liegt nur wenige Kilometer vom Festland entfernt und ist von Šibenik aus via Fähre mehrfach am Tag zu erreichen. Viele Einwohner aus Šibenik und Umgebung haben hier eine Wochenend- oder Ferienwohnung. Auch Familien sind in den Sommermonaten reichlich vertreten. In dieser Zeit finden einige Unterhaltungs- oder Kulturveranstaltungen statt. Die autofreie Insel ist ebenso bei Seglern und Wassersportlern beliebt. Ausländische Touristen haben die Insel noch kaum entdeckt.

www.tz-zlarin.hr

Die Insel Murter (▶ S. 78), im Vordergrund die Stadt Murter, liegt im Šibenik-Archipel. Bekannt ist Murter für seine Oliven- und Feigenbäume sowie die Sand- und Kiesstrände.

SPLIT UND MITTELDALMATIEN

Die Metropole der dalmatinischen Küste zeigt alle Aspekte einer quirligen Großstadt. Kroatiens zweitgrößte Stadt ist Kultur- und Handelszentrum der Region, aber auch Verkehrsknotenpunkt mit Verbindung zu den vorgelagerten Inseln.

Kommt man als Tourist von den dalmatinischen Inseln in Split an, spürt man sofort die Hektik, das Verkehrsgetöse und das Menschengedränge einer ausgeprägten Metropole. Aber Split ist mehr als nur Verkehrsknotenpunkt für Fähren und Busse. Gewiss, im Hochsommer machen es Hitze und Autoverkehr anstrengend, die Reize der Stadt zu erleben. Aber die Bemühung lohnt, allein schon wegen des Altstadt-Ambientes, der historischen Gebäude und Museen. Erholung vom urbanen Getümmel kann man auf der Marjan-Halbinsel am Meer oder im Grünen finden. Und mit dem Bus ist man im Nu in den Badeorten an der **Makarska Riviera** 3. Die meisten Besucher kommen für einen Tag nach Split und begeben sich danach wieder zurück in die touristischen Zentren an der Küste oder auf den Inseln. Wer sich indes gründlicher der Stadt und ihren Facetten widmen möchte, plane möglichst eine oder zwei Übernachtungen ein. Split

◀ In Splits Hafen kommen auch Schnellboote (▶ S. 87) von Hvar und Vis an.

in einem Tag, das kann in Hetze und Nervenstress im Verkehrsgetümmel ausarten. Wie angenehm, wenn man sich in einer passenden Unterkunft erholen und auf die nächsten Besichtigungen oder Spaziergänge vorbereiten kann. Unbedingt sollte man auch die abendlichen Stunden auf den Plätzen und Flanier-Boulevards genießen. Das mediterrane Flair der Stadt zeigt sich dann von seiner attraktivsten Seite. Es wird dann auch sichtbar, wie viele junge Leute in der Stadt leben und die Vorzüge einer abwechslungsreichen Metropole genießen.

METROPOLE MIT KULTUR

Noch vor wenigen Jahren galt die Hotelsituation in Split als angespannt und unbefriedigend. Es gab zu wenige Hotels mit modernem Niveau. Das hat sich geändert und ändert sich weiterhin. Kleine, stilvolle Unterkünfte sind in der Altstadt entstanden, oft hört man das Modewort Boutique-Hotel. Dafür wurden historische Gebäude mit erheblichem Aufwand restauriert. Das Preisniveau ist hoch, die Zahl der Zimmer begrenzt. Wer sich in der Hochsaison mehrere Tage in der Stadt aufhalten möchte, sollte seine Unterkunft unbedingt Wochen vorher auswählen und buchen.

Es gibt überzeugende Gründe, sich aus dem Getöse der Altstadt zumindest einen Tag lang auf die besagte Marjan-Halbinsel zu begeben. Man findet hier Ruhe und Gelegenheiten für Spaziergänge am Meer oder durch Schatten spendende Wälder. Am besten kombiniert man diese Unternehmungen mit einer inspirierenden Prise Kultur. Ein Besuch in der Meštrović-Galerie taugt dazu bestens. Am Ende ist man überrascht und erfreut von der eigenwilligen Formensprache dieses prominentesten Bildhauers Kroatiens. Die Ästhetik dieser monumentalen Skulpturen stammt aus einer anderen Zeit (Meštrović starb 1962), besticht aber durch Konsequenz und einen unverwechselbaren Stil. Nebenan wartet das Museum Kroatischer Archäologischer Denkmäler, auch ein Ort, der überraschend viel an kulturellen Einblicken in das kroatische Selbstverständnis zu bieten hat. Am Ende reift die Erkenntnis: Wie gut, dass man sich auch für diese Facetten der Stadt genügend Zeit genommen hat.

SPLIT

E/F 3

200 000 Einwohner

Stadtplan ▶ Klappe hinten

SEHENSWERTES

2 Diokletian-Palast (Dioklecijanova Palača)

Diese für Kaiser Diokletian erbaute Palastanlage, entstanden zwischen 295 und 305, ist heute das imposanteste Denkmal römischer Zeit in Dalmatien. Der Gebäudekomplex umfasste eine Größe von 180 mal 125 m und wurde als römische Villa und Festung mit Wachtürmen und wehrhaften Mauern (18 m hoch und 2 m dick) angelegt. Viele Broschüren über den Diokletian-Palast enthalten eine interessante Zeichnung, die verdeutlicht, wie das fast quadratische Gebäude in der Antike vermutlich ausgesehen hat. Überdauert haben zum Teil die äußere Befestigungsmauer mit ihren Toren und einige Gebäudeteile im Innern. Sehenswert sind beispielsweise die Überreste des Peristyls, wo sich der Kaiser seinerzeit seinen Untertanen und offiziellen Gästen zeigte. Der von korinthischen Säulen umrahmte Innenhof ist heute eine grandiose Kulisse für Terrassencafés. Vom Peristyl aus erreicht man über Stufen die Kathedrale Sveti Duje (Heiliger Dominius), in früheren Zeiten das Mausoleum des Kaisers Diokletian.

Nach dem Tod des Kaisers im Jahre 313 wurde der Palast zunächst als Zufluchtsort verbannter Despoten und Mitglieder der kaiserlichen Familie benutzt. Ab dem Jahr 600 residierten hier die oströmischen Statthalter. Nachdem die Siedlung Salona im Jahre 614 von den Awaren und Slawen zerstört worden war, flüchteten viele Bürger aus Salona in den nahe gelegenen Diokletian-Palast. In der Folgezeit entwickelte sich um den Palast herum die Stadtgemeinde Spalatum, aus der später die Stadt Split hervorging.

Dioklecijanova

1 Dominiuskathedrale (Sveti Duje)

Der antike Bau wurde im 10. Jh. zur Kathedrale des Bistums Split geweiht. Er zeigt im Innern beeindruckende Werke der Steinmetzkunst, darunter die Porträts des Kaisers Diokletian sowie seiner Frau Prisca. Unbedingt betrachtenswert ist das monumentale Hauptportal. Es ist verziert mit 28 aus Walnussholz gearbeiteten Türfeldern, die Szenen aus der Leidensgeschichte Christi veranschaulichen. Das Kunstwerk stammt aus dem 13. Jh. und wurde von Andrija Buvina geschaffen. An die Kathedrale angeschlossen ist eine Schatzkammer mit einer Sammlung von historischer Kirchenkunst.

Krešimirova

MUSEEN UND GALERIEN

2 Archäologisches Museum (Arheoloških muzej)

Die Institution existiert seit dem Jahr 1820 und gilt damit als ältestes Museum Kroatiens. Zu sehen sind vor allem Funde aus der römischen Siedlung Salona (heute Solin). Wer sich tiefer mit dem Alltagsleben im römischen Salona befassen möchte, bekommt hier Einblick in die typische Handwerkskunst und religiösen Vorstellungen. Neben Schmuck und Gebrauchsgegenständen sind Grabplastiken und Skulpturen zu bestaunen.

Zrinjsko Frankopanska ulica 25 | www.armus.hr | Juni–Sept. Mo–Sa 9–14 und 16–20, Okt.–Mai Mo–Fr 9–14 und 16–20, Sa 9–14 Uhr | Eintritt 20 Kuna, Kinder 10 Kuna

3 Meštrović-Galerie (Galerija Meštrović)

Berühmte, viel besuchte Ausstellung der Werke von Ivan Meštrović (1883 bis 1962), dem bedeutendsten und prominentesten Bildhauer Kroatiens (▶ S. 96). In der auf der Marjan-Halbinsel gelegenen Galerie sind eindrucksvolle Holz- und Metallskulpturen des großen Meisters zu sehen sowie das ehemalige Wohnzimmer. Arbeiten aus Walnuss- oder Lindenholz zeigen religiöse Motive. Auch Typen aus dem dalmatinischen Hinterland, wo Meštrović einst als einfacher Schäfer tätig war, zeigt die Ausstellung. Die gestalteten Männer und Frauen zeichnen sich durch einen individuellen Gesichtsausdruck und oft rustikale Gliedmaßen aus. Beeindruckend sind auch die von Meštrović geschaffenen Körper mit langen Fingern und übergroßen Füßen. Außer den Skulpturen in der zweigeschossigen neoklassischen Villa sind auch Kunstwerke im parkähnlichen Garten zu sehen.

Nahebei befindet sich ein weiterer Gebäudekomplex mit Werken des berühmten Meisters. Wenn man etwas weiter stadtauswärts geht, erreicht man auf der Šetalište Ivana Meštrovića 39 das Kaštelet-Krikvine. Das Gebäude stammt aus dem 16. Jh. und war ehemals das Sommerhaus einer reichen kroatischen Familie. Die hier ausgestellten Meštrović-Werke sind von

Auf der palmenbestandenen Uferpromenade am Hafen von Split (▶ S. 82) gibt es viel zu sehen. Hier fühlen sich Fußgänger, Radfahrer und Müßiggänger wohl.

Die Meštrović-Galerie (▶ S. 83) in Split ist für jeden Kunstliebhaber ein Muss. Vom ehemaligen Privathaus des Künstlers bieten sich auch schöne Blicke auf die Küste.

christlicher Frömmigkeit durchdrungen. Besucht werden kann ein vom Künstler gestalteter Kirchenraum mit einem zentralen Kreuz und 28 Holzreliefs an den Wänden. Die Kunstwerke befinden sich seit 1952 in diesen Räumlichkeiten (Tel. 0 21/35 81 85, www.mdc.hr/mestrovic, Besuchszeiten wie Galerie, Eintritt 20 Kuna, Kinder, Studenten, Rentner 10 Kuna).

Besuchen Sie die Meštrović-Galerie möglichst um die Mittagszeit. Dann scheint die Sonne optimal durch die offene Säulenhalle der Front auf die Kunstwerke

Šetalište Ivana Meštrovića 46 | Tel. 0 21/34 08 00 | www.mdc.hr/mestrovic | Di–So 9–19, Winter Di–Sa 9–16, So 10–15 Uhr | Eintritt 40 Kuna, Kinder, Studenten, Rentner 20 Kuna

4 Museum Kroatischer Archäologischer Denkmäler (Muzej Hrvatskih Arheoloških Spomenika)

Wer mit wenig Besuchszeit nach Split kommt, wendet sich meist anderen Sehenswürdigkeiten zu und sieht es nicht unbedingt als lohnend an, sich mit den Beständen dieses Museums zu beschäftigen. Es ist aber rundweg überraschend, was man in diesem Museum über die kulturellen Wurzeln und die frühen Entwicklungsperioden Kroatiens lernen kann. Ausgestellt werden zahlreiche Funde aus altkroatischer Zeit. Waffen und Zaumzeug aus dem 8. bis 10. Jh., Grabbeigaben wie Ohr-, Finger- und Haarringe, Steintafeln und Taufbecken aus dem 9. bzw. 10. Jh., überdies Münzen, Schmuck und Keramik. Zu sehen ist die berühmte Tafel von Baška (Insel Krk) mit einem Text in glagolitischer Schrift. Ein Kunstwerk frühkroatischer Provenienz ist ein monumentales, aus einem Steinblock gemeißeltes Taufbecken aus der Gegend von Nin.

Stjepana Gunjace bb | www.mhas-split.hr | Mo–Fr 9–13 und 17–20, Sa 9–13 Uhr | Eintritt frei

ÜBERNACHTEN

Dujam ▶ Klappe hinten, nördl. f 1

Schlicht und preiswert – Außerhalb der Altstadt gelegenes Drei-Sterne-Hotel. Zu Fuß von der Altstadt in 25 Minuten oder per Bus mit der Linie 9 ab dem Fährhafen zu erreichen. Saubere, einfach ausgestattete Zimmer, kein Aufzug. Mäßiges Frühstück, freundlicher Service. Größter Vorzug ist der für Split relativ günstige Preis. Viel jugendliches Publikum.

Velebitska 27 | Tel. 0 21/53 80 25 und 53 80 27 | www.hoteldujam.com | 33 Zimmer und 2 Apartments | €€

5 Jadran

Ruhige Lage – Die modernisierte und umgebaute Version des ehemaligen Hotel Jadran Koteks wird nur selten von Ausländern in Anspruch genommen. Ein Vorteil dieser Unterkunft ist die ruhige Lage nahe der Marina am Ufer der Marjan-Halbinsel. Hier kann man sich vom Getümmel in der Altstadt erholen. Zehn Gehminuten bis zur Altstadt. Sauna, Wellnesszentrum. Bar, Restaurant, Parkplatz. Vom manchmal etwas sehr gemütlichen Service darf man keine Höchstleistungen erwarten. Mäßiges Frühstück.

Sustipanski put 23 | Tel. 0 21/39 86 22 | www.hoteljadran.eu | 20 Zimmer | €€€

Nasse Erfrischung 4

Die Besichtigung von Split war anstrengend, Sie sehnen sich nach einer Erfrischung. Gut, dass dem Hotel Jadran ein öffentliches Schwimmbad angegliedert ist (▶ S. 13)!

6 Judita Palace ▶ S. 25

Le Méridien Lav F 3

Komfort auf allen Ebenen – Fünf-Sterne-Hotel auf hohem Niveau. Das 8 km südlich von Split in der Ortschaft Podstrana gelegene Hotel wird von Gästen bevorzugt, die nicht im quirligen Zentrum von Split untergebracht sein wollen. Eigener 800 m langer Strand, schöner Blick auf Split und die umliegenden Inseln. Subtropische Gartenanlagen. Großzügig geschnittene Zimmer. Acht Restaurants, Casino, Wellnesscenter, Jacuzzi, Marina mit ca. 60 Liegeplätzen. Am meisten überzeugen die Lage am Meer und das äußerst umfassende Angebot an Unterhaltungs- und Sportmöglichkeiten.

Grijevačka 2A, Podstrana | Tel. 0 21/50 05 00 | www.lemeridienlavsplit.com | 381 Zimmer | €€€€

7 Vestibul

Eleganz im historischen Kontext – Auch als Villa Dobrić bezeichnetes Luxushotel innerhalb der Mauern des Diokletian-Palastes. Eine zentralere Lage kann man sich kaum vorstellen. Restaurant, Bar, Transfer zum Flughafen, Parkplatz. Viel Design und Komfort. Kleine, aber tadellos saubere Zimmer. In jeder Hinsicht zuvorkommendes und kundiges Personal. In der Hochsaison sind die wenigen Zimmer oft ausgebucht.

Iza Vestibula 4 | Tel. 0 21/32 93 29 | www.vestibulpalace.com | 7 Zimmer | €€€€

ESSEN UND TRINKEN

RESTAURANTS

Boban ▶ Klappe hinten, östl. f 5

Kulinarische Spitzenklasse – Im äußerst luxuriös ausgestatteten Privatrestaurant verabreden sich Geschäftsleute, Politiker, Prominente, neureiche Sportler. Nicht wenige Gourmets bezeichnen die Lokalität als anspruchsvollstes Restaurant Dalmatiens. Gekonnt zubereitete Meeresfrüchte, Fisch- und Fleischgerichte. Zahlreiche eigene Kreationen, auch mit Trüffeln aus Istrien. Reservierung erforderlich. Sehr gute Weinkarte. Im Sommer schöner Gastgarten im 80 Plätzen.

Hektorovićeva 49 | Tel. 0 21/54 33 00 | www.restaurant-boban.com | Mo–Fr 11–24, Sa, So 12–24 Uhr | €€€€

8 Corto Maltese Freestyle Food

Kreative Zubereitungen – Nahe dem Fischmarkt in der Altstadt gelegene Konoba mit innovativem Gastronomie-Konzept und rustikaler Einrichtung. Kreative Zubereitung dalmatinischer Traditionsgerichte, zahlreiche vegetarische Gerichte. Kleine Terrasse, tadellos aufmerksamer Service. Solides Weinangebot und angemessene Preise. (▶ S. 17)

Obrov 7 | Tel. 0 21/58 72 01 | in der Saison tgl. geöffnet | €€

9 Konoba Varoš ▸ S. 30

EINKAUFEN

10 Glavna trznica

Großer Wochenmarkt in der Altstadt, einer der größten in Dalmatien. Haushaltsartikel aller Art, Obst, Gemüse, Blumen. Parkplätze in der Nähe darf man nicht erwarten.

Hrvojeva (nahe Kirche Sv. Dominik) | Mo–Sa ab 7 Uhr, teilweise auch So

11 Sera

Anspruchsvolle Galerie. Glasmalerei, Bilder mit naiven ländlichen Motiven.

Dioklecijanova 2 | Mo–Sa 10–22 Uhr

KULTUR UND UNTERHALTUNG

Hemingway ▶ Klappe hinten, westl. c 1

Große, bei jungen Leuten angesagte Bar mit aktueller Musik und Konzerten. Angenehme Lage direkt am Meer nahe dem Poljut-Stadion. An Sommerwochenenden rammelvoll.

VIII Mediteranskih igara 5 | www.hemingway.hr

AKTIVITÄTEN

Organisierte Höhlenerkundung

▶ Klappe hinten, f 5

Die in Split ansässige Firma Adventure Dalmatia bezeichnet sich selbst als führende Agentur für Abenteuer-Aktivitäten in der Region. Das Unternehmen ermöglicht seit Kurzem den Besuch in der Höhle von Modrić innerhalb des

Paklenica-Nationalparks. Adventure Dalmatia stellt die nötige Ausrüstung zur Verfügung und führt die Besuchergruppe durch diese einzigartige Unterwelt im Karstgestein.
Split | Ul. Tomića stine 8 | Tel. 0 21/ 54 06 42 | www.adventuredalmatia.com

SERVICE

ANKUNFT/ABFAHRT

Flughafen ▶ Klappe hinten, nordöstl. f 1

Die Buslinie 37 verkehrt rund alle 20 Minuten zwischen Flughafen und dem Stadtzentrum. Die Fahrt dauert ca. 50 Minuten und kostet ca. 3 €. Ein Taxi ins Zentrum kostet ein Vielfaches.
Tel. 0 21/20 35 55 | www.split-airport.hr

Fährhafen ▶ Klappe hinten, e 6

Tel. 0 21/33 83 33 und 0 21/33 83 04 | www.jadrolinija.hr

Per Katamaran zu den Inseln

F 3/J 6

Seit 2015 existiert eine neue schnelle Schiffsverbindung zu den Inseln der Adria zwischen Split und Dubrovnik. Der Katamaran startet in Split (derzeit um 7.45 Uhr), legt in Brač, Hvar, Korčula, Mljet an und erreicht gegen 12 Uhr Dubrovnik. Am Nachmittag geht es zurück nach Split. Im Sommer verkehrt ein zusätzlicher Katamaran zwischen Split–Hvar–Korčula. (▶ S. 19)
Buchung online oder per Telefon unter Tel. 0 21/64 54 76 | Die Fahrt von Split nach Dubrovnik kostet ca. 180 Kuna, von Korčula nach Split ca. 110 Kuna

Wasserflugzeuge im Linienverkehr ▶ Klappe hinten, e 6

Wem an einem besonders schnellen und komfortablen Transport vom kroatischen Festland auf die Inseln gelegen ist, könnte mit European Coastal Airlines (ECA) fliegen. Das Unternehmen mit Sitz im Hafen von Split befördert Passagiere z.B. von Split, Zadar, Rijeka, Dubrovnik in Wasserflugzeugen zu diversen Inseln. Frühbucher bekommen günstigere Preise. (▶ S. 19)
ECA Split | Kaštel Štafilić | Put Divulja 7 | Tel. 0 21/44 48 88 | www.ec-air.eu

Schnellboote nach Hvar und Vis

F 3

Die Firma Kapetan Luka bietet einen äußerst zügigen Personentransport zwischen Split – Hvar – Split, außerdem eine Verbindung Split – Hvar – Insel Vis – Split an. Die Fahrt von Split nach Hvar verkürzt sich auf ca. 65 Minuten; von Split nach Vis dauert es nur noch rund 125 Minuten.
Info und Buchung Tel. 0 21/64 54 76 | www.krilo.hr

AUSKUNFT

Informationsbüro des Fremdenverkehrsverbandes ▶ Klappe hinten, b 1–2

Peristil/Crkvica Sv. Roka (in der Altstadt) | Tel. 0 21/34 56 06 und 33 98 98 | www.visitsplit.com

Wollen Sie's wagen?

Im Poljud-Stadion in Split spielt die Mannschaft des Fußballvereins Hajduk Split. Wenn Sie die Leidenschaft der örtlichen Fans erleben möchten, kaufen Sie sich eine Eintrittskarte. Vor allem wenn Hajduk Split gegen Dinamo Zagreb spielt, verwandelt sich das Stadion in einen Hexenkessel.

Ziele in der Umgebung

BRELA G4

2000 Einwohner

An dieser Küstenstadt beginnt die sogenannte **Makarska Riviera** 3. Das heutige touristische Zentrum mit entwickelter Infrastruktur und attraktiven Kieselstränden (die bedeutendsten an der gesamten Riviera) breitet sich längs der Küste im Schutz des Biokovo-Gebirges aus. Ehemals lag die Ortschaft (Gornje Brela) rund 300 m höher an den Hängen des Gebirges. Das moderne Brela wird bei Badegästen und Wassersportlern geschätzt. Typisch sind das milde, sonnenreiche Klima und die überdurchschnittliche Qualität des Meerwassers. Die Süßwasserquellen im Meer verleihen dem Wasser eine charakteristische Färbung. Aus dem Ort, in dem kaum historische Gebäude von Rang überdauert haben, führen Wanderwege hinauf in die Felsenregionen des Biokovo-Naturparks. Über ähnliche Attraktionen für Badegäste und Wassersportler verfügt die Nachbarortschaft Baška Voda.

www.brela.hr

30 km südöstl. von Split

Čiovo E3

4300 Einwohner

Die rund 30 km² große Insel ist per Brücke mit der viel besuchten Stadt **Trogir** 4 verbunden. Durch diese Straßenanbindung ist Čiovo gleichsam zu einem Vorort von Trogir geworden. Nicht wenige Apartments und Ferienhäuser wurden gebaut. Auch die moderne Marina hat den touristischen Schub auf der Insel massiv verstärkt. Als noch recht naturbelassen stellen sich die südlichen Küstenbereiche der Insel dar. Das Schwimmen ist hier wegen der überwiegenden Steilküste nur an wenigen Stellen möglich. Die von Macchia, Kräuterwiesen und Olivenkulturen geprägte Gegend eignet sich gut für Spaziergänge in einem ruhigen, von mediterranen Düften erfüllten Ambiente.

MAKARSKA G4

12 000 Einwohner

Die unumstrittene Metropole der **Makarska Riviera** 3 ist von Split auch mit öffentlichen Bussen zu erreichen. Makarska ist längs der rund 60 km langen Riviera der größte Ort mit der bedeutendsten touristischen Infrastruktur. Auch Brela, Tučepi und Baška Voda sind seit mehr als 40 Jahren beliebte Ferienzentren; dies trifft in geringerem Umfang auch auf die Küstenortschaften Podgora, Igrane, Drvenik und Gradac zu. Das touristische Geschehen konzentriert sich auf den schmalen, leicht ansteigenden Landstreifen zwischen dem Meer und dem Biokovo-Felsengebirge. Das Klima ist hier ganzjährig freundlich, mild und angenehm.

Von Mai bis Oktober erlauben die Temperaturen das Baden in der Adria. Als Ausflugsziele sind die beiden großen Inseln Brač (von Makarska) oder Hvar (von Drvenik) per Fähre zu erreichen. Am Hang unterhalb des Biokovo-Naturparks haben kleine Weiler und Dörfer überdauert, die noch viel traditionelle Substanz und architektonische Raritäten aufweisen und auf Wanderwegen zu erreichen sind. Von Makarska aus bietet sich eine Fahrt durchs gebirgige Hinterland an.

60 km südöstl. von Split

Das glasklare Wasser an der Makarska Riviera (▶ S. 88) mit ihrem milden Klima verspricht ungetrübte Urlaubsfreuden auch für Kinder.

MUSEEN UND GALERIEN

Muschelmuseum (Malakološki muzej)

Die sehenswerte Spezialsammlung ist im historischen Franziskanerkloster untergebracht. Rund 3000 Muscheln aus der Adria, aus anderen europäischen Meeren sowie aus Meeren der anderen vier Kontinente sind hier zu bestaunen. Die Präsentation findet viel Anklang bei Muschelliebhabern, Naturfreunden und Familien.

Makarska, Franjevački put 1 | Tel. 0 21/61 12 56 | www.makarska-info.hr | nicht immer feste Öffnungszeiten, normalerweise tgl. 9–12 und 17–19 Uhr, im Winter wird früher geschlossen | Eintritt 10 Kuna, Kinder 5 Kuna

Museum der Muscheln, Fische, Seesterne und Weichtiere

Kleine, kuriose, von Herrn Jure Glavičić betreute Sammlung von konservierten Muscheln, Fischen, Seesternen und Weichtieren. Sympathisches Projekt, aber leider nur unzureichende Erklärungen.

Fra Filip Grabovca (gegenüber Nr. 11, in der Altstadt) | Tel. 0 21/61 17 33 | in der Saison tgl. 9–12 und 17–19 Uhr geöffnet

Stadtmuseum (Gradskij muzej)

Eine angenehme Überraschung. Die im Barockpalast Tonoli untergebrachte Sammlung präsentiert auf anschauliche Weise die Geschichte der Stadt, aber auch die Kultur, Kunst und Folklore der Umgebung. In dem seit dem Jahr 1962 bestehenden Museum werden rund 2700 Objekte aus der reichen Kulturgeschichte vorgestellt. Dazu zählen Fotos, historische Stiche, kunstgewerbliche Artikel, archäologische Funde sowie durchweg interessante Gemälde und andere Kunstobjekte von Künstlern aus der Region.

Obala Kralja Tomislava 17/1 | Tel. 0 21/ 61 23 02 | www.mdc.hr/makarska | Mo–Fr 9–13 und 18–21, im Winter 17–19 Uhr | Eintritt vom 15. Juni–15. Sept. 5 Kuna, in den anderen Monaten freier Eintritt

ÜBERNACHTEN

Biokovo

Zentrale Lage – Das in jüngster Vergangenheit weitgehend modernisierte Haus liegt ca. 300 m von Strand bzw. Fährstation entfernt. Langjährige Erfahrungen mit Gruppen aus dem In- und Ausland. Professioneller Service. Keine besonderen Extras, aber als Stadthotel durchaus akzeptabel. Bei den nach vorn gerichteten Zimmern kann es vornehmlich im Sommer zu störendem Lärm von der Straße kommen. Ganzjährig geöffnet. Drei Sterne.

Obala Kralja Tomislava bb | Tel. 0 21/ 61 52 44 | www.holidaymakarska.com | 55 Zimmer | €€€

Meteor

Nahe dem Strand – Komfortables, modern eingerichtetes Haus, etwas au-

Bergwanderer genießen den grandiosen Ausblick auf dem anstrengenden Weg von der Ortschaft Makarska (▶ S. 88) ins Biokovo-Felsengebirge.

ßerhalb der Altstadt nahe dem Strand gelegen. Großes Angebot für Wellness und Sport: Außenschwimmbad, Hallenbad, Sauna, Tennisplätze. Die meisten Zimmer mit Meerblick. Leider im Sommer nicht gerade leise.
Petra Krešimira IV bb | Tel. 0 21/61 66 22 | www.hoteli-makarska.hr | 227 Zimmer | €€€

ESSEN UND TRINKEN

Jež

Herzhafte Fischgerichte – Kleines, vor allem bei Einheimischen beliebtes Restaurant, gegenüber dem Hotel Dalmacija gelegen. Gepflegtes Ambiente. Sehr delikat: Fischlasagne und Jež-Platte.
Petra Krešimira IV 90 | Tel. 0 21/61 17 41 | tgl. 12–24 Uhr | €€

Riva

Erfahrung und Tradition – Seit 1980 existierendes, großes, bei vielen Touristen beliebtes Restaurant direkt im Stadtzentrum an der Uferstraße. Schattiger Innenhof. Dalmatinisch zubereitete Fisch- und Fleischgerichte.
Obala Kralja Tomislava 7a | Tel. 0 21/ 61 68 29 | tgl. geöffnet | €€

SERVICE

ANKUNFT/ABFAHRT

Hafen

Obala Kralja Tomislava 1 A | Tel. 0 21/ 61 19 77 (Fährverbindungen nach Sumartin auf der Insel Brač)

AUSKUNFT

Informationsbüro

Obala Kralja Tomislava 16 | Tel. 0 21/ 61 20 02 | www.makarska-info.hr sowie www.makarska-croatia.com
50 km südöstl. von Split

SINJ ▶ S. 158

4500 Einwohner

MUSEEN UND GALERIEN

Muzej Sinjske Alke F 2

Die Schau wurde im August 2015 eröffnet und widmet sich der 300 Jahre währenden Geschichte des berühmten Alka-Festes. Diese Ritterspiele finden in Sinj stets im August statt. Dann erlebt die Ortschaft (▶ S. 158) einen enormen Besucherandrang. Zu sehen sind Dokumente, traditionelle Kostüme der Reiter sowie Gegenstände, die während des Festes zum Einsatz kommen. (▶ S. 17)
Put Petrovca 12 | Tel. 0 21/44 47 30 | www.alka.hr | Di–So 9–17 Uhr
34 km nordöstl. von Split

SOLIN F 3

Zu sehen sind die Überreste der antiken Siedlung Salona (Colonia Martia Iulia Salonae), die in römischer Zeit Metropole der Provinz Dalmatien war und ca. 60 000 Einwohner umfasste. Berühmtester Sohn aus der Umgebung von Salona ist der hier um das Jahr 240 n. Chr. geborene spätere Kaiser Diokletian. Sein offizieller Name lautete Marcus Aurelius Caius Valerius Diocletianus. Im Jahr 284 wählte ihn das römische Heer zum Kaiser. Im 7. Jh. wurde Salona zerstört. Danach flüchtete ein Großteil der hier lebenden Bevölkerung in den Diokletian-Palast.
www.solin.hr
6 km nördl. von Split

ŠOLTA E 3/4

1600 Einwohner

Die rund 50 km^2 große Insel liegt südlich von Split und ist von dort via Fähre

zu erreichen. Die touristischen Zentren liegen vornehmlich bei Maslinica, Nečujam und anderen Orten an der Nordküste.
Die Insel kann sich glücklich preisen, noch über eine weitgehend unbeschädigte mediterrane Natur zu verfügen. Für Naturfreunde und Wanderer hält Šolta eine Vielzahl von Attraktionen bereit.
www.visitsolta.com

TROGIR 4 E3

8500 Einwohner

Die nahe dem Flughafen gelegene Küstenstadt verfügt über einen kompakten mittelalterlichen Altstadtkern mit bedeutenden Monumenten. Die gesamte Altstadt mit ihren Kirchen, Klöstern und architektonischen Reichtümern wurde im Jahr 1997 von der UNESCO als Weltkulturerbe eingestuft. Der Name der Stadt geht auf die griechische Bezeichnung Tragurion (Siedlung am Ziegenberg) zurück. Die befestigte Siedlung wurde im 3. Jh. v. Chr. gegründet und später weiter ausgebaut.
Die heute zu besichtigende, von Wehrmauern umschlossene Altstadt mit ihren Palastbauten, Kirchen und Bürgerhäusern entstand im Wesentlichen zwischen dem 13. und 17. Jh. Ähnlich wie Dubrovnik hat Trogir weite Bereiche seines mittelalterlichen Stadtbildes bewahrt. Trogir, historisch auf einer künstlich angelegten Insel entstanden, ist per Brücke mit dem Festland sowie mit der Insel Čiovo verbunden. Heute hat sich die Stadt vollends dem touristischen Betrieb ergeben. In den Sommermonaten herrscht in den historischen Gemäuern Tag für Tag ein nicht unerheblicher Rummel. Wer das Flair Trogirs sowie die architektonische und kunstgeschichtliche Bedeutung ungestört erleben möchte, stelle sich möglichst schon am frühen Morgen ein. Dann hält sich normalerweise der Trubel in Grenzen. Man sollte genügend Zeit einplanen, um sich mit der Kathedrale, der Stadtloggia, dem Landtor sowie dem Seetor und der Festung Kamerlengo zu beschäftigen. In diesem Gebäude aus venezianischer Zeit finden im Sommer Konzerte und Theaterdarbietungen statt.
25 km westl. von Split

SEHENSWERTES

Kathedrale Heiliger Laurentius (Sveti Lovro)

Das wichtigste Bauwerk der Stadt ist dem Heiligen Laurentius geweiht. Begonnen wurde der Bau im Jahr 1213. Als bedeutendste spätromanische Steinmetzarbeit auf dalmatinischem Territorium gilt das Westportal der Kirche. Es stammt vom Bildhauer Radovanus sowie seinen Schülern und wurde im Jahr 1240 vollendet. Das gesamte komplexe Bildwerk lohnt unbedingt eine ausführliche Betrachtung. Es wurde im Mittelalter als Bibel für des Lesens unfähige Menschen aufgefasst und illustriert diverse Bildergeschichten aus dem täglichen Leben. Dabei werden Grundsätze von Moral und Tugendhaftigkeit verdeutlicht.
Im Innern des Kirchenbaus sind vor allem die Johanneskapelle sowie eine Taufkapelle aus dem Jahr 1464 sehenswert. Auch die mit Säulen versehene Kanzel aus dem 14. Jh. sowie das gotische Chorgestühl gelten als Meisterwerke der Kirchenkunst.
Tgl. 8–12 und 15–20 Uhr

ÜBERNACHTEN

Concordia

Herzlicher Service – Das kleine Familienhotel liegt an der Uferpromenade, also am Rand der Altstadt. Geräumige Zimmer mit zweckmäßiger Ausstattung ohne besondere Extras. Einige Zimmer verfügen über einen Blick auf den Trogirski-Kanal sowie auf die Insel Čiovo. Das Hotel ist ganzjährig geöffnet. Persönlicher, kundenfreundlicher Service. Zahlreiche Buchungen im Juli und August.
Obala bana Berislavića 22 | Tel. 0 21/ 88 54 00 | www.concordia-hotel.net | 14 Zimmer | €€

Fontana

Nahe beim Sporthafen – Das 1999 eröffnete Privathotel ist in einem restaurierten Gebäude in der Altstadt beheimatet. Moderne zweckmäßige Einrichtung. Drei Sterne. Angeschlossen ist eine Bar sowie ein rustikal und gemütlich gestaltetes Restaurant mit einem soliden Angebot an dalmatinischen Traditionsgerichten. Klimaanlage, kostenloses Parken. In der Hochsaison wirkt der Service leicht überfordert. Durch die zentrale Lage in der Altstadt kann es gelegentlich auch zu Lärmbelästigungen kommen. Das Hotel ist ganzjährig geöffnet.
Obrov 1 | Tel. 0 21/88 57 44 | www.fontana-trogir.com | 13 Zimmer, 1 Suite | €€/€€€

SERVICE

AUSKUNFT

Fremdenverkehrsbüro

Obala bana Berislavića 12 | Tel. 0 21/ 88 14 12 | www.trogir.hr

Ein Blick von oben auf die Dachlandschaft der Altstadt von Trogir (▶ S. 92). Im Gassengewirr kann man abgelegene Winkel und interessante Fassaden entdecken.

Die Kathedrale des Heiligen Laurentius (▶ S. 92) ist das Wahrzeichen von Trogir. Ihr Turm überragt das Dächermeer, er diente einst Schiffen als Wegweiser.

◎ TUČEPI

G 4

1800 Einwohner

Die Küstenstadt hat sich zu einem beliebten touristischen Zentrum entwickelt. Der im Stadtbereich rund 4 km lange Kiesstrand füllt sich in den Sommermonaten mit kroatischen und ausländischen Badegästen. Der moderne Bootshafen hat die wirtschaftliche Entwicklung der Ortschaft gefördert. Sehenswert ist die romanisch-gotische Sv.-Jure-Kirche (Georgskirche) aus dem späten 13. Jh.

Ehe das touristische Tučepi an der Küste entstand, lagen die meisten Gehöfte und Bauernhäuser am Hang unterhalb des Biokovo-Gebirges. Hier waren sie besser vor Seeräubern geschützt. Die Touristikbehörde von Tučepi hat Wanderrouten oberhalb des Ortes (Gornje Tučepi) ausgeschildert. Sie führen durch eine fruchtbare Hanglandschaft und eröffnen weite Blicke auf die Küste und das Meer. Historische Gebäude, Kirchen, Türme und Grotten liegen am Wegesrand. Quellen löschen in der warmen Jahreszeit den Durst.

Infos und Routenkarte beim örtlichen Fremdenverkehrsverband

65 km südöstl. von Split

ÜBERNACHTEN

Alga

Bewährtes Strandhotel – Das moderne, 1995 komplett renovierte Hotel verbindet eine langjährige Tradition mit einem zeitgemäßen Serviceangebot. Beliebt auch bei deutschen Reiseveranstaltern. Viele Zimmer haben Meerblick. Angeschlossen ist auch die Apartmentanlage Afrodita mit komfortabel eingerichteten Ferienhäusern.

Dračevice 35 | Tel. 0 21/60 12 02 | www.bluesunhotels.com | 327 Zimmer und 3 Suiten | €€/€€€

ESSEN UND TRINKEN

RESTAURANTS

Gusari

Dalmatinische Rezepturen – Schöne Lage am Meeresufer. Große Terrasse. Kompetenter Service, viele Stammgäste. Mittleres kulinarisches Niveau. In der Saison ist die Terrasse fast jeden Abend voll besetzt. Reservierung ist angeraten.

Dračevice 38 | Tel. 0 21/62 30 85 | in der Saison tgl. bis 23 Uhr | €€

Jeny

Hohes kulinarisches Niveau – Das rund 3 km oberhalb der Ortschaft in Gornje Tučepi an der Straße in Richtung Vrgorac gelegene Restaurant überzeugt durch ein erlesenes kulinarisches Angebot und eine gepflegte, angenehme Atmosphäre. Dem seit 1986 existierenden und von der Familie Čović mit Engagement und Professionalität geführten Restaurant sind auch Fremdenzimmer angeschlossen. Terrasse mit einzigartigem Blick auf Tučepi und die Küste; allein diese Aussicht macht den Besuch lohnenswert. Ausgefallen, zumeist rundweg kreativ zubereitete Fisch-, Fleisch- und Nudelgerichte. Spezialität: Rindersteak mit Scampi gefüllt. Spezielles Gourmet-Menü (10 Gänge). Mit viel Sachverstand und Engagement gepflegte Weinkarte. Diskreter, freundlicher Service.

Wenn Sie für 18 oder 19 Uhr einen Tisch reservieren, können Sie das Ambiente in Ruhe genießen. Am späteren Abend kann es in den Sommermonaten zu Gedränge und störender Betriebsamkeit kommen.

Gornje Tučepi 33 | Tel. 0 21/62 37 04 oder mobil 0 91/5 87 80 78 | www.restaurant-jeny.hr | tgl. 18–24 Uhr | €€/€€€

Konoba Ranč

Gesellige Volkstümlichkeit – Das originelle Gartenlokal liegt nahe dem Ortsausgang in Richtung Ploče. Schöne Terrassen unter alten Olivenbäumen. Rustikal unter der Metallglocke gegarte Ziegen- und Lammgerichte. Allein wegen dieser Köstlichkeiten kommen nicht wenige Stammgäste hierher. Eigenes Olivenöl, hausgemachter Käse, Schinken, Gemüsespezialitäten, Wein aus der Gegend. Anregende, mehr von Gemütlichkeit als von Komfort geprägte Atmosphäre. Neuerdings werden auch Unterkünfte vermittelt.

Kamena 62 | Tel. 0 21/62 35 63 | www.ranc-tucepi.hr | nur Juni–Okt. 18–24 Uhr | €

SERVICE

AUSKUNFT

Fremdenverkehrsverband

Kraj 103 | Tel. 0 21/62 31 00 | www.tucepi.com

60 km südöstl. von Split

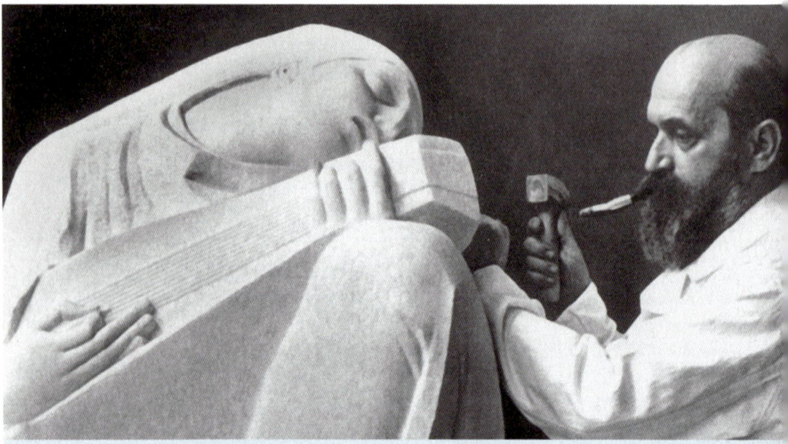

Im Fokus

Ivan Meštrović, Kroatiens berühmtester und vielseitigster Bildhauer

Den Werken von Ivan Meštrović, Kroatiens berühmtestem Bildhauer, kann man vor allem in Split begegnen. Diese Facette der kroatischen Kultur kann durchaus einen Urlaub an der Adria bereichern.

Meštrović? Meštrović? Fragt man deutsche Touristen an der kroatischen Adriaküste, ob ihnen der Name etwas sagt, erhält man nur selten eine gehaltvolle Antwort. Den meisten ist dieser berühmteste kroatische Bildhauer kein Begriff. Viele Besucher der Küstenstadt Split ahnen gar nicht, dass sich gerade hier eine einzigartige Chance bietet, die künstlerische Formensprache zu verstehen, die sich mit dem Namen Meštrović verbindet. Eigentlich ist es sehr einfach: Man begibt sich aus dem Getöse der Innenstadt zur Hafenpromenade Branimirova obala, erreicht die Marjan-Halbinsel, biegt in die Šetalište Ivana Meštrovića ein und steht schließlich bei der Hausnummer 46 vor dem monumentalen Gebäude der Meštrović-Galerie. Man könnte weiter durch die Grünanlagen der Marjan-Halbinsel schlendern, um sich vom Verkehrsgetümmel Splits zu erholen. Aber bei Weitem anregender ist es, sich der Galerie zuzuwenden, also hinein!

◀ Meštrović 1937 bei der Arbeit an seiner Skulptur »Kroatische Rhapsodie«.

Es kommt selten vor, dass sich hier Scharen von Besuchern durch die Räumlichkeiten drängen. Meist hat man seine Ruhe und kann ungestört auf sich einwirken lassen, was sich im Hauptgebäude und im angeschlossenen Park darbietet. Der erste Eindruck: Die monumentalen Skulpturen von Frauen und Männern neigen zu Größe und Wuchtigkeit. Gesten und Posen der Figuren erscheinen kraftvoll und sehr expressiv. Bei längerer Betrachtung erkennt man, dass die dargestellten Charaktere auf einen zentralen Ausdruck konzentriert sind und dieser durch individuell gestaltete Einzelheiten verstärkt wird. Man blickt in fein gestaltete Gesichter, die tiefen Ernst, ungebremste Freude oder musische Heiterkeit verkörpern. Manche Gliedmaßen, Füße, Finger, Schenkel oder Oberarme hat der Meister übergroß geschaffen. Aber man entdeckt auch – gleichsam als Gegensatz – sehr sensibel und zart gearbeitete Partien.

INDIVIDUELLE FORMENSPRACHE

Der Betrachter spürt: Nicht zuletzt bei den dargestellten Frauenfiguren wird ein Stil erkennbar, der sich durch ein feines Gespür für Individualität und eine differenzierte Formensprache auszeichnet. Je länger man hinschaut, desto offenkundiger wird das Vermögen des Meisters, Temperamente, Stimmungen und menschliche Leidenschaften ebenso feinfühlig wie eigenwillig zum Vorschein zu bringen.

VOM HIRTEN ZUM KÜNSTLER

Meštrović führte ein abwechslungsreiches Leben, nahm andere künstlerische Ausdrucksformen auf und vervollkommnete seine gestalterischen Techniken permanent. Die unterschiedlichen Schaffensperioden und thematischen Vorlieben sind in der Galerie gut dokumentiert. Meštrović, 1883 geboren, wuchs in armen Verhältnissen auf. Seine Kindheit verbrachte er in Otavice, einem kleinen Dorf rund 30 km östlich von Šibenik. Der junge Ivan hütete Schafe, interessierte sich für epische Volkslieder und die Helden der kroatischen Geschichte; außerdem schnitzte er Holzfiguren, die sich als derart gelungen und originell herausstellten, dass die Eltern auf das künstlerische Talent ihres Sohnes aufmerksam wurden. Sie schickten ihn in eine Steinmetzschule nach Split, bald konnte er durch die Hilfe von Förderern nach Wien umsiedeln, wo er mit 17 Jahren ein Studium an der Akademie begann. Vier Jahre lang lernte er von renommierten

Bildhauern Grundlagen der künstlerischen Darstellung. Danach ging er nach Paris, wo er stark von Auguste Rodin und seiner Auffassung von Expressivität beeinflusst wurde. Meštrović schuf eine Skulptur nach der anderen, beteiligte sich an Ausstellungen und errang 1911 auf einer internationalen Ausstellung in Rom den ersten Preis. Das war der Durchbruch zu einer erfolgreichen Karriere.

DAS KÜNSTLERISCHE ERBE

Es folgen Ausstellungen in London, Glasgow, Rom, Paris, Genf und Cannes. Zwischen den beiden Weltkriegen stellt er in New York, Chicago, Paris, Prag und Berlin aus, lebt in den Jahren von 1922 bis 1942 in Zagreb. Danach geht er nach Rom, 1946 folgt er einem Ruf an die Syracuse University im Staat New York. Von 1955 bis zu seinem Tod im Jahr 1962 lehrt er Bildhauerei an der Indiana University in South Bend. Begraben wird er im Familienmausoleum im Dorf Otavice, wo er als junger Knabe aufwuchs. Das Mausoleum hatte Meštrović bereits zwischen 1920 und 1931 gestaltet. Zehn Jahre vor seinem Tod vermachte er seinen Besitz und seine Kunstwerke dem kroatischen Volk. Auch die Räumlichkeiten auf der Marjan-Halbinsel in Split, die der Künstler 1931 gekauft und äußerst aufwendig hatte ausbauen lassen, sind Bestandteil des Erbes. Heute verwaltet dort eine Stiftung, die Ivan Meštrović Foundation, die Ausstellung der Werke. Dazu zählen auch hölzerne Reliefs sowie Skizzen und Zeichnungen, die für die Besucher erfahrbar machen, wie einzelne Skulpturen Schritt für Schritt entstanden sind.

Nahe der zweigeschossigen neoklassischen Villa, in der sich die Galerie befindet, sind im Kaštelet-Gebäude (Hausnummer 39) weitere Kunstwerke zu sehen. In einem vom Künstler gestalteten Kirchenraum hängen 28 Holzreliefs an den Wänden. Sie widmen sich der Leidensgeschichte Christi und wurden über einen Zeitraum von 40 Jahren geschaffen. Auch ein Kreuz versinnbildlicht das Thema. Seit 1952 sind die Werke in diesen Räumlichkeiten ausgestellt.

VOLKSTÜMLICHKEIT UND KROATISCHE GESCHICHTE

In seiner frühen Schaffensperiode konzentrierte sich Meštrović auf Figuren und Themen der kroatisch-serbischen Geschichte. Es überwiegen Darstellungen mit patriotischem, national gesinntem Charakter. Oft werden Motive aus Mythen, Legenden und Volksliedern aufgegriffen. Das Streben der südslawischen Völker nach Freiheit und Menschenwürde wird thematisiert. Auch die Schlacht zwischen Serben und Türken im

Jahr 1389 hat Meštrović als Motiv aufgegriffen und künstlerisch umgesetzt. Nach den Ereignissen des Ersten Weltkrieges schwenkt der Meister um und widmet sich fortan eher klassischen, von musischen oder mediterranen Motiven inspirierten Werken. Bei diesen Arbeiten schlägt sich auch seine Begeisterung für das Schaffen Michelangelos nieder. In diesen Jahren entstehen originelle Skulpturen von musizierenden Frauen; sie spielen Geige, Harfe oder Laute. Die Formen des weiblichen Körpers sind schwungvoll herausgearbeitet. Auch der Faltenwurf der Gewänder ist perfekt in Szene gesetzt.

In einer späteren Phase nimmt der Künstler mehr und mehr religiöse Motive auf. Es entstehen Figuren von Heiligen, Madonnen, Engeln, Aposteln. Gleichzeitig erschafft er monumentale Skulpturen von Persönlichkeiten aus der Geschichte. Beispiel dafür ist die 1927 kreierte Figur des Kirchenreformers Grgur Ninski, der im 10. Jh. gelebt hat. Die 8 m hohe Statue ist heute in Split zu betrachten. Auch in Osor, Zadar, Šibenik, Korčula, Trogir und Otavice, ebenso in Montenegro und in den USA ist Meštrović mit Originalwerken präsent. In Cavtat, nicht weit von Dubrovnik, schuf der Künstler zwischen 1920 und 1922 auf einem Hügel oberhalb der Stadt ein Mausoleum für die Familie Račić. Es ist aus weißem Marmor gearbeitet und unterstreicht mit symbolischen Figuren den menschlichen Glauben an Liebe und Unsterblichkeit. Das soll sich auch auf die Stifterfamilie sowie auf das kroatische Volk beziehen. Eine Vielzahl von Arbeiten ist überdies im Atelier Meštrović in Zagreb ausgestellt. Im Jahr 1991 wurde diese bedeutende Sammlung ebenfalls Bestandteil der Ivan Meštrović Foundation. Sie bemüht sich überdies, in der Öffentlichkeit die Erinnerung an den großen Künstler wachzuhalten und nicht zuletzt junge Leute für das künstlerische Erbe zu begeistern.

VIELSEITIGE PERSÖNLICHKEIT

In der jugoslawischen Periode gab es immer wieder Versuche, den prominenten Künstler für politische Zwecke einzuspannen. Es gelang ihm aber weitgehend, sich diesen Vereinnahmungen zu entziehen. Nie aufgegeben hat er seine Identität als Kroate und seinen Glauben an das kroatische Volk. Heute wird er in den Lehrbüchern als einer der letzten großen Bildhauer klassischen Typs dargestellt. Vor allem war er eine vielseitige Persönlichkeit, die sich mit enormer Schaffenskraft auch als Architekt, Schriftsteller und Maler betätigte. Seine künstlerischen und politischen Erfahrungen im Ausland haben ihn stets davor bewahrt, sich einem eng gefassten, dogmatischen Nationalismus zu verschreiben.

BRAČ, HVAR UND VIS

Typisch für alle drei Inseln sind das sonnenreiche Klima und die prächtige Vegetation. Wassersportlern bieten sich vorzügliche Möglichkeiten. Das gebirgige, eher raue Hinterland hat seinen Reiz für Wanderer.

Brač, fast 40 km lang und maximal 13 km breit, ist die größte dalmatinische und die drittgrößte Insel in der kroatischen Adria. Seit Jahrhunderten wird der weiße Kalkstein aus Brač für Monumente und Prachtbauten in aller Welt verwendet. Auch für das Weiße Haus in Washington, den Reichstag in Berlin, das Parlamentsgebäude in Wien oder den Diokletian-Palast in Split wurde der auf Brač gebrochene Stein verwendet. Gleichfalls berühmt ist das sonnenreiche Klima. Auf der Insel gedeihen Mandarinen und Kiwis. Auf den Kräuterwiesen im zentralen, wenig besiedelten Bergland leben viele Schafe; aus ihrer Milch wird ein höchst begehrter, würziger Käse hergestellt. Auch das Olivenöl von Brač gilt als besonders aromatisch.

Der Tourismus konzentriert sich weitgehend auf die Orte **Supetar** an der Nord- und **Bol** an der Südküste. In beiden Orten gibt es eine beachtliche

◀ Fischerboote im geschützten Hafen von Stari Grad (▶ S. 111) auf Hvar.

Zahl an modernen Hotels, Apartments und Ferienwohnungen. Viel besuchte Attraktion bei Bol ist der **Zlatni rat** 5, eine Landzunge mit einem feinkiesigen Strand, der viele touristische Prospekte ziert. Dem gebirgigen Hinterland der touristischen Zentren an der Küste ist es gelungen, seinen ländlichen Charme und seine kraftvolle mediterrane Natur zu bewahren. Wer sich zu einer Wanderung auf einen der Berggipfel entschließt, erlebt die landschaftlichen Vorzüge dieser Insel.

LAVENDEL UND ANDERE KRÄUTER

Hvar, mit rund 300 km^2 die viertgrößte kroatische Insel, wird gerne als **Lavendelinsel** gepriesen. Noch heute breiten sich Lavendel und Ginster über weite Bereiche der Insel aus. Auch Salbei, Thymian, Rosmarin und andere mediterrane Kräuter gedeihen üppig in den Karstmulden.
Wer von Split aus mit der Fähre in der **Inselhauptstadt Hvar** 6 ankommt, wird mit würdigen Palmen, Oleander, Zypressen und anderen prächtigen Bäumen und Pflanzen empfangen. Sie bezeugen eindrucksvoll die Güte des hiesigen Klimas. Regen ist auf Hvar in den Sommermonaten eine Seltenheit. Während der Tourismus in der Inselhauptstadt auf eine lange Tradition verweisen kann, haben sich die anderen touristischen Zentren wie **Stari Grad** oder **Jelsa** erst in den letzten Jahrzehnten zur heutigen Größe entwickelt. Unbedingt erlebenswert sind die Weine der Insel. Auch den Reben kommt Hvars sonnenreiches Klima zugute.
Noch kommen recht wenige ausländische Touristen auf die weiter draußen gelegene Insel Vis. Sie ist rund 90 km^2 groß, hieß in der Antike Issa und war (ähnlich wie die Nachbarinsel Lastovo) bis zum Jahr 1989 für den Besuch von Ausländern gesperrt. Grund dafür waren die hier installierten Waffensysteme der jugoslawischen Armee. In den letzten zwei Jahrzehnten hat sich Vis nur gemächlich dem Tourismus geöffnet. Er konzentriert sich auf die Ortschaften **Vis** an der Ostseite und **Komiža** an der Westküste. Vor allem in Komiža, von wo sich Touristen zur kleinen Insel Biševo mit ihrer Blauen Grotte befördern lassen können, spürt man im Juli, August und September eine gewisse Betriebsamkeit.

INSEL BRAČ

BOL

F 4

1300 Einwohner

Die heutige touristische Metropole an der Südküste der Insel geht zurück auf eine illyrische bzw. römische Siedlung. Im Jahr 1184 wurde Bol zum ersten Mal in Dokumenten erwähnt. Die Stadt liegt zu Füßen der schroffen Hänge des Vidova Gora. Das Gebirge steigt bis auf 778 m an und gilt nach dem Sveti Ilija (961 m) auf der Halbinsel Pelješac als zweithöchster Berg der kroatischen Inselwelt. Wanderwege führen von Bol hinauf in die Höhen des Gebirges.

Bols hochgradig entwickelte touristische Infrastruktur lässt kaum Wünsche offen. Einige der beherrschenden Großhotels am Zlatni rat haben sich des Trend-Themas Wellness angenommen, auch für Wassersportler und sportliche Ertüchtigungen wurden entsprechende Einrichtungen etabliert. Eine Hervorhebung verdienen die Surfbedingungen vor der Küste von Bol. Im Hvarski-Kanal zwischen den Inseln Hvar und Brač weht an vielen Tagen ein mehr oder weniger starker Wind. Ähnlich wie in Viganj (Pelješac) fanden in Bol bereits internationale Surfwettbewerbe statt. Durch die praktischen Flugverbindungen zwischen dem Flughafen von Brač und der kroatischen Hauptstadt Zagreb war Bol lange Jahre eine begehrte Destination von Prominenten und vermögenden Kreisen aus der Hauptstadt. Heute dominiert der internationale Tourismus.

Erholsame Stille

5

Zlatni rat ist in der Hochsaison tagsüber gut besucht. Deshalb gehen Sie an einem sternenklaren Abend bis zur Spitze des Strandes. Endlich Stille und ein sanfter Wind (▶ S. 13)!

SEHENSWERTES

5 Zlatni rat

Der berühmteste Strand Dalmatiens liegt wenige Kilometer westlich des Ortes. Goldenes Horn bedeutet sein Name, abgeleitet von der hornähnlichen Form der Landzunge und der fast goldenen Farbe der Kieselsteine. Etwa 500 m ragt die schmale Landzunge ins Meer. Aus Untersuchungen geht hervor, dass sie durch die stete Anlagerung von Kies rund 30 cm pro Jahr wächst. Im Gegensatz zu vielen anderen Stränden Dalmatiens, die aus grobem Kies oder gerundeten Steinen bestehen, beeindruckt der Zlatni rat durch feinporigen Kies. Dies gilt auch für angrenzende Strände vor allem östlich der Landzunge.

In der hochsommerlichen Badesaison herrscht am Zlatni rat viel Betrieb. Die Zahl der schattigen Plätze unter den benachbarten Bäumen ist begrenzt. Serviceeinrichtungen sowie Hotelanlagen liegen in der Nähe und sind zu Fuß zu erreichen.

MUSEEN UND GALERIEN

Dominikanerkloster (Dominikanski samostan)

Im etwas außerhalb des Zentrums gelegenen Dominikanerkloster aus dem 15. Jh. erwartet den Besucher eine interessante Sammlung von Kirchenkunst und kulturhistorischen Zeugnissen. Zahlreiche Funde stammen aus der frühen Besiedlungsperiode der Insel.

Zu sehen sind römische Relikte, altkroatische Schriftsteine, Manuskripte, wertvolle Bücher, Münzen, Mess- und Gesangbücher, Gemälde, Monstranzen, Ikonen, Madonnen, außerdem ein Gemälde aus der Schule Tintorettos aus dem Jahre 1563 sowie das Rechnungsbuch des Klosters aus den Jahren 1520 bis 1736. Erläuterungen in Deutsch und Englisch. Das Kloster verfügt auch über einen alten Weinkeller (eigene Weinherstellung) sowie Fremdenzimmer mit Verpflegung.
Šetalište A. Rabadana 4 | in der Saison tgl. 9–12 und 17–19 Uhr | Eintritt 10 Kuna

ÜBERNACHTEN

Borak

Nahe dem Strand – Bewährtes, seit vielen Jahren vornehmlich bei ausländischen Gästen beliebtes Drei-Sterne-Hotel mit einem abwechslungsreichen Angebot an Sport- und Unterhaltungsmöglichkeiten. Schwimmbad, Fitnesscenter, Tauch- und Surfschule, Bootsverleih, Kinderclub, Restaurant, Tanzterrasse. Besonders beliebt ist das Hotel bei Familien. Ihnen werden Preisnachlässe gewährt und spezielle Familienzimmer zur Verfügung gestellt. Quirliger Hochbetrieb in den Sommermonaten.
Put Zlatnog rata 42 | Tel. 0 21/30 62 02 | www.bluesunhotels.com | 133 Standardzimmer, 48 Familienzimmer | €€€

Bretanide

Wellness und Fitness – Das größte Hotel (vier Sterne) am Ort weist sich aus als Sport- und Wellnessresort. Hohes Niveau, das sich an den Ansprüchen internationaler Kunden, vor allem aus

Auf der gebirgigen Insel Brač (▶ S. 102) liegt der Ort Bol mit schönen Stränden. Von oben hat man einen guten Blick auf das Dominikanerkloster (▶ S. 102).

Deutschland und Österreich, orientiert. Wie das benachbarte Hotel Elaphusa direkt an der Strandzone gelegen. Beeindruckend präsentiert sich der Wellnessbereich: vier Saunen, Ayurvedabad, Whirlpool, Hydromassage, Tiefenentspannung, Aromabecken, diverse Massagen, Beauty-Service. Angeschlossen ist auch eine Tennisschule unter österreichischer Leitung. In Sachen Wellness eines der führenden Hotels der Insel.
Put Zlatnog rata 50 | Tel. 0 21/74 01 40 | www.bretanide.at | 260 Zimmer und 27 Suiten | €€€

ESSEN UND TRINKEN

Ranc

Zünftige Traditionsgerichte – Das etwas abseits des touristischen Zentrums gelegene Restaurant strebt nicht nach Gourmet-Sternen, überzeugt aber durch solide kulinarische Leistungen und eine angenehme, freundliche, herzliche Atmosphäre. Das Angebot umfasst Fisch- und Fleischgerichte (zumeist vom Grill), herzhafte Suppen sowie Gemüsegerichte. Die Zubereitung der Speisen folgt volkstümlichen Vorbildern. Alle Portionen sind so groß bemessen, dass davon zwei Personen satt werden könnten. Delikate Zubereitung von Gerichten, bei denen Hummer, Langusten oder Tintenfische in den Vordergrund gerückt werden. Kultivierte Atmosphäre, manchmal Live-Musik. Große Terrasse und Weine aus der Region. An Sommerabenden ist die Terrasse fast immer besetzt. Unbedingt reservieren!
Hrvatskih Domobrana 23 | Tel. 0 21/63 56 35, mobil 0 91/6 35 63 50 | in der Saison tgl. 18–23.30 Uhr | €€

Restaurant/Pizzeria Topolino

Mit italienischem Touch – Direkt am Meer gelegenes Restaurant des Hotels Kaštil im Ortszentrum. Gediegenes Interieur. Nudelgerichte und Fischfilets, verfeinert durch aromatische Saucen. Große Auswahl an Pizzen, die Spezialität des Hauses. Keine kulinarischen Wunderwerke, aber solide und herzhafte Speisen zu keineswegs überhöhten Preisen. Stammkunden bevorzugen einen Platz auf der Terrasse.
Frane Radića 1 | Tel. 0 21/63 59 95 | www.kastil.hr | in der Saison tgl. bis 23 Uhr | €€

SERVICE

AUSKUNFT

Fremdenverkehrsbüro

Porat bolskih pomoraca | Tel. 0 21/63 56 38 | www.bol.hr

ŠKRIP F 4

200 Einwohner

Der ca. 12 km südöstlich von Supetar gelegene Ort im Inselinneren ist die älteste Siedlung auf der Insel und war bereits zur Zeit der Illyrer und Römer besiedelt. Der viel besuchte Weiler verfügt über einen alten Friedhof; von ihm aus eröffnet sich ein grandioser Blick auf ein fruchtbares Tal. Im Radojkovič-Turm, errichtet im 16. Jh. über einem römischen Mausoleum, ist heute das sehenswerte Heimatmuseum der Insel Brač untergebracht. Der Turm weist drei historische Bauschichten auf: eine illyrische, eine römische und eine altkroatische. Nahe dem Radojkovič-Turm befinden sich ein Aussichtsturm und ein Friedhof mit einer dem Heiligen Geist geweihten Friedhofskirche. Die benachbart gelegene St.-Helena-

Pfarrkirche, mit deren Bau im Jahre 1768 begonnen und die im 19. Jh. fertiggestellt wurde, verfügt über so dicke Mauern, dass die Treppen ins Mauerwerk verlegt werden mussten.
Die Ortschaft ähnelt einem Freilichtmuseum. Wenn nicht gerade mehrere Busse mit Besichtigungsgästen eingetroffen sind, ist dies ein Ort der Ruhe und Inspiration. Auch als Ziel einer Fahrradtour eignet sich Škrip bestens.

MUSEEN UND GALERIEN

Brač-Museum (Bračkí muzej)

Interessante Objekte aus allen Siedlungsepochen der Insel. Illyrische und römische Denkmäler, Sarkophage, Mahlsteine aus Olivenmühlen, viele Objekte aus dem in Steinbrüchen gewonnenen Marmor. Gegenstände aus dem ländlichen Leben: Mausefallen, Käsepressen, Karbidlampen, Spinnräder, Schäferjacken, Truhen, Schränke, Trachten. Dazu eine Büste des Kaisers Franz Josef, der 1875 die Insel besuchte.
Im Haus Radojković | Tel. 0 21/63 70 92 sowie 0 91/6 37 09 20 | in der Saison Di–So 8–17 Uhr, sonst nach Vereinbarung | Eintritt 15 Kuna, Kinder 10 Kuna

SUPETAR F3

3000 Einwohner

Die Ortschaft an der Nordküste hat sich zum bedeutendsten touristischen Zentrum an der Nordküste entwickelt. Das liegt nicht zuletzt daran, dass hier die Autofähre aus Split anlandet. An Sommerwochenenden ist der Andrang besonders groß. Dann kommen hier Heerscharen von Touristen sowie Bürger aus Split an, um sich entweder in Supetar und Umgebung möglichst viel Erholung zu gönnen oder sich zu anderen Zielen auf der Insel zu begeben. Bei Besuchern beliebt ist insbesondere die nahe dem Hafen gelegene autofreie Altstadt mit ihren Natursteinhäusern, Restaurants, Souvenirgeschäften und Cafés. Das milde Klima Supetars ermöglicht eine touristische Saison, die mindestens von Mai bis Oktober dauert. Auch bei Tauchern ist die Ortschaft beliebt. Von hier starten Tauchexpeditionen längs der zerklüfteten, felsigen Nordküste. In den örtlichen Restaurants werden Weine aus Brač sowie Schafs- oder Ziegenkäse von der Insel angeboten.

Wollen Sie's wagen?

Eine Spezialität der Insel Brač ist der »vitalac«. Kleine Stückchen von Leber, Lunge, Herz und Milz vom Lamm werden auf einen Spieß gesteckt und mit getrockneten Lammdärmen umwickelt. Die Zutaten werden gewürzt und so lange gegrillt, bis die Därme eine fast goldgelbe Färbung angenommen haben. Wollen Sie zugreifen und sich eine Kostprobe gönnen?

SEHENSWERTES

Petrinović-Mausoleum

Einen Besuch wert ist der örtliche Friedhof auf der Sveti-Nikola-Landzunge nahe dem Badestrand Banj. Hier ist auch das von dem Bildhauer Toma Rosandić (1878–1958) gestaltete Mausoleum für die reiche Familie Petrinović zu sehen. Der bombastische Bau, opulent geschmückt mit orientalischen und byzantinischen Elementen,

weist ein Sammelsurium von Symbolen und Zierrat auf. Der Aufwand ist extrem, manchmal bewegt er sich an der Grenze zum Kitsch. Bei diesem Bauwerk kam es der Familie wohl darauf an, den erworbenen Wohlstand möglichst pompös zur Schau zu stellen. Auch andere Grabmäler auf dem Friedhof stammen von wohlhabenden Insulanern und bemühen sich um monumentale Originalität.
Landzunge Sveti Nikola

ÜBERNACHTEN

Palute

Viele Stammgäste – Sympathische Familienpension, seit vielen Jahren mit Herzlichkeit und Engagement geführt von Lucija und Pavel Martinić. Saubere Zimmer mit Dusche, Bad und Heizung. Ruhige Lage am Ortsrand, ca. 300 m bis zum Strand und ca. 600 m zur Altstadt. Ganzjährig geöffnet. Die Familie betreibt auch ein Restaurant am Hafen, wo man angenehm direkt am Wasser sitzen und speisen kann. Günstige Preise.
Put Pasike 16 | Tel. 0 21/63 15 41 | 13 Zimmer | €

Supetrus Hoteli

Modernes Resort – Beherrschender Hotelkomplex am Ort mit abwechslungsreichen Serviceangeboten für ein internationales Publikum. Bar, Pool, Restaurant, Nachtclub, Kongresssaal, Tennisplätze, Tischtennis, Handball, Surfkurse. Dem aktuellen Trend folgend wurde auch ein Wellnesscenter angeschlossen. Finnische Sauna, türkisches Bad, Fitnessclub, Kosmetik und Pediküre.

Wenn man sich Supetar von See her nähert, sieht man als Erstes den prächtigen Bau des Petrinović-Mausoleums (▶ S. 105) ganz in Weiß zwischen Bäumen stehen.

Put Vele Luke 4 | Tel. 0 21/64 02 80 sowie 0 21/64 02 53 | www.watermanresorts.com | 120 Zimmer und Suiten | €€€

Villa Adriatica

Niveauvoller Komfort – Neueres Boutique-Hotel für ein anspruchsvolles Publikum. Halbwegs ruhige Lage 100 m vom Meer entfernt. Edle, geschmackvolle Ausstattung der Zimmer. Mediterranes Flair. Schöner Innenhof, Terrasse, Pool, Jacuzzi, Fitnesscenter, Sauna. Freundlicher Service.
Put Vele Luke 31 | Tel. 0 21/75 50 10 | www.villaadriatica.com | 23 Zimmer | €€

ESSEN UND TRINKEN

Palute

Herzhafte Speisen mit Pfiff – Bistro in der Altstadt nahe dem Hafen. Terrasse und gemütliches Ambiente. Deftige Fleischgerichte (Ziege!) und dalmatinische Fischspezialitäten, besonders überzeugend: die grünen Bandnudeln mit dem Fleisch vom Meereskrebs.
Porat 4 | Tel. 0 21/63 17 30 | in der Saison tgl. bis 23 Uhr | €

Vinotoka

Gepflegt speisen – Beliebte, empfehlenswerte Konoba in der Altstadt. Das anspruchsvollste Restaurant am Ort. Schön dekorierte, gemütliche Terrasse mit offenem Grill. Kompetent zubereitete Fischgerichte und Meeresfrüchte.
Kobova 6 | Tel. 0 21/63 09 69 | in der Saison tgl. bis 23 Uhr | €€

KULTUR UND UNTERHALTUNG

Disco-Bar Fenix

Musik-Bar und Nachtclub. Livekonzerte und andere musikalische Darbietungen. Zentrale Lage, eigener Parkplatz, fasst bis zu 850 Besucher.
Put Vele Luke 2 | Tel. 0 21/63 05 42 | tgl. 22–5 Uhr geöffnet

SERVICE

ANKUNFT/ABFAHRT

Fähre (Jadrolinija)

Tel. 0 21/63 13 57

Flughafen Brač

Zurzeit zweimal wöchentlich Flüge von und nach Zagreb.
Tel. 0 21/55 97 11 | www.airport-brac.hr

AUSKUNFT

Fremdenverkehrsbüro

Porat 1 | Tel. 0 21/63 05 51 | www.supetar.hr

Hafenamt

Tel. 0 21/63 11 16

INSEL HVAR

6 HVAR — E/F 4

4000 Einwohner

Organisierten Tourismus gibt es hier seit dem Jahr 1868. Die in einer Bucht an der südwestlichen Küste gelegene Inselmetropole hat es geschafft, den Charme einer klassischen dalmatinischen Hafenstadt zu bewahren. Wenn man aus dem Osten der Insel mit dem Auto anreist, wird man dieser Beurteilung kaum zustimmen. Aber wenn man mit der Fähre aus Split ankommt, sie die Bucht erreicht hat und man die ersten Blicke auf Hvar genießt, kann man eine gewisse Bewunderung für das sich darbietende Panorama kaum zurückhalten.
Das ganze architektonische Ensemble aus Natursteingebäuden, Plätzen, Ufer-

promenaden (ebenfalls aus Naturstein), Mauern, Kirchen und der Festung oberhalb der Stadt wirkt stimmig und stilvoll. Palmen und andere große Bäume bezeugen eindrucksvoll das sonnenverwöhnte mediterrane Klima. Wer diesen Uferbereich der Altstadt vor 20 Jahren erlebt hat und nun wiederkehrt, stellt erfreut fest, dass sich wenig verändert hat.

Beglückendes Panorama 6

Die ersten Eindrücke auf der Fähre von Split nach Hvar: Blicke auf Palmen, Gebäude aus weißem Stein, Türme, Kirchen, Promenaden und Mauern. Ein harmonisches Panorama. Das ist Dalmatien (▶ S. 13).

SEHENSWERTES

Hauptplatz (Trg Svetog Stjepana)

Stilvoller großer Platz im Zentrum der Ortschaft. Der gepflasterte Platz (angeblich der größte in ganz Dalmatien) wird zwischen der Kathedrale und der Hafenbucht von historischen Gebäuden mit würdigen Fassaden flankiert. Auch das Arsenal und die Loggia zählen dazu. Der Platz bietet an seinen Rändern reichlich Raum für Terrassencafés und Restaurants.

Kathedrale (Sveti Stjepan)

Sie wurde erst im 18. Jh. komplett fertiggestellt und schließt heute den Hauptplatz an der nördlichen Seite ab. Der filigrane fünfstöckige Glockenturm zeigt den Einfluss italienischer Baukunst. Im Innern der dreischiffigen Basilika sind mehrere historische Madonnenbildnisse zu sehen.

Trg Sv. Stjepana | tgl. 9–12 und 17–19 Uhr | Eintritt 10 Kuna

Spanische Festung (Spanjola)

Die oberhalb des Ortes gelegene Zitadelle, auch Spanische Festung genannt, wurde Ende des 16. Jh. von den Venezianern unter Mithilfe von spanischen Soldaten errichtet. Heute eröffnet sich von hier ein weiter Blick auf die Hafenbucht und die vorgelagerten Inseln. Auch die nahe gelegenen Reste der Wehrmauern von Hvar sind zu sehen. Weiter oberhalb befindet sich die Anfang des 19. Jh. von den Franzosen erbaute Festung, die jedoch nicht für die Öffentlichkeit zugänglich ist.

Porenzi broj

MUSEEN UND GALERIEN

Museum im Franziskanerkloster (Franjevački muzej)

Im Refektorium des Franziskanerklosters aus dem 15. Jh. sind historische Gemälde (auch »Das letzte Abendmahl« von Matteo Roselli) sowie Fossilien, antike Inschriften, Amphoren und eine mechanische Standuhr aus dem 15. Jh. ausgestellt. Eine weitere Kostbarkeit ist ein ptolemäischer Atlas aus dem 16. Jh. Unbedingt sehenswert ist eine angeblich rund 400 Jahre alte Zypresse im Innenhof des Klosters.

Östliche Uferpromenade (ca. 200 m von der Fährstation entfernt auf einer kleinen Landzunge) | tgl. 9–12 und 17–19 Uhr | Eintritt 10 Kuna

ÜBERNACHTEN

Adriana

Mit Spa der Extraklasse – Aus dem ehemaligen Hotel Adriatic wurde nach einer äußerst umfassenden Moderni-

sierung das Spa Boutique Hotel Adriana. Zentrale Lage an der westlichen Uferpromenade. Das Haus repräsentiert ein hohes Serviceniveau und wendet sich insbesondere an Kunden, die sich mit viel Wellness verwöhnen wollen. Im hauseigenen Spa können therapeutische Behandlungen, sieben Arten von Massagen, Yogabehandlungen sowie Schlamm- oder Aromakuren gebucht werden. Es gibt auch einen VIP-Bereich für Einzelpersonen oder Paare. Schöne Dachterrasse mit weitem Blick über die Bucht sowie Meerwasserpool, Bars, Terrassenrestaurant, Sportmöglichkeiten, Nagelstudio. Sehr komfortabel ausgestattete Zimmer.
Fabrika bb (westliche Uferpromenade) | Tel. 0 21/75 02 00 sowie 0 21/75 05 55 (Reservierungszentrale) | www.suncanihvar.com | 50 Zimmer und 9 Suiten | €€€€

Palace

Ambiente mit Historie – Das traditionsreichste Hotel der Stadt besteht seit dem Jahr 1903 und hat trotz diverser Modernisierungen einen Großteil seines historischen Charmes bewahren können. Ein Plus dieser Institution ist unbedingt die extrem zentrale Lage mitten im Stadtzentrum neben der stilvoll konstruierten Stadtloggia. Von einigen Zimmern blickt man auf die Ha-

Aromatisches Hvar – wie das duftet!

7

Auf der Insel Hvar wächst der Salbei so üppig! Sammeln Sie Salbeiblätter, das bereitet Freude und entspannt. Daheim bereichert der Salbei Ihre Küche (▶ S. 14).

Das Zentrum der Stadt Hvar (▶ S. 107) wird vom Hafen und dem Hauptplatz gebildet, der von historischen Gebäuden und Terrassencafés stilvoll eingerahmt wird.

fenbucht. Passende Dekorationen unterstreichen im besten Sinne den altmodischen Charakter dieses Hotels. Schwimmbad und Sauna. Die Terrasse des angeschlossenen Restaurants San Marco verfügt über alle atmosphärischen Attribute, um ein romantisches Dinner gelingen zu lassen. Wegen des Andrangs finden hier in den Hochsommerwochen nicht alle Aspiranten einen Platz. Eine rechtzeitige Buchung kann das verhindern. Serviert werden vor allem Fisch-, Nudel- und Fleischgerichte mit italienischem Einschlag.
Trg Svetog Stjepana | Tel. 0 21/74 19 66, 0 21/75 05 55 (Reservierungszentrale) | www.suncanihvar. com | 73 Zimmer | €€€

Villa Tudor ▶ S. 25

ESSEN UND TRINKEN

Kod Kapetana

Fischgerichte und Geselligkeit – Bereits mehr als 30 Jahre existierende Gostionica an der westlichen Uferpromenade. Niveauvolles Angebot an Meeresfrüchten und Fischgerichten. Besonders empfehlenswert ist das saftige Thunfischsteak. Aufmerksamer und geschulter Service. In den Hochsommermonaten kann es zu Gedränge und zu nachlassenden Küchenleistungen kommen. Nicht immer angemessen hohes Preisniveau. Beliebte Terrasse. Reservierung angeraten.
Fabrika bb | Tel. 0 21/74 22 30 | tgl. 12–24 Uhr | €€

Lucullus

Fisch und Fleisch perfekt – Das Restaurant gehört zum Familienhotel Villa Nora und gilt unter Kennern als das anspruchsvollste in der Altstadt. Ziegenfleisch mit Kartoffeln aus dem Backofen; Langusten-Kreationen; Käse mit Kapern und Olivenöl. Stets tadellose Fischgerichte. Dafür sorgt mit unübertrefflicher Präsenz und Autorität der Eigentümer und Koch Antun Matković. Geschulter Service. Reservierung empfohlen.
P. Hektorovića 3 | Tel. 0 21/71 80 73 | www.villanora.eu, www.lucullus-hvar.com | in der Saison tgl. bis 24 Uhr | €€€

EINKAUFEN

Šoša Arsenal

Zu den Besonderheiten im Sortiment zählen dalmatinische Miniaturgebäude (Leuchttürme, Kirchen, Monumente, Land- und Stadthäuser), die aus einem steinähnlichen Material gefertigt wurden. Alle Objekte stammen vom Kunsthandwerker Darko Šoša und wurden von ihm per Hand koloriert.
Trg Svetog Stjepana (im Arsenal neben dem Fremdenverkehrsbüro) | So geschl.

SERVICE

ANKUNFT/ABFAHRT

Fähre (Jadrolinija)

Tel. 0 21/74 11 32

AUSKUNFT

Fremdenverkehrsbüro

Trg Svetog Stjepana | Tel. 0 21/74 10 59 | www.tzhvar.hr

Ziele in der Umgebung

◎ PAKLENI-INSELN (PAKLENI OTOCI) E 4

Die Inselgruppe liegt gegenüber der Metropole Hvar und kann auf einem Bootsausflug besucht werden. Zum Archipel gehören etwa zwei Dutzend In-

Der Blick von der Spanischen Festung (▶ S. 108) oberhalb von Hvar schweift bis zu den vorgelagerten Inseln. Der Kerker der Zitadelle kann besichtigt werden.

seln und Felsenriffe. Die Gewässer um die westlich gelegene Insel Vodnjak gelten bei Tauchern als besonders attraktiv. Die östlichste Insel Jerolim steht wegen ihrer Strände bei Badegästen hoch im Kurs. Hier gibt es auch einen FKK-Strand.

STARI GRAD F 4

1700 Einwohner

Der an der Nordküste in einer geschützten Bucht gelegene Ort hieß in griechischer Zeit Pharos und wurde bereits im 4. Jh. v. Chr. gegründet.

Die Ebene, in der sich seinerzeit die griechische Kolonie ausbreitete, sowie die Altstadt von Stari Grad, in der Reste der griechischen Zyklopenmauer überdauert haben, wurden im Juli 2008 von der UNESCO in die Liste des Weltkulturerbes aufgenommen. Fährverbindung mit Split, Korčula etc.

20 km westl. von Hvar

MUSEEN UND GALERIEN

Hektorović-Palast (Hektorovićev tvrđalj)

Landsitz des in Stari Grad geborenen Schriftstellers Petar Hektorović (1487–1572). Berühmt wurde er mit dem 1556 erschienenen Werk »Fischfang und Fischergespräche«. Im Innenhof des von der Renaissance geprägten Palastes, der nach Wünschen des Dichters entstand, ist ein Fischbassin zu sehen, in dem sich Meeräschen tummeln. In dem üppigen Garten gedeihen Zitronen, Granatäpfel, Palmen, sogar eine angeblich über 100 Jahre alte Magnolie. Eine kleine volkskundliche Sammlung zeigt Gegenstände aus dem ländlichen Leben.

Trg Turdal | Tel. 0 21/76 50 68 | in der Saison tgl. 10–13 und 17–20 Uhr, sonst nach Vereinbarung | Eintritt 10 Kuna

SERVICE

AUSKUNFT

Fremdenverkehrsbüro

Obala Dr. Franje Tuđmana 1 | Tel. 0 21/ 76 57 63 | www.stari-grad-faros.hr

◎ VRBOSKA F 4

500 Einwohner

Ruhe und Abgeschiedenheit sind hier immer noch an der Tagesordnung. Auch haben Fischfang und Landwirtschaft in der Umgebung noch Bestand. Nahebei werden Bogdanuša-Reben für den anregenden regionaltypischen Weißwein kultiviert. Bedeutendstes Bauwerk der Ortschaft ist die Festungskirche Sv. Marija, ein graues monumentales Gebäude, von dem man nicht vermutet, dass sich darin eine Kirche befindet.

Die Verarbeitung von Sardellen hatte in der Ortschaft eine große Bedeutung. Die Sardellenfilets wurden mit Lorbeer, Salz und anderen Gewürzen eingelegt. Danach ließ man sie an einem kühlen Ort für wenige Monate reifen, ehe man die herzhafte Köstlichkeit verzehrte. Sie wird heute nur noch in privatem Rahmen hergestellt. Manchmal bieten Frauen aus dem Ort Gläser mit hausgemachten Sardellenfilets auf der Hafenpromenade an. Man kann auch im Fischereimuseum fragen, wo man solche Sardellenköstlichkeiten erwerben kann.

26 km östl. von Hvar

MUSEEN UND GALERIEN

Fischereimuseum (Ribarski muzej)

Das kleine, liebevoll hergerichtete Museum dokumentiert auf interessante Weise die Fischerei auf der Insel Hvar zwischen dem 18. und 20. Jh. Zu sehen sind Netze, Fanggeräte, Lampen und Werkzeug. Auch eine traditionelle Fischerküche ist ausgestellt. Gezeigt werden zudem Schwämme, Muscheln, präparierte Meerestiere sowie Konservenbüchsen und Etiketten der 1972 geschlossenen Fischfabrik.

Zecevo 115 (an der Hafenpromenade neben dem Supermarkt) | in der Saison tgl. 10–12.30 und 18.30–21 Uhr | Eintritt 10 Kuna, Kinder 5 Kuna

INSEL VIS

Die 45 km vom Festland entfernt gelegene Insel ist per Fähre am häufigsten von Split aus zu erreichen. Die Fahrt mit dem Schnellboot dauert 1,5 Stunden, die normale Fähre benötigt 50 Minuten länger. Bis zum Jahr 1989 war die Insel für Ausländer gesperrt. Seither sind zwar Bemühungen spürbar, Auslandstouristen für die Insel zu begeistern. Sie konzentrieren sich aber vornehmlich auf Segler, die hier in den Sommermonaten zahlreich vor Anker gehen. Die hügelige Landschaft im Zentrum der Insel ist von Buschland, Wald sowie landwirtschaftlichen Kulturen geprägt und eignet sich gut für Wandertouren. Einige Routen sind sogar gekennzeichnet. Bislang werden die Wanderoptionen auf Vis nur von wenigen Auslandstouristen wahrgenommen. Aus dem Zentrum der Insel stammt auch der viel gerühmte Inselwein. Angebaut werden insbesondere die Rebsorten Plavac Mali und Vugava.

KOMIŽA

E 5

2000 Einwohner

Die Küstenortschaft liegt im Westen der Insel und hat sich dort zum touristischen Zentrum entwickelt. Die ehemalige Dominanz der Fischerei ist rückläufig. Aus venezianischer Zeit hat in der Altstadt eine Festung mit Wachturm überdauert. Die örtliche Kirche stammt aus dem 16. Jh. und ist der Patronin geweiht, die die Bürger vor Seeräubern schützen soll. An der von Palmen flankierten Hafenbucht haben sich zahlreiche Cafés, Bars, Restaurants und touristische Agenturen etabliert. Im Sommer erlebt der Ort einen massiven Ansturm von Seglern bzw. von jungen Leuten aus der kroatischen Hauptstadt Zagreb, die Komiža als Urlaubsziel entdeckt haben.

Mehrere Veranstalter bieten von Komiža aus Fahrten zur nur rund 6 km² kleinen Insel Biševo an. Die Attraktion hier sind die bizarren Buchten bzw. Grotten. Die mit Abstand bekannteste ist die Blaue Grotte. Man kann sie nur von See her erreichen. Die bereits im Jahr 1884 erschlossene Grotte, im Sommer von unzähligen Booten besucht, wird vom Licht erleuchtet, das auf dem Wasser reflektiert und von dort in blauer Farbe das Innere der Grotte an-

In Stari Grad befindet sich der befestigte Landsitz (▶ S. 111) des berühmten Schriftstellers Petar Hektorović mit einem Meerwasser-Fischteich.

strahlt. Ausflüge führen meist auch zu benachbarten Buchten oder zu den kleinen vulkanischen Nachbarinseln Brusnik und Jabuka. Die Inseln sind unbewohnt, das Meer ringsum ist reich an Fischen.

Das Phänomen ist am besten um die Mittagszeit zu erleben, wenn die Sonne im günstigen Winkel in die Grotte scheint.

Stille und ein merkwürdiges blaues Licht

8

Überall in der Blauen Grotte dieses üppige Licht, mal tiefblau, dann leicht ins Grünliche spielend, schließlich schillernd blau. Zauberhaft! Ein unvergessliches Erlebnis (▶ S. 14).

ÜBERNACHTEN

Biševo

Direkt am Meer – Einziges Hotel am Ort mit jahrzehntelanger Tradition. Der Komplex liegt am nördlichen Ortsrand zwischen Föhren. Das Zentrum ist zu Fuß in fünf Minuten zu erreichen. Restaurant, Terrasse, Strand nahebei. Zweckmäßige Ausstattung der Zimmer. Ausflüge sowie Bootsfahrten zur Insel Biševo (Blaue Grotte) können im Hotel gebucht werden.

Ribarska 72 | Tel. 0 21/71 32 79 und 0 21/71 31 44 | www.hotel-bisevo.com.hr | 126 Zimmer und 5 Suiten | €€

SERVICE

AUSKUNFT

Fremdenverkehrsbüro

Riva Sv. Mikule 2 | Tel. 0 21/71 34 55 | www.tz-komiza.hr

Das malerische Vrboska (▶ S. 112), ein kleiner Fischerort auf der Insel Hvar, ist mit seiner Festungskirche Sv. Marija heute ein beliebtes Ausflugsziel.

VIS E5

2000 Einwohner

Die in einer Bucht gelegene Küstenortschaft mit Fährverbindung nach Split verfügt über eine schöne Palmenpromenade und ein Franziskanerkloster auf der Halbinsel Prirovo. Nahe der Stadt wurden Ruinen aus griechischer und römischer Zeit gefunden. In der kleinen kompakten Altstadt mit einigen sehenswerten Bürgerhäusern und Palästen aus dem 17. Jh. werden auch Weine aus der Umgebung verkauft.

ÜBERNACHTEN

Issa

Blicke über das Meer – Das bedeutendste Hotel der Ortschaft liegt an der westlichen Hafenbucht hinter der Halbinsel Prirovo und beherbergte schon in jugoslawischer Zeit Feriengäste, vor allem Gruppen und Familien. Trotz diverser Modernisierungen ist das Ambiente des Hotels von seiner Vergangenheit geprägt. Von den meisten Zimmern genießt man einen Blick aufs Meer und die Hafenbucht. Restaurant und Café. Vornehmlich kroatische Gäste in der Sommersaison. Das Zentrum von Vis ist zu Fuß zu erreichen. Auffallend freundliches Personal.

Šetalište A. Zanelle 5 | Tel. 0 21/71 11 24 | www.hotelsvis.com | 128 Zimmer | €€

Tamaris

Mit nostalgischem Charme – Das direkt an der Uferpromenade gelegene Hotel existiert bereits seit dem Jahr 1972 und ist in einem mehrstöckigen markanten Gebäude untergebracht. Ausstattung und Atmosphäre erinnern fast schon in musealer Ausprägung an jugoslawische Zeiten. Die Zimmer sind einfach und zweckmäßig ausgestattet. Die zum Meer hin ausgerichteten Zimmer sind nicht leise, eröffnen aber die Möglichkeit, vor allem abends den Passanten, Einheimischen wie Touristen, zuzusehen und zuzuhören, wenn sie sich Spaziergängen auf der Uferpromenade hingeben.

Obala Sv. Jurja 30 (direkt an der Riva) | Tel. 0 21/71 13 50 | www.hotelsvis.com | 25 Zimmer | €€

Spaziergang 9

Mischen Sie sich unter die Flaneure auf der Uferpromenade und genießen Sie die Atmosphäre, das Abendlicht und die anregenden Essensdüfte von Grillgerichten (▶ S. 14).

ESSEN UND TRINKEN

Konoba Kantun

Delikatessen vom Grill – Etwas außerhalb des Zentrums am Ende der Hafenmole gelegen. Von der Terrasse genießt man einen beeindruckenden Blick über die Bucht von Vis. Die Konoba ist bei Seglern sehr beliebt und im Sommer oft ausgebucht. Angenehmes, geselliges Ambiente. Die Spezialität sind zünftige Grillgerichte, des Weiteren Fische und Meeresfrüchte, herzhaftes mariniertes Lammfleisch und Weine von Vis und Hvar.

Biskupa Mihe Pušića 17 | Tel. 0 21/71 13 06 oder mobil 0 92/2 85 48 18 | €€

SERVICE

AUSKUNFT

Fremdenverkehrsbüro

Šetalište Stare Isse 2 | Tel. 0 21/71 70 17 | www.tz-vis.hr

INSELN KORČULA, LASTOVO UND DIE HALBINSEL PELJEŠAC

Mediterrane Landschaften und aromatische Weine prägen die Region. Die historische Altstadt von Korčula zählt zu den stimmungsvollsten ganz Dalmatiens und ist ein städtebauliches Ensemble erster Güte.

Die bedeutendste Sehenswürdigkeit der Insel Korčula ist die im Mittelalter entstandene Stadt Korčula mit ihrem stilvollen Ambiente aus venezianischer Zeit. Tausende von Touristen kommen Jahr um Jahr auf die Insel, um diese architektonische Rarität zu erleben. Auch die Blicke aus dem Altstadtbereich hinüber auf die Halbinsel Pelješac mit dem monumentalen Felsengebirge des **Sveti Ilija** (961 m) verleihen dem Besuch in Korčula eine beeindruckende atmosphärische Dimension. Wohl dem, der über genügend Zeit verfügt, um sich nicht nur der Stadt Korčula, sondern auch den Besonderheiten vor allem im Westen der Insel zu widmen.

Ein Ausflug per Fahrrad (▶ S. 162) oder Pkw führt durch ein größtenteils bewaldetes Hügelland zu den Ortschaften Čara und **Smokvica**. Sie mar-

◀ Die Altstadt von Korčula (▶ S. 118) vor dem gebirgigen Hinterland.

kieren das Zentrum des Weinanbaus. Hier werden in ganz Kroatien beliebte Weißweine aus den Rebsorten Pošip oder Rukatac (▶ S. 34) hergestellt. Beiden eigen sind mineralische Nuancen und ein deutliches Fruchtaroma. Wenige Kilometer südöstlich von Korčula-Stadt liegt die Ortschaft **Lumbarda** mit Badestränden und Weingärten, in denen vor allem der berühmte Grk-Weißwein angebaut wird. Auf dem der Ortschaft vorgelagerten Inselchen Vrnik befindet sich der älteste Steinbruch Korčulas. Ehemals wurde hier der begehrte weiße Kalkstein abgebaut. Auch Lumbarda ist ein lohnendes Ziel für einen Ausflug.

WASSERTOURISTEN UND WANDERER

Die südlich von Korčula gelegene, rund 47 km² große Insel Lastovo war ähnlich wie die Nachbarinsel Vis wegen der Präsenz der jugoslawischen Armee bis zum Jahr 1989 für Ausländer gesperrt. In den letzten 20 Jahren hat sich der Tourismus auf der Insel nur recht zögerlich entwickelt. Segel- und Motorboote umzingeln die Insel im Sommer; es gibt einige attraktive Strände und Tauchreviere. Die Zahl der Apartments und Sommerhäuser hat zugenommen. Aber noch hält sich der Wirtschaftsfaktor Tourismus in Grenzen.

Die rund 60 km lange Halbinsel Pelješac beeindruckt durch eine kraftvolle mediterrane Landschaft, die auch Wanderern und Naturfreunden gefällt. Als ein Wandergebiet erster Güte hat sich das Gebirgsmassiv um den Berg Sveti Ilija profiliert. In der Wildnis der Berge leben Schakale, Mufflons und Uhus. Im Osten der Halbinsel nahe dem Festland liegen die kleinen Ortschaften **Veliki Ston** und **Mali Ston**, berühmt für ihre Miesmuschel- und Austernzucht sowie ihre Wehrmauer aus dem 14. Jh.

Das Innere der Halbinsel ist vor allem in der Umgebung der Orte **Dingač**, **Potomje**, **Postup** und **Ponikve** durch den Anbau von Weinreben gekennzeichnet. **Viganj** und **Orebić** sind per Fähre mit der Insel Korčula verbunden. Das dichte, trockene Buschland der Halbinsel wird immer wieder von Bränden heimgesucht. Vor allem im Hochsommer ist daher der Umgang mit offenem Feuer höchst gefährlich.

KORČULA

G5

3300 Einwohner

Das kompakte **Altstadtensemble** 7 von Korčula erlebt der Besucher als eindrucksvolle architektonische Rarität. Die auf einer Halbinsel gelegene Stadt Korčula mit der Kathedrale, den stimmungsvollen Plätzen und Gassen, den stilvollen Hausfassaden und wuchtigen Befestigungstürmen bekundet auf authentische Weise ihre würdige historische Bedeutung. Die von einer Mittelachse aus wie die Struktur eines Blattes gegliederte Altstadt wurde ab dem 13. Jh. planvoll inmitten eines Befestigungsrings angelegt. Das gesamte städtebauliche Ensemble trägt markante Züge venezianischer Architektur. Zwischen 1420 und 1797 beherrschte Venedig die Stadt und Insel Korčula. Auf dem Höhepunkt dieser Blütezeit lebten rund 6000 Bürger hinter den schützenden Mauern der Stadt. Anfänglich erhielt niemand das Recht, außerhalb der Schutzmauern zu siedeln. Erst im 17. und 18. Jh. wurden Werkstätten und Wohnungen außerhalb der Mauern errichtet.

In der Altstadt ist sind neben bedeutenden historischen Gemälden, Kirchenkunst, Ikonen aus Kreta und vielen Zeugnissen der Stadtgeschichte auch das angebliche Geburtshaus des berühmten Forschungsreisenden Marco Polo (1254–1324) zu besichtigen. Im Sommer wird alljährlich der Moreška-Schwertertanz aufgeführt. Dann ist das Aufgebot an schaulustigen Besuchern kaum zu überbieten. Was für die Altstädte von Dubrovnik, Trogir, Zadar oder Split gilt, ist für Korčula nicht weniger ratsam: Besucher, die das historische Ensemble inspiriert und weitgehend ungestört erkunden möchten, sollten sich frühmorgens einstellen, ehe die Heerscharen von Besuchergruppen eintreffen. Das empfiehlt sich insbesondere für die Monate Juni, Juli und August.

Korčula ist via Fähre u.a. mit Split, Hvar und Orebić verbunden. Ein lohnender Bootsausflug führt zu den vorgelagerten Inseln Badija (Franziskanerkloster), Planjak und Vrnik. Öffentliche Busse verbinden die Stadt mit Orebić und Dubrovnik sowie mit Blato und Vela Luka im Westen der Insel.

SEHENSWERTES

Kathedrale Heiliger Markus (Sveti Marko)

Das beeindruckende Bauwerk steht auf dem höchsten Plateau in der Korčulaner Altstadt und überragt alle anderen Gebäude. Erbaut wurde die Kathedrale im 15. und 16. Jh. aus dem weißen Korčulaner Kalkstein. Kunsthistorisch bedeutsam ist das Gemälde hinter dem Altar. Es zeigt die drei Schutzpatrone Markus, Hieronymus, Bartholomäus, geschaffen Mitte des 16. Jh. von dem venezianischen Maler Jacopo Tintoretto. Das Gemälde »Verkündigung« im südlichen Seitenschiff soll ebenfalls von Tintoretto stammen.

Trg svetog Marka

MUSEEN UND GALERIEN

Ikonenmuseum (Zbirka ikona)

Wer sich für Ikonen interessiert, erlebt hier eine Sammlung, die Kenner für einzigartig in Dalmatien halten. Die Ikonen stammen von der griechischen Insel Kreta und gelangten im 17. Jh. nach einer Seeschlacht in den Besitz Korčulas. Ausgestellt sind sie in der Al-

lerheiligenkirche (Svi Svetih) der Laienbruderschaft aus dem 15. Jh.
Trg Svih svetih | in der Saison tgl. 10–13 und 17–19 Uhr | Eintritt 15 Kuna

Marco-Polo-Haus (Kuć Marka Pola)

Angebliches Geburtshaus des weltberühmten Asienreisenden Marco Polo (1254–1324). Zu sehen sind insbesondere Karten und Dokumente, die an die Entdeckungsreisen Marco Polos erinnern. Bedeutendere Zeugnisse oder Originalobjekte aus dem Leben Marco Polos darf man nicht erwarten. Unbedingt lohnend ist der Aufstieg zur Plattform des Turms. Von hier eröffnet sich ein interessanter Blick über die Dächer der Altstadt. Ein Besuch außerhalb der Saison wird über das Fremdenverkehrsbüro arrangiert.
Marka Pola | Juli und Aug. tgl. 10–13 und 17–19 Uhr, sonst nach Vereinbarung | Eintritt 20 Kuna

Schatzkammer im ehemaligen Bischofspalast (Opatska Palača)

Im direkt neben der Kathedrale gelegenen Bischofspalast aus dem 14. und 17. Jh. sind kostbare Gemälde, Silber- und Goldschmiedearbeiten, historische Zeichnungen, Porzellan, Messgewänder, mittelalterliche Handschriften sowie Bilder zeitgenössischer kroatischer Maler zu sehen. Die interessante Sammlung beinhaltet auch Originalskizzen von Leonardo da Vinci sowie Gemälde von Blaž Jurjev Trogiranin. Sehenswert sind auch die gegenüberliegenden Paläste.
Trg svetog Marka | in der Saison tgl. 10–12 und 17–19 Uhr | Eintritt 25 Kuna

Die aus örtlichem Kalkstein erbaute Kathedrale des Heiligen Markus (▶ S. 118) birgt hinter dem Altar ein Gemälde, das dem venezianischen Maler Tintoretto zugeschrieben wird.

Stadtmuseum (Gradski muzej)

Das Museum ist im Gabriélli-Palast aus dem 16. Jh. untergebracht. Im Erdgeschoss sind Inschriften aus der griechischen und illyrischen Siedlungsepoche zu sehen. Die Räume in den oberen Stockwerken dokumentieren die volkstümliche Handwerkskunst, den Schiffbau und die lange Seefahrertradition Korčulas. Viele originelle und typische Objekte aus traditionellen Wohnhäusern oder Werkstätten sind darunter.

Trg svetog Marka | in der Saison tgl. 9–21 Uhr (Besuche außerhalb der Öffnungszeiten ganzjährig auf Nachfrage, Tel. 0 20/71 14 20) | Eintritt 20 Kuna

ÜBERNACHTEN

Korsal

In Altstadtnähe – Mit viel Sinn für gehobenen Komfort ausgestattetes Familienhotel, nahe dem Stadtstrand gelegen. Fünf Gehminuten bis zur Altstadt. Von jedem Zimmer hat man einen Blick auf das Meer. Niveauvoll modern eingerichtete Zimmer. Angeschlossen ist auch ein Restaurant mit einer stimmungsvollen Terrasse. Fitnesscenter und Surfschule in der Nachbarschaft. Vier Sterne.

Šetalište Frana Kršcinića 80 | Tel. 0 20/ 71 57 22 | www.hotel-korsal.com | 10 Zimmer | €€€/€€€€

Marko Polo

Gehobene Mittelklasse – Schon in jugoslawischer Zeit beliebtes Hotel, etwa 10 Minuten zu Fuß von der Altstadt auf einem Hügel direkt am Meer gelegen. Bar, Restaurant. Am Strand befinden sich ein Gartenrestaurant, eine Snackbar und eine Pizzeria. Zweckmäßige Ausstattung, keine besonderen Extras.

Put Od Luke 17b | Tel. 0 20/72 61 00 | www.korcula-hotels.com | 94 Zimmer | €€€

ESSEN UND TRINKEN

Adio Mare

Volkstümliches Ambiente – Nahe dem Marco-Polo-Haus gelegene Konoba. Korčulaner und dalmatinische Spezialitäten: Fischgerichte und Meeresfrüchte (gefüllter Hummer), Brodetto. Spezialität ist die schmackhafte Pašticada, ein Rindfleischgericht mit Gnocchi. Weine aus Smokvica und Umgebung. Kompetent zubereitete Traditionsgerichte ohne ausgeprägten Sinn für Innovationen oder überraschende Kreationen.

Sv. Roka 2 | Tel. 0 20/71 12 53 | in der Saison tgl. 12–23 Uhr | €€

Morski Konjic

Dalmatinische Traditionsrezepte – Nahe dem Bokar-Turm in der Altstadt gelegenes Restaurant, in der Saison beliebt bei Touristen. Zünftige Nudel-, Fisch- und Fleischgerichte. Spezialitäten: unter der Metallglocke gebackener Oktopus, Tintenfisch-Risotto, vegetarische Platte sowie die gefüllten Calamari. Bei Hochbetrieb lassen Essen und Service oft zu wünschen übrig.

Šetalište Petra Kanavelića | Tel. 0 20/ 71 17 20 | in der Saison tgl. 12–23 Uhr | €€

EINKAUFEN

Cukarin ▸ S. 46

Wine Shop & Snack »Vinum Bonum«

Engagiert geführtes Geschäft mit beachtlichem Angebot an lokalen Weinen, Likören, Spirituosen, Olivenölen, Schinken, Fischdelikatessen.

Eingebettet in üppiges Grün vor gebirgigem Hintergrund liegt das Dorf Blato (▶ S. 121) auf der Insel Korčula. In der Umgebung werden Weinreben und Oliven angebaut.

Punta Jurana (etwas außerhalb der Altstadt nahe dem Trg Sveti Justine gelegen) | Mo–Sa 10–22 Uhr

SERVICE

AUSKUNFT

Fremdenverkehrsbüro

Obala Dr. Franje Tuđmana 4 | Tel. 0 20/ 71 57 01 | www.visitkorcula.eu

Ziele in der Umgebung

◎ BLATO F5

3500 Einwohner

Die größte Ortschaft im Zentrum der Insel wird selten von Auslandstouristen besucht. Es dominiert ein bäuerliches, jedenfalls nicht vom Tourismus bestimmtes Ambiente. In der Umgebung werden Oliven angebaut. Das Olivenöl aus der Gegend von Blato gilt als besonders aromatisch und kräftig. Unter den Sehenswürdigkeiten verdient die Allee von Lindenbäumen (im Volksmund Zlinje genannt) eine Hervorhebung. Die ins Zentrum der Ortschaft führende Allee wurde Anfang des 20. Jh. angelegt, als Blato wegen seiner landwirtschaftlichen Ressourcen einen kräftigen wirtschaftlichen Aufschwung erlebte.

Prominentestes Bauwerk im Ortszentrum nahe der Pfarrkirche ist die Loggia. Im Mittelalter fanden hier Sitzungen der örtlichen Adeligen statt. Hier wurden Urteile gesprochen, Handelsverträge besiegelt und Beratungen der Bruderschaften von Blato abgehalten. Die ursprüngliche Fassung der Loggia stammte aus dem 15. Jh., die heutige geht auf das 17. Jh. zurück. Als betrachtenswerte Rarität wird die Silbersammlung der Pfarrkirche eingestuft. Wer im April die Insel Korčula besucht, sollte sich keineswegs in Blato das Patronatsfest der Sveta Vicenca entgehen lassen. Dann erfüllen Trubel und Betriebsamkeit die sonst recht ruhige Ortschaft, weil das Ritterspiel Kumpanija (▶ S. 58 und S. 163) in traditionellen Kostümen aufgeführt wird.

25 km westl. von Korčula

SERVICE

AUSKUNFT

Fremdenverkehrsbüro

Trg Dr. Franje Tuđmana 4 | Tel. 0 20/ 85 18 50 | www.tzo-blato.hr

◎ ČARA UND SMOKVICA G5

700/900 Einwohner

Die beiden kleinen, an der Durchgangsstraße gelegenen Ortschaften im Zentrum der Insel verfügen leider kaum über beachtenswerte historische Bauten oder Sehenswürdigkeiten.

Beide sind landwirtschaftliche Zentren, in denen der Anbau von Weinreben dominiert. Angebaut wird insbesondere die Traube Pošip (▶ S. 34), aus der ein in ganz Dalmatien geschätzter Weißwein gekeltert wird. Vor allem die sonnenexponierten Lagen zwischen den beiden Ortschaften

Der Fischer- und Weinbauernort Lumbarda (▶ S. 123) am östlichen Ende der Insel Korčula verfügt sowohl über Sand- als auch über Kiesstrände in kleinen Buchten.

und der südlichen Küste sind Hektar über Hektar mit Weinreben bestockt. Neben den Genossenschaften stellen seit einigen Jahren mehrere Privatwinzer, Weine mit Charakter und komplexen Aromen her.

15 km westl. von Korčula

EINKAUFEN

Toreta

Kleines Weinbaumuseum und Verkaufsstation für hauseigene Weine. Die Familie Baničević ist seit mehreren Generationen im Weinbau engagiert. Inzwischen werden die Produkte vom jungen, aber sehr ambitionierten Frano Baničević konzipiert und vertrieben. Beeindruckende, von zartem Aprikosenaroma geprägte Pošip-Weißweine. Es werden auch Rotweine aus der Rebsorte Plavac Mali gekeltert. Angemessenes Preisniveau.

Smokvica (an Abzweigung Richtung Brna) | Tel. 0 20/83 21 00 oder 0 03 85/ 9 81 78 26 45 | Juni und Sept. 10–20, Juli und Aug. 10–21 Uhr

LUMBARDA G 5

1100 Einwohner

Die ehemals beschauliche, heute in der Sommersaison betriebsame Küstenortschaft liegt ca. 8 km südöstlich von Korčula an einer geschützten Bucht. Auf den hiesigen Sandböden werden die Trauben für den berühmten und leider ziemlich seltenen Grk-Weißwein (▶ S. 35) angebaut. Es gibt mehrere kleine Strände, groß ist die Zahl der Ferienhäuser, Privatquartiere und Konobas. Der Ort hat sich zu einem bedeutenden touristischen Zentrum entwickelt.

8 km südöstl. von Korčula

ÜBERNACHTEN

Bebić

Seit vielen Jahren beliebte Pension – Unter der Leitung der ortsansässigen Familie Bebić. Helle, saubere Räumlichkeiten ohne besondere Extras, dafür aber schöne Blicke über die Bucht und zentrale Lage.

Unbedingt eine Hervorhebung verdient die Küche des angeschlossenen Restaurants, das ehemals von Gästen aller Art besucht werden konnte und inzwischen nur noch den Hausgästen zur Verfügung steht. Gekonnt zubereitete Fisch- und Fleischgerichte, dazu hauseigene Grk-Weißweine, aber auch andere Rot- und Weißweine aus der Umgebung. Stimmungsvolles Ambiente auf der Terrasse, manchmal spielt eine kleine Musikgruppe dalmatinische Weisen. In der Hauptsaison zumeist ausgebucht.

Lumbarda 240 | Tel. 0 20/71 25 05 | www.bebic.hr | 8 Apartments | €/€€

VELA LUKA F 5

4500 Einwohner

Die am westlichen Ende der Insel gelegene Hafenstadt verfügt über einen bedeutenden Hafen (Vela Luka bedeutet wörtlich Großer Hafen) und eine Fährverbindung mit Split und der Insel Lastovo. Im Ort gibt es ein Heilbad, in dem vor allem Rheumakrankheiten mit Meerschlamm behandelt werden. In der Saison werden Bootstouren zu einigen vorgelagerten Badeinseln (auch FKK) angeboten. Die Ortschaft ist weit über die Insel Korčula hinaus für ihre Klapa-Männerchöre (▶ S. 57) bekannt, die traditionelle dalmatinische Lieder singen.

30 km westl. von Korčula

ÜBERNACHTEN

Korkyra

Wellness in Hafennähe – Das große Gebäude im Stadtzentrum wurde im Jahr 2010 komplett renoviert und erweitert. So entstand ein, wie die hauseigene Werbung formuliert, Vier-Sterne-Designhotel. Es möchte vor allem Wellnessurlauber ansprechen und verfügt über Außenpool, Spa, Fitnesscenter, Sauna, türkisches Bad sowie diverse Massageeinrichtungen. Moderne, komfortable Einrichtung der Zimmer und Serviceräumlichkeiten. Die Einstufung als Designhotel erscheint etwas überhöht; ebenso die Preise in der Hauptsaison. Angeschlossen ist ein Restaurant. Günstige Lage nahe der Fährstation.

Obala 3 br 21 | Tel. 0 20/60 10 00 | www.hotel-korkyra.com | 58 Zimmer | €€€

SERVICE

AUSKUNFT

Fremdenverkehrsbüro

Ul. 41 br. | Tel. 0 20/81 36 19 | www.tzvelaluka.hr

INSEL LASTOVO

F/G 6

800 Einwohner

Die Insel blickt auf eine wechselvolle Geschichte unter verschiedenen Mächten zurück und wurde stets als strategischer Außenposten in der Adria betrachtet. In illyrischer Zeit hieß die Insel Ladesta, die Römer nannten sie Augusta Insula. Im 6. und 7. Jh. wurde die Insel kroatisch, später geriet sie unter die Herrschaft der Venezianer. Im Jahre 1310 schlossen sich die Lastover der Republik Ragusa an, bei der sie bis zur napoleonischen Zeit blieben. In Folge des Wiener Kongresses 1815 fiel die Insel an die österreichische Monarchie und blieb dort bis nach dem Ersten Weltkrieg. Danach wurde Lastovo der italienischen Enklave Zara (heute Zadar) zugeschlagen. 1943 schloss sich die Insel Jugoslawien an. In der Historie erwiesen sich die Lastover oft als widerspenstig und aufsässig. Sie versuchten stets, ihre Eigenheiten und Privilegien zu bewahren, und betätigten sich nicht selten als Piraten. Noch heute pflegt die Bevölkerung eine tief verwurzelte Unabhängigkeit. Insbesondere die Fischer der Insel betreiben den Fang von Langusten, Hummern und Fischen nach eigenen Gesetzen, die mit den Vorgaben der offiziellen Bürokratie wenig gemein haben. Ein blühender Schwarzhandel ist üblich.

Der im Zentrum gelegene Hauptort heißt gleichfalls Lastovo. Hier haben einige Kirchen aus dem späten Mittelalter überdauert. Nördlich der Ortschaft führt ein Weg hinunter zur Bucht und zum Strand Zaklopatica. Nach Süden hin kann man wandernd die winzige Küstenortschaft Skrivena Luka erreichen. Zu Fuß gelangt man auch zu den einsamen Buchten im äußersten Osten der Insel.

Ubli, die in einer Bucht gelegene Ortschaft im Westen Lastovos, war historisch stets ein Handels- und Fischereihafen. In den Gewässern nahebei fanden Experten Sarkophage und andere Relikte aus römischer Zeit. Während der italienischen Herrschaft wurde der Hafen ausgebaut. Heute kommt hier die Fähre aus Split, Hvar und Vela Luka an. Ein Katamaran-Schnellboot verbindet Ubli mit Dubrovnik. Attraktive Tauchreviere und Strände liegen nördlich von Ubli bei dem Küstenwei-

Vom Struga-Leuchtturm auf der Insel Lastovo (▶ S. 124) blickt man hinab auf die Bucht mit der kleinen Ortschaft Skrivena Luka. Im Leuchtturm kann man wohnen.

ler Pasadur. Wer über ein Boot verfügt und sich von Ubli westwärts bis zur Insel Kopište begibt, findet dort nicht wenige windgeschützte Buchten, in einigen gibt es sogar kleinere, ruhige Sandstrände.

In den wenigen Restaurants und Tavernen der Insel werden den Gästen vornehmlich Hummer und Langusten aus den Gewässern in der Umgebung der Insel empfohlen. Wer sich für eine solche exquisite Köstlichkeit entscheidet, sollte vorher den zu entrichtenden Endpreis unmissverständlich absprechen. Oft werden von den Gastronomen Ungefähr-Preise angedeutet, die am Ende drastisch überhöht ausfallen. Zum Archipel von Lastovo zählen nach offiziellen Angaben auch 44 unbewohnte Inseln, Felsen und Klippen. Der gesamte Archipel inklusive der bewohnten Insel Lastovo sowie der ebenfalls bewohnten Insel Sušac wurde als Naturpark ausgewiesen und entsprechend unter Schutz gestellt. Zum Park zählen rund 53 km^2 Land- und Küstengebiete sowie 143 km^2 Meeresfläche. Der im Jahr 2006 etablierte Naturpark Lastovo-Archipel gilt als jüngster Naturpark Kroatiens.

ÜBERNACHTEN

Solitudo

Tauchreviere in der Nachbarschaft – Das schon in jugoslawischer Zeit etablierte Hotel wurde vor wenigen Jahren modernisiert und erweitert. Das Gebäude liegt im äußerst stillen Weiler Pasadur 20 m vom Strand entfernt und ist insbesondere bei Tauchern beliebt. Nahebei erstrecken sich interessante Tauchgründe mit versunkenen Wracks und einer artenreichen Meeresflora und -fauna. Angeschlossen ist eine Tauchschule sowie ein Restaurant, in dem vor allem Fischgerichte und gegrillte Fleischspezialitäten serviert werden. Auch der inseltypische Maraština-Weißwein wird hier ausgeschenkt. Hauseigener Landungssteg, Sauna, Jacuzzi, Pianobar. Zimmer und Serviceeinrichtungen können das Flair aus der jugoslawischen Epoche nicht verleugnen. Das gilt auch manchmal für die Dienstleistungen des Personals.

Pasadur bb | Tel. 0 20/80 21 00 | www.hotel-solitudo.com | 73 Zimmer | €€

SERVICE

AUSKUNFT

Fremdenverkehrsbüro

Lastovo | Pjevor bb | Tel. 0 20/80 10 18 | www.tz-lastovo.hr

Naturparkverwaltung

Hier kann man auch während der Sommersaison naturkundliche Ausflüge und Touren für Gruppen buchen.

Ubli | Trg Svetog Petra 7 | Tel. 0 20/80 12 52 | www.pp-lastovo.hr

Info-Punkt zum Naturpark

Ubli | Obala lastovskih ribara bb | Tel. 0 20/80 10 24

HALBINSEL PELJEŠAC

OREBIĆ

G5

1500 Einwohner

Die Küstenortschaft Orebić liegt an der Südseite der Halbinsel und gehört zur Gespanschaft Dubrovnik-Neretva. Die Kleinstadt ist durch den Pelješki-Kanal von der Insel Korčula getrennt und war einst die Heimat berühmter Seefahrer. Zeugnis davon geben einige prachtvolle Häuser ehemaliger Kapitäne, die sich in Orebić niedergelassen hatten. Auch das Seefahrtmuseum dokumentiert auf anschauliche Weise die maritime Vergangenheit. Orebić gehörte von 1343 bis zu ihrem Untergang der Republik Ragusa an. Vor allem im 17. und 18. Jh. vertraute die Republik erfahrenen Kapitänen aus Orebić ihre Handelsschiffe an. Zur Glanzzeit dieser maritimen Karriere wurde das 19. Jh. 1865 wurde die Schifffahrtsgesellschaft von Pelješac gegründet, in der die Kapitäne von Orebić eine maßgebliche Rolle spielten. Eine besonders einflussreiche Kapitänsfamilie hieß Orebić, darauf soll der Name der Ortschaft zurückgehen.

In der Gegenwart ist die Fährverbindung nach Korčula von Bedeutung. Wegen der reizvollen Lage am Pelješki-Kanal haben sich nahebei einige Hotels, Campingplätze, Restaurants und Surfschulen etabliert. Die Ortschaft wird überragt vom 961 m hohen Sveti Ilija, der höchsten Erhebung der dalmatinischen Inselwelt. Die gesamte Gebirgsregion um den Sveti Ilija eignet sich vorzüglich für Wanderungen und naturkundliche Ausflüge. Vom Gipfel eröffnet sich ein wahrlich grandioser Blick auf das Festland und die adriatischen Inseln (▶ S. 164).

SEHENSWERTES

Kapitänshäuser

Vor allem im 19. Jh. avancierte die Küstenortschaft zu einem beliebten Wohnort für erfolgreiche Kapitäne und andere Seefahrer. Viele von ihnen ließen sich prächtige Häuser und Villen erbauen, umgeben von üppigen Gärten. Sehenswerte Häuser aus dieser Zeit liegen nahe der Obala Pomoraca bzw. Šetalište Maršala Tita zwischen der Fähranlegestelle und dem beliebten Kieselstrand Trstenica.

Uralte Zypressen

Etwa 2 km westlich von Orebić haben am Hang oberhalb des Grand Hotel Orebić (ehemals Hotel Rathaneum) Zypressen überdauert, die 300, 400 Jahre oder noch älter sind. Die ältesten Exemplare befinden sich nahe der kleinen Kapelle Gospa od Karmena, die westlich der Ortschaft am Hang liegt. Die Kapelle stammt aus der ersten Hälfte des 17. Jh. Die Umgebung der Kapelle zählt zu den verwunschensten und friedlichsten Orten weit und breit. Hier kann man die Seele baumeln lassen und sich in längst vergangene Zeiten hineinträumen.

MUSEEN UND GALERIEN

Franziskanerkloster (Franjevački samostan)

Das Franziskanerkloster, erbaut im Jahr 1470, liegt einige Kilometer westlich der Stadt an einem Hang mit einem wundervollen Blick über das Meer, die kleinen Inseln und die gegenüberliegende Stadt Korčula. Zwischen den Hotels am Adria-Ufer führt eine Asphaltstraße (ausgeschildert) hinauf

Blick in eine Gasse von Orebić (▶ S. 126) auf der Halbinsel Pelješac. Der hübsche Ort eignet sich auch als Ausgangspunkt für Ausflüge ins interessante Hinterland.

zum Kloster. Rings um den Innenhof zeigt eine Sammlung historische Modelle von Last- und Segelschiffen, Porträts von Seefahrern aus Orebić, Seekarten und Gemälde von Schiffen. Ausgestellt ist auch eine interessante Fotografie, die Orebić, den Monte Vipera – so hieß der Sveti Ilija seinerzeit – und das umgebende Bergland im Jahre 1885 zeigt. Im erst Anfang 1999 renovierten Refektorium sind historische Gemälde zu sehen. Sehenswert ist der alte Friedhof, auf dem auch zahlreiche Seefahrer und Kapitäne aus Orebić bestattet sind.

Westl. der Stadt | Mo–Sa 9–12 und 16–19, So 16–18 Uhr | Eintritt 10 Kuna

Die geballte Pracht der dalmatinischen Inselwelt 10

Vor dem Franziskanerkloster von Orebić wenden Sie sich der Adria zu. Welch ein Ausblick, ein Überblick auf die Altstadt von Korčula und das blaue Wasser (▶ S. 14)!

Meeresmuseum (Pomorski muzej)

Das Meeres- und Seefahrtmuseum existiert bereits seit 1957. Vorgestellt werden nautische Instrumente, Gemälde von Seefahrern, Kapitänen und Schiffen, historische Schiffsmodelle. Zu sehen sind auch originelle Objekte, die von den Seefahrern aus diversen Kontinenten mit nach Hause gebracht wurden. Vor allem begreift man hier die immense Bedeutung der 1865 gegründeten Schifffahrtsgesellschaft von Pelješac, die der gesamten Halbinsel Wohlstand und Bedeutung bescherte.

Blick über das Franziskanerkloster in Orebić (▶ S. 127). Im Inneren des Klosters erwarten den Besucher eine Sammlung historischer Schiffe sowie Gemälde und Fotografien.

Zwischen 1865 und 1887 besaß die besagte Schifffahrtsgesellschaft die größte Handelsflotte des gesamten Mittelmeeres und agierte auf nahezu allen Weltmeeren.
Die maritime Wichtigkeit von Orebić drückte sich bis zur Mitte des vergangenen Jahrhunderts auch darin aus, dass alle großen Passagier- und Handelsschiffe bei der Fahrt durch den Kanal von Pelješac die Flagge senkten und mit einem dreifachen Heulen der Schiffssirenen herübergrüßten.
Trg Mimbelli bb | Tel. 0 20/71 30 09 | Mo–Fr 9–12 und 17–20 Uhr, Sa, So nach Vereinbarung | Eintritt 10 Kuna

ÜBERNACHTEN

Indijan

Grandiose Terrasse mit Weitblick – Das erst wenige Jahre existierende Vier-Sterne-Boutique-Hotel direkt am Meer wird von der Familie Indijan geführt und hat sich nicht zuletzt bei ausländischen Gästen einen guten Namen gemacht. Komfortable Ausstattung der Zimmer, nicht alle (!), aber die meisten verfügen über eine angenehme Aussicht auf das Meer und die Stadt Korčula. Überdachtes Schwimmbecken, Spa, Sauna, Whirlpool, Anlegemöglichkeit für kleinere Jachten. Zimmer mit Internetverbindung und Sat-TV, Parkplatz. Angeschlossen ist ein niveauvolles Restaurant mit einem opulenten Angebot an Pelješac-Weinen und anderen Weinen aus Kroatien. Ein Kleinod der Lokalität ist die Terrasse. Von hier erfreut man sich an weiten Blicken über das Meer und die vorgelagerten Inseln.
Škvar 2 | Tel. 0 20/71 45 55 | www.hotelindijan.hr | 10 Zimmer | €€€

Orsan

Schöne Blicke nach Korčula – Das Hotel wurde 1998 komplett renoviert. Schöne Lage wenige Kilometer außerhalb des Ortes direkt am Meer. Eigener Kieselstrand. Großer Pool, Bar, Grünanlagen, Fahrradverleih, vier Tennisplätze, Volleyballplatz und Surfing. Modern eingerichtete Zimmer mit Heizung. Spezialprogramme und Angebote für Kinder. Freundliches Personal. Das Hotel ist ein gutes Beispiel für eine sinnvoll vorgenommene Modernisierung sowie für eine kundenfreundliche und engagierte Leitung. Auch für Wanderer geeignet, die die Bergregion in der Umgebung des Sveti Ilija erkunden möchten. Einer der reizvollsten Wanderwege beginnt in der Nähe des Hotels.
Kralja Petra Krešimira IV 199 | Tel. 0 20/71 31 93 | www.orebic-hotels.hr | 94 Zimmer, 3 Apartments | €€€

Villa Antonio

G5

Traumhafter Weitblick – Das nahe Orebić an der Küste der Halbinsel Pelješac gelegene Hotel ist ein Familienhotel, und man spürt in der Einrichtung allerorten den persönlichen Geschmack der Eigentümer. Beeindruckender Clou des Hotels ist ein großer Außenpool mit geräumiger Terrasse. Von hier genießt man weite Blicke über das Meer und die benachbarte Insel Korčula. Diese Aussichten vom Zimmer oder von der Poolterrasse machen einen Großteil des Charmes der Villa Antonio aus. Familienfreundliche Atmosphäre. Die Eigentümer organisieren bei Bedarf Ausflüge nach Dubrovnik, Korčula oder Mljet. Delikates, frisch zubereitetes Essen.

Postup 48 (bei Orebić) | Tel. 0 20/ 71 34 64 | www.castle-antonio.net | 28 Zimmer | €€€

ESSEN UND TRINKEN

RESTAURANTS

Konoba Pelješki Dvori

Volkstümliches Ambiente – Gemütliche Atmosphäre, rustikale Einrichtung, schöne Terrasse. Pikante Gavrilović-Salami aus Slavonien, deftige Fleischgerichte vom Grill, diverse Käsesorten und Risottos. Rund ein Dutzend vor allem regionale Weine. Mittleres kulinarisches Niveau, angemessene Preise.

Obala Pomoraca 36 | Tel. 0 20/71 33 29 | Okt.–Feb. geschl. | €

CAFÉS

Croccantino G5

Die nahe von Fährstation und Postamt gelegene Lokalität führt ausgefallene, stets frisch zubereitete Eissorten, die auf der Basis natürlicher Zutaten hergestellt werden. Zudem Torten und Kuchen, die ebenfalls durch Frische und aromatische Originalität überzeugen. Terrasse mit Meerblick. (▶ S. 17)

Orebić (Halbinsel Pelješac) | Obala pomoraca 30 | Tel. 0 20/71 44 16, mobil 0 98/1 65 07 77

EINKAUFEN

Korta Katarina G5

Avantgardistisches Weingut unter Leitung der US-amerikanischen Eigentümer Lee und Penny Anderson. In den mondänen Räumlichkeiten des Weinkellers können Besucher nach Voranmeldung an Weinproben teilnehmen und die hauseigenen Weine kaufen. Hohes Qualitäts- und Preisniveau. Sehenswerte Architektur. Beliebt bei Wassersportlern, die vor dem Gebäude ankern können, um diese hochmoderne Institution zu besichtigen und die eigenen Weinvorräte aufzufüllen. Dieses außergewöhnliche Weingut hat es sich zum Ziel gesetzt, Besuchern die Besonderheiten der Pelješac-Weine zu erläutern und durch überdurchschnittliche Qualitäten nahezubringen.

Bana J. Jelačića 3 | Tel. 0 20/71 38 17 | www.kortakatarinawinery.com | Mo–Fr 8–16 Uhr

SERVICE

AUSKUNFT

Fremdenverkehrsbüro

Zrinsko-frankopanska 2 | Tel. 0 20/ 71 37 18 | www.tz-orebic.hr oder www.visitpeljesac.com

Lieferservice für Pelješac-Weine H5

Im Zentrum der Halbinsel Pelješac werden die Trauben für äußerst renommierte Rotweine kultiviert. Weit über Dalmatien hinaus sind vor allem die Lagen Dingač, Postup, Potomje und Ponikve bekannt. Hier reifen vor allem rote Plavac-Mali-Trauben. Bei den Weißweinen dominiert die Rebsorte Rukatac. Ein neuerer Service organisiert die Lieferung. Einzelheiten werden telefonisch abgesprochen. Der Versandservice schließt die Produkte von allen Pelješac-Winzern ein und gilt für Rot- und Weißweine.

Tel. 0 20/74 25 23 | www.plavacdingac.com

Taxi Josip

Sympathischer und professioneller Service für Taxifahrten, Ausflüge oder

Die Stadt Ston (▶ S. 132) ist bekannt für ihre Salzgewinnung, die schon seit der Antike betrieben wird. Im Hintergrund sind die Salzgärten zu sehen.

sonstige Transportdienstleistungen für Einzelpersonen und Gruppen. Alles unter der zuverlässigen Leitung von Josip Prižmić, der auch Deutsch spricht.
Šetalište K. Domagoja 48 | Tel. 0 20/71 32 21, mobil 0 98/1 69 86 87

Ziele in der Umgebung

◎ KUNA H 5

220 Einwohner

Die winzige, von mediterraner Ländlichkeit geprägte Ortschaft liegt etwas abseits der Durchgangsstraße am Rand eines Gebirgszuges. Besucher gelangen eher selten hierher. Manchmal kreuzen Wanderer den Ort, ansonsten herrschen hier Stille und Gemächlichkeit.
17 km östl. von Orebić

ESSEN UND TRINKEN

Antunović

Deftige ländliche Delikatessen – Die ebenso urige wie gemütliche Konoba wird von vielen Besuchern als bedeutendste Attraktion der Ortschaft wahrgenommen. Hier speist man auf unverfälscht ländliche Art und trinkt typische Pelješac-Weine dazu.
Am Abend erreicht die Geselligkeit ihren Höhepunkt. Bestellen Sie einen

Tisch für 21 Uhr. Manchmal wird auch noch nach 23 Uhr getrunken, geplaudert und gelacht.
Duba | Ortszentrum (ausgeschildert) | Tel. 0 20/74 20 35 sowie 0 20/74 21 01 und mobil 0 98/1 70 15 11 | www.opgantunovic.hr | in der Saison tgl. 12–23 Uhr | €/€€

NAKOVANA G5

Oberhalb des winzigen, zwischen Viganj und Lovište im Westen der Halbinsel gelegenen Weilers wurde im Jahr 1999 eine Höhle entdeckt, in der sich ein illyrisches Heiligtum aus hellenischer Zeit (4.–1. Jh. v. Chr.) befindet. Mehr als 2000 Jahre war der Eingang der Höhle verschüttet. Die Archäologen fanden in einem riesigen Höhlensaal Keramikbecher, Krüge, Teller, Amphoren und Geschirr. Offenbar fanden in der Höhle rituelle Bankette und Opferzeremonien statt. Die Höhle von Nakovana (Spilja Nakovana) gilt als bedeutendstes illyrisches Heiligtum in Dalmatien. Die Forschungen dauern an, daher kann die Höhle noch nicht besichtigt werden. Infos sowie Tipps für sportliche Aktivitäten und touristische Unternehmungen findet man unter www.nakovana.com bzw. www.viganj.org.
12 km westl. von Orebić

STON H5

800 Einwohner

Die Ortschaft besteht aus den beiden Ortsteilen **Mali Ston** und **Veliki Ston**. Sie liegt an der Landenge, die Pelješac mit dem Festland verbindet. Bedeutend ist hier seit vielen Jahren die Muschel- und Austernzucht. Selbst aus Zagreb oder aus größeren Städten des Hinterlandes kommen Feinschmecker angereist, um hier frische Austern, Miesmuscheln und andere Meeresfrüchte zu genießen. In der Umgebung wird Meersalz gewonnen. Lohnend ist ein Spaziergang durch die mittelalterliche Altstadt von Veliki Ston.
40 km südöstl. von Orebić

SEHENSWERTES

Wehrmauer

Im 14. Jh. wurden Mali und Veliki Ston durch die Republik Dubrovnik planmäßig angelegt und mit Wehrmauer, Wachtürmen, Bastionen und anderen Verteidigungsanlagen ausgestattet. Die nahezu 6 km lange, imposante Wehrmauer mit begehbarer Mauerkrone ist erhalten und verbindet beide Ortsteile miteinander. Die historischen Gebäude in Veliki Ston wurden teilweise beim Erdbeben 1996 beschädigt.
In der Saison 8–19.30 Uhr | Eintritt 30 Kuna, Kinder 20 Kuna

ÜBERNACHTEN

Ostrea

Austern in der Nachbarschaft – Das kleine, angenehme Hotel besteht seit 1998 und liegt nahe der Muschel- und Austernzuchtanlagen in Mali Ston. Engagierter, niveauvoller Service unter Leitung der Familie Kralj. Parkplatz, Bar. Im Erdgeschoss befindet sich das Restaurant Mlinica mit schönem Blick auf die Bucht und einem vorzüglichen Angebot an Meerestieren. Die Chefköchin Lidija Kralj gewann schon Preise und bürgt mit ihrer Reputation für überdurchschnittliche Leistungen.
Mali Ston | Tel. 0 20/75 45 55 | www.ostrea.hr | 13 Zimmer, 1 Zwei-Zimmer-Apartment | €€€

ESSEN UND TRINKEN

Kapetanova Kuća

Garantiert frische Meeresfrüchte – In der Nähe des Hotels Ostrea in Mali Ston gelegen, ebenfalls von der Familie Kralj (seit 1986) geführt.

Mali Ston | Tel. 0 20/75 45 55 und 75 42 64 | www.ostrea.hr | in der Saison tgl. 12–23 Uhr | €€

Vila Koruna ▸ S. 31

SERVICE

AUSKUNFT

Fremdenverkehrsbüro

Pelješki put 1 | Tel. 0 20/75 44 52 | www.ston.hr

TRPANJ G/H 5

500 Einwohner

Der kleine Ort liegt in einer Bucht an der Nordküste. Dahinter erhebt sich eine Gebirgskette. Die heutige Bedeutung von Trpanj ist mit der Fährverbindung Trpanj–Ploče verbunden. Ehe die Autofähre anlegt, erfüllt ein gewisser Trubel die Ortschaft. Bauern aus der Umgebung verkaufen Wein, Käse, Obst oder getrocknete Feigen. In den Bars und Restaurants warten Passagiere darauf, dass sie von der Fähre ans Festland nach Ploče (Autobahnanschluss) gebracht werden. Kaum hat die Fähre abgelegt, kehrt wieder die übliche Ruhe und Gelassenheit ein.

10 km nordöstl. von Orebić

VIGANJ G 5

350 Einwohner

Zwischen Bauerngärten liegt die kleine Küstenortschaft Viganj. Auch hier waltet eine lange Seefahrertradition. Berühmt ist der Ort heute – ähnlich wie die Nachbarortschaft Kućište – bei Hobbysurfern; die Windbedingungen im Pelješki-Kanal zwischen Viganj und der Nachbarinsel Korčula sind äußerst günstig. Deshalb fanden hier bereits große, auch internationale Surfwettbewerbe statt. Eine mehrmals täglich verkehrende Personenfähre verbindet Viganj mit Korčula-Stadt auf der gegenüberliegenden Insel Korčula. Von Viganj aus führt die Straße durch das Gebirge bis zur ganz im Westen gelegenen kleinen Küstenortschaft Lovište. Nahe Viganj beginnen Wanderwege zur Gipfelregion des 961 m hohen Sveti Ilija (▸ S. 164)

7 km westl. von Orebić

ÜBERNACHTEN

Mirina ▸ S. 25

SERVICE

AUSKUNFT

Fremdenverkehrsbüro

Viganj bb, an der Uferstraße (für Viganj und Kućište) | Tel. 0 20/71 92 95, 71 37 18 sowie 0 20/71 31 23 (nur in der Saison besetzt)

Wollen Sie's wagen?

Wann haben Sie zuletzt eine Nachtwanderung unternommen? Wenn Sie auf der Halbinsel Pelješac abends in der Ortschaft Ston losgehen, könnten Sie morgens zum Frühstück in Janjina oder Potomje ankommen. In Sommernächten ist auf der Straße kaum Verkehr. Am Sternenhimmel geht es weit betriebsamer zu. Wann geht's also los?

Im Fokus

Frische Brisen und wilde, brausende Stürme

Der Maestral haucht dem heißen Sommertag Frische ein. Er ist ein »guter« Wind und erfreut die Wassersportler. Wenn der Jugo weht, schreien die Katzen besonders laut. Auch sonst wird ihm Böses nachgesagt. Tramontana und Bora sind noch wilder.

Gerade im Süden Dalmatiens ist im Hochsommer die Hitze nur schwer erträglich. Es gibt aber eine Instanz, die Linderung verschafft und daher bei allen, Urlaubern wie Einheimischen, beliebt ist. Morgens zwischen 9 und 10 Uhr kommt plötzlich aus nordwestlicher Richtung Wind auf, erst zaghaft, dann sich stetig steigernd. Um die Mittagszeit weht er kräftig. Und am Nachmittag steigert er sich noch einmal, ehe er abends kurz vor Sonnenuntergang so plötzlich verschwindet, wie er am Morgen gekommen ist. Danke Maestral, könnte man hinterherschicken und sich noch einmal daran erinnern, wie segensreich er die Schwüle gemäßigt hat.
Segler und andere Wassersportler preisen den Maestral als »guten« Wind. Sobald er morgens seine Tätigkeit aufnimmt, verlassen die Segelboote den Hafen und stechen in See. Auch die Paddler, Surfer oder Taucher wissen: Schönes Wetter, heute kann man etwas unternehmen, es wird ein

◀ Auf einem Törn zu den Kornaten hofft man auf den Maestral (▶ S. 134).

guter Tag. Experten bezeichnen ihn als thermischen Tageswind, der durch die unterschiedlich schnelle Erwärmung von Meer und Land verursacht wird. Am Tag erwärmt sich die Oberfläche des Festlandes zügiger als die des Meeres. Dadurch steigen Luftströmungen über dem Land auf, die später über dem Meer wieder nach unten strömen und so einen geschlossenen Kreislauf bilden. Begleitet wird der Maestral oft von weißen Wolken. Seine Saison dauert von Frühling bis Herbst, am häufigsten zeigt er sich im Juli und August. Dann jubilieren die Surfer in der Meerenge zwischen Pelješac und Korčula oder zwischen den Inseln Brač und Hvar: danke Maestral!

DER WIND SCHLÄGT AUFS GEMÜT

Es gibt aber auch Tage, da weht ein anderer Wind, einer, der keineswegs erfrischt und munter macht. Stunde um Stunde fällt das Barometer, die Luft wiegt schwer, fast bleiern. Manchmal bringt der Wind Wolken und Regen, überdies eine diesige Schwüle. Ein anderes Mal kommt er trocken daher, angefüllt mit staubiger heißer Luft. Jugo, ächzen dann die Dalmatiner und spüren, wie der Wind Schlaffheit, Trägheit und Unwohlsein mit sich bringt. Was wird dem Jugo nicht alles nachgesagt: Er hängt den Menschen Bleikugeln an; er sät Zwietracht, Heimtücke, Eifersucht, Lüge und Wut; er ruft Herzschmerzen, traurige Gedanken, Melancholie und Unbeherrschtheit hervor. Angeblich ist er dafür verantwortlich, wenn es unter Jugendlichen oder Matrosen zu Raufereien kommt. Manchmal hört man aber auch, dass er Anfälle von Verliebtheit hervorruft.

Wie der Name schon verrät, kommt der Jugo aus südlicher, manchmal aus südöstlicher Richtung. Andernorts wird er als Schirokko bezeichnet. Immer führt er zu fallendem Luftdruck, weil er mit einem Tiefdruckgebiet über der Adria einhergeht. Meist startet er als trockener Wind in Nordafrika und weht von dort nordwärts. Fischer und Segler wissen: Er entwickelt sich langsam, baut sich nach und nach auf, mit einiger Erfahrung kann man zwei oder drei Tage vorher mit Sicherheit ankündigen, dass es Jugo geben wird. Meist weht er gleichmäßig, nicht selten eine ganze Woche lang, im Winter sogar länger. Wenn er als trockene Variante heraufzieht, verbreitet er heiße Luft aus der Sahara. Es kann aber auch vorkommen, dass er sich unterwegs über dem Mittelmeer mit Feuchtigkeit auflädt. Dann bringt er selbst im Sommer Bewölkung und Regen.

Immerhin halten ihm Segler zugute, dass er gleichmäßig weht, also nicht zu unvorhersehbaren Sturmanfällen neigt. Er kommt in kleinen Schritten und flaut langsam wieder ab. Das macht ihn eher ungefährlich.
»Die Tramontana ist kühl. Kommt mit frischem Atem von den Bergen herunter und schmeckt nach Stein, Schatten, Schlucht, Gesinter, herben Kräutern … Sie hat in der Stimme das Gepolter von Felsbrocken … Tramontana bedeutet: in den Mantel schlüpfen, einen Schal um den Hals knüpfen, ein Feuer im offenen Kamin entfachen, das Stelldichein auf dem Parkweg absagen, nicht mehr vor dem Café sitzen, sondern im verräucherten Gastzimmer«, so äußert sich der deutsche Schriftsteller Anton Schnack und ergänzt: »Die Tramontana putzt in der Nachtzeit die Sterne blank … Sie hat die abgerissenen Blätter der Eichen, der Weißbuchen, des Dornstrauches, der Kastanien und des Ahorns in den Händen und schleift sie als wirbelnde Girlanden hinter sich drein.«

DAS WETTER SCHLÄGT UM

Die Dalmatiner wissen genau, was sie von diesem aus nördlicher oder nordwestlicher Richtung wehenden Wind zu erwarten haben: vor allem kühle Luft. Normalerweise weht die Tramontana mit mittlerer Stärke. Ab und zu kann sie sich aber durchaus zu Böen und kräftigen Stößen aufschwingen. Stets bleibt sie kühl. Manchmal schleift sie klares schönes Wetter herbei oder kündigt zumindest eine Schönwetterfront an. Es kommt aber auch vor, dass sie eine Verschlechterung des Wetters herbeiführt. Dann folgen unfreundliche Windböen und heftige Regenschauer. Im Herbst und Winter kann das geschehen. Dann lässt man besser sein Boot im Hafen, fährt nicht hinaus und spricht den Schuldigen so aus, wie es in Dalmatien üblich ist: Tramuntana (also mit u statt mit o).
Schuld kann aber auch ein anderer Wind sein. Etwa der Lebić, auch so eine eher ungemütliche Erscheinung, die schon manchen Fischer oder Segler in Bedrängnis gebracht hat. Oft spielt sich der Lebić auf, wenn sich ein Tief über dem Mittelmeer nach Osten verlagert und sich auf die kroatische Küste zubewegt. Nach dem Abklingen des Jugos kann es dazu kommen. Plötzlich schieben sich von Südwesten Luftmassen heran. Es kommt zu wuchtigen, unberechenbaren Böen. Mit einem Mal wirbelt ein Sturm herbei und peitscht das Wasser zu Kreuzwellen auf. Es ist schon vorgekommen, dass der Lebić Unmengen von Wasser in nach Südwesten offene Buchten gedrückt und dort gefährliche Überschwemmungen verursacht hat. Segler fürchten diesen launigen, zu Jähzorn und Unbeherrschtheit neigenden Wind. Glücklicherweise hat er keinen langen

Atem. Nach wenigen Stunden hat er sich verzogen. Er kann Boote aus der Verankerung reißen, Salzkörner und Sand durch die Luft wirbeln, Muschelschalen und Seeigel an den Strand spülen. Steigert er sich ins Extreme, spricht man von Lebićada. In Italien nennt man ihn Libeccio.
Es gibt aber im Bereich der kroatischen Adria einen Wind, der an Stärke, Wildheit und Gefährlichkeit alle anderen übertrumpft. Wir stehen am Hafen und blicken zum Himmel. Aljoša hat das Boot vorbereitet, wir wollen von Korčula aus hinüber zur Insel Mljet. Mit einem Mal baut sich über den Bergen der benachbarten Halbinsel Pelješac ein düsteres Gewölk auf. Der Himmel verfärbt sich. Schwarze, dunkelgraue, eisblaue und grünliche Tönungen fließen ineinander. Langsam bewegt sich die düstere Himmelswalze auf uns zu. Auch das Meer verfärbt sich, es dunkelt, nimmt fast einen schwarzen Farbton an. Der Wind wird stärker und peitscht die See. Salz und Gischt taumeln durch die Luft.

UNERBITTLICH HEULT DER WIND

»Das wird heute nichts«, sagt Aljoša, »burra.« Wenig später fliegen leere Pappkartons durch die Luft. Es wird immer düsterer, stürmischer. Mülltonnen fallen um. Im Hafen vertäute Boote schlagen gegeneinander. Von irgendwo hört man, wie eine Glasscheibe zu Bruch geht. Hunde rennen panisch davon. Wir stemmen uns gegen den Sturm, erreichen das Haus, betrachten durch das Fenster, wie draußen das Unwetter wütet.

MIT DER BORA IST NICHT ZU SPASSEN

Bora ist der offizielle Name. Burra sagen die Dalmatiner. Sie entsteht als Fallwind, wenn eiskalte Luftmassen aus dem kroatischen Hinterland auf die lauwarme Adria treffen. Dann rast die Bora durch die Karsttäler der Küstengebirge auf das Meer zu, wo es im Herbst, Winter und Frühling, seltener im Sommer zu explosionsartigen Entladungen kommt. Der schwere Sturm braust meist nicht länger als drei Tage, währenddessen kann er Schiffe in Seenot bringen, Häuser abdecken, Bäume entwurzeln. Besonders massiv stürmt er durch die Karstschlucht oberhalb der Ortschaft Senj, außerdem bei Novigrad, Šibenik, Split, Omiš oder an der Makarska Riviera. Wer die Bora einmal in ihrer rohen Gewalttätigkeit erlebt hat, wird sich beim nächsten Mal rechtzeitig in Sicherheit bringen. Nicht wenige Wassersportler, die die Bora unterschätzten, mussten dafür mit dem Leben bezahlen. Immerhin, so sagen die Dalmatiner, reinigt die Bora die Luft und fegt nach schwülheißen Sommermonaten jeglichen Unrat davon.

DUBROVNIK UND UMGEBUNG

Das einzigartige Altstadtensemble innerhalb von Festungsmauern mit Klöstern, Kirchen und Palästen erweist sich Jahr um Jahr als Besuchermagnet. Doch Dubrovnik hat auch ein lebhaftes Nachtleben mit schönen Restaurants und Cafés zu bieten.

Die Altstadt von Dubrovnik 8, von der UNESCO im Jahr 1979 als Weltkulturerbe eingestuft, entstand zwischen dem 12. und 17. Jh. Sie ist seit Langem ein klassisches touristisches Besuchsziel an der Adria. Das städtebauliche Ensemble geht weitgehend zurück auf die Zeit der unabhängigen Stadtrepublik Ragusa. Sie dauerte mehrere Jahrhunderte und stand vom 14. bis 16. Jh. im Zenit ihrer Blüte. In den vergangenen Jahren haben sich in der viel besuchten Altstadt neue Geschäfte, Cafés, Restaurants und touristische Agenturen angesiedelt. Viele würdige Bürgerhäuser sind restauriert worden. Wer den außerordentlichen Charme dieses Weltkulturerbes erleben möchte, findet die intensivste Inspiration am frühen Morgen – noch ehe die Heerscharen von Besuchern die Gassen füllen. Auch Sommerabende, oft mit spektakulären Sonnenuntergängen über dem Meer, sind geeignet für eine ungestörte Begegnung mit der Architektur

◀ Egal aus welcher Perspektive: Dubrovniks Altstadt (▶ S. 138) ist immer schön.

der Stadt. Ein Rundgang auf der beeindruckenden Stadtmauer (auch möglichst früh am Vormittag) rundet in jedem Fall die inspirierenden Eindrücke von Dubrovnik ab. Das Komfort- und Preisniveau der großen zentralen Hotels ist hoch, in der Hochsaison klettern die Preise auf ein ganz und gar überhöhtes Niveau. Der preisbewusste Besucher sollte sich gut überlegen, ob er nicht eine Unterkunft wählt, die außerhalb der Altstadt liegt. Dort stimmen die Preise normalerweise noch. Inzwischen wurde eine Dubrovnik Card (▶ S. 178) aufgelegt; mit ihr erhält der Gast Vergünstigungen in Museen, Restaurants und Geschäften sowie beim Besuch der Altstadtmauer.

ERHOLSAMER INSELURLAUB

Von Auslandstouristen weit weniger besucht werden die Küstenbereiche und Inseln in der Umgebung. Dabei können die kleinen vorgelagerten Inseln mit einem erheblichen Erholungspotenzial aufwarten.

DUBROVNIK

J6

50 000 Einwohner

Stadtplan ▶ S. 141

SEHENSWERTES

1 Dominikanerkloster (Dominikanski samostan i crkva)

Am Sponza-Palast vorbei führt eine Gasse entlang der Festungsmauer zum monumentalen Dominikanerkloster, mit dessen Bau schon im frühen 14. Jh. begonnen wurde und der ein typisches Beispiel dalmatinischer Baukunst ist. Renaissance und Gotik arbeiten hier Hand in Hand. In der Klosterkirche ist ein beeindruckendes Gemälde zu sehen. Es stammt vom Maler Paolo Veneziano und stellt die Kreuzigung Christi dar. In einer Nische auf der rechten Seite bemerkt man die Skulptur einer Madonna. Sie stammt von dem berühmten kroatischen Bildhauer Ivan Meštrović. Auch der Kreuzgang und das angeschlossene Klostermuseum sind sehenswert. Es ist in der ehemaligen Klosterapotheke untergebracht und zeigt Kirchenkunst aus mehreren Jahrhunderten.

Sv. Dominika | tgl. 9–18 Uhr

2 Franziskanerkloster (Franjevačka crkva i samostan)

Das mittelalterliche Gebäude aus dem frühen 14. Jh. beeindruckt nicht zuletzt durch seinen Kreuzgang mit den filigranen Doppelsäulen. Im angeschlossenen Museum ist neben Goldschmiedearbeiten, historischen Stadtansichten und Gemälden eine originalgetreue Apotheke ausgestellt, eine der ältesten ihrer Art in Europa.

Poljana Paska Miličevića | in der Saison tgl. 9–18 Uhr | Eintritt 30 Kuna, Kinder 15 Kuna

3 Hauptstraße (Placa)

Die berühmte Flaniermeile zwischen dem Pile-Tor und dem Luža-Platz wird auch Stradun genannt. An beiden Flanken liegen zahlreiche Cafés und Geschäfte. Das glatt geschliffene Straßenpflaster stammt aus dem 15. Jh. Die Hausfassaden längs der Placa wurden von den Bürgern nach dem Erdbeben von 1667 einheitlich wieder aufgebaut. Die in den Kriegsjahren 1991/92 entstandenen Schäden (damals wurde Dubrovnik von serbischen Truppen beschossen) wurden ausgebessert und sind kaum noch zu bemerken.

4 Onofrio

Der sechseckige Brunnen nahe dem Pile-Tor (Vrata od Pila) ist nach seinem Erbauer, dem neapolitanischen Baumeister Onofrio della Cava, benannt. Das ursprüngliche Erscheinungsbild wurde durch ein Erdbeben im 17. Jh. stark beschädigt. Die heutige Konstruktion ist jüngeren Datums. Im 15. Jh. markierte der Brunnen mit der darunterliegenden Zisterne das Ende einer 12 km langen Wasserleitung. Ein kleinerer Brunnen von Onofrio della Cava ist mit Delfinen geschmückt und befindet sich beim Sponza-Palast am anderen Ende der Stradun. Er versorgte den dortigen Markt mit Wasser.

Placa

Sonnenuntergang 11

Fahren Sie rechtzeitig vor Sonnenuntergang mit der Seilbahn auf den Srđ und halten Sie Ausschau nach einem ruhigen Plätzchen. Es wird ruhig und besinnlich, wenn die Sonne in der Adria versinkt (▶ S. 15).

5 Rektorenpalast (Knežev dvor)

Der bedeutendste Profanbau der Stadt stammt aus dem 15. Jh. und diente während der Dubrovniker Republik als Wohnung des Rektors und Sitz des Großen und Kleinen Rats. Der ursprünglich gotische Palast wurde mehrfach nach Beschädigung mit Rekonstruktionen im Stil der Renaissance und des Barock wieder errichtet. Sehenswert sind vor allem der Innenhof, die barocke Treppe und das interessante Stadtmuseum (▶ S. 144) mit vielen Originalstücken aus der Zeit der Dubrovniker Republik.

Pred Dvorom 1 | in der Sommersaison 9–17 im Winter 9–14 Uhr | Eintritt 40 Kuna

6 Seilbahn

Von ihr kann man sich auf den Srđ, den über Dubrovnik gelegenen Gipfel einer Gebirgskette, befördern lassen. Der Blick von hier oben ist wahrhaft grandios. Man blickt auf die Altstadt und die vorgelagerten Inseln. An klaren Tagen kann man bis hinüber zur Insel Mljet sehen. Von dieser Warte den Sonnenuntergang über dem Meer zu erleben bereichert jeden Dubrovnik-Besuch.

SEHENSWERTES

1 Dominikanerkloster
2 Franziskanerkloster
3 Hauptstraße
4 Onofrio
5 Rektorenpalast
6 Seilbahn
7 Sponza-Palast
8 St.-Blasius-Kirche
9 Stadtmauer

MUSEEN UND GALERIEN

10 Aquarium
11 Ethnografisches Museum
12 Meeresmuseum
13 Museum im Dominikanerkloster
14 Stadtmuseum
15 War Photo Limited

ESSEN UND TRINKEN

16 Domino
17 Kamenice

EINKAUFEN

18 Markt

KULTUR UND UNTERHALTUNG

19 Caffé Bar Libertina
20 Troubadour Hard Jazz Caffé

TopTen

8 Altstadt

Momente

11 Sonnenuntergang

Nahebei erblickt man die Imperial-Festung, in der heute ein Museum an die Belagerung Dubrovniks und die kriegerischen Ereignisse in den Jahren 1991 bis 1995 erinnert. Wer die Fahrt mit der Seilbahn scheut oder sich einmal ein bisschen schweißtreibend sportlich betätigen möchte, kann auch auf einem etwas beschwerlichen Serpentinenweg zum Gipfel des Srđ aufsteigen.

Fahren Sie im Sommer rechtzeitig vor Sonnenuntergang hinauf und genießen Sie ihn von hier oben.

Abfahrt Ulica Kralja Petra Krešimira IV (Umgehungsstraße), nördl. der Altstadt gelegen | Tel. 0 20/32 53 93 | www.dubrovnikcablecar.com | Juni, Juli, Aug. 9–24, April, Mai, Sept. bis 20, im Winter bis 18 Uhr | einfache Fahrt 50 Kuna, hin und zurück 94 Kuna online

---

Wollen Sie's wagen?

Srđ heißt das Gebirgsmassiv oberhalb von Dubrovnik. Hier erlebt man den Sonnenuntergang besonders spektakulär. Sie können, statt mit der Seilbahn auf den Srđ zu fahren, sich ein Mountainbike leihen und auf einem Serpentinenweg hinauffahren. Würde Sie das reizen?

---

7 Sponza-Palast (Palaca Sponza)

Der am Luža-Platz gelegene Palast wurde in der Zeit zwischen 1506 und 1522 nach Entwürfen von Pasko Miličević geschaffen und vereinigt Elemente der Spätgotik und Renaissance. Die Brüder Andrijic aus der korčulanischen Bildhauerfamilie führten die Steinmetzarbeiten aus. Während der Dubrovniker Republik diente das Gebäude als Zollamt, Lagerhaus, städtische Münze und Gefängnis (Kellergeschoss). In einem Teil des Gebäudes wohnte der Rektor, in anderen Räumlichkeiten versammelten sich die Kaufleute. Heute ist hier das Archiv der Stadt Dubrovnik untergebracht.

Trg Luža

8 St.-Blasius-Kirche (Sveti Vlaho)

Die barocke Kirche am Luža-Platz aus dem frühen 18. Jh. ist dem heiligen Blasius, dem Schutzpatron der Stadt, gewidmet. Sehenswert ist seine vergoldete Silberstatue aus dem 15. Jh. Der Heilige hält ein Modell Dubrovniks in den Händen, das die Stadt vor den großen Zerstörungen durch das Erdbeben im Jahr 1667 zeigt.

Trg Luža

9 Stadtmauer (Gradske zidine)

Dubrovnik verfügt über einen geschlossenen Befestigungsring, der den Besuchern die Möglichkeit eröffnet, die Stadt zu Fuß zu umrunden und viele der Sehenswürdigkeiten, aber auch das normale Alltagsgeschehen in den Gassen von oben zu betrachten. Der Befestigungsring stammt größtenteils aus dem 15. Jh. Die Mauern erreichen eine Höhe von 25 m und sind bis zu 6 m dick. Der gesamte Befestigungsring ist 1940 m lang.

Von April–Okt. tgl. 8–19.30, ansonsten tgl. 10–15 Uhr | Eintritt Erwachsene 70 Kuna, Kinder 30 Kuna

MUSEEN UND GALERIEN

10 Aquarium

Im gleichen Gebäude (Sveti-Ivan-Festung) wie das Meeresmuseum untergebracht. Die Sammlung widmet sich der Flora, vor allem aber der Fauna des adriatischen Meeres. In den rund 30 Becken kann man Lebewesen aus der Adria betrachten: Kraken, Muränen, Muscheln, Schnecken, Seeigel, Seepferdchen. Eine der Schildkröten soll hier angeblich seit dem Jahr 1953 leben. Die Lebensbedingungen der hiesigen Tiere sind zumeist sehr beengt und wohl kaum artgerecht. Leider haben sich diese Missstände, auf die schon viele Besucher aufmerksam gemacht haben, immer noch nicht verändert. Öffnungszeiten etc. wie bei Meeresmuseum.

11 Ethnografisches Museum (Etnografski muzej)

Die Sammlung ist im historischen Getreidespeicher Rupe (16. Jh.) untergebracht, wo die Stadt im Mittelalter bis zu 1500 Tonnen Getreide einlagern konnte. Damals wurden vor allem Weizen, Gerste und Hirse in großen Steingefäßen aufbewahrt. Das Museum konzentriert sich auf das Brauchtum und traditionelle Handarbeiten aus der Region. Zu sehen sind auch typische Trachten, Spitzen und Textilien.

Od rupa 3 | im Sommer Mi–Mo 9–18, im Winter 9–16 Uhr | Eintritt 70 Kuna, Kinder und Studenten 25 Kuna

12 Meeresmuseum (Pomorski muzej)

Gelegentlich wird die Institution auch als Schifffahrtsmuseum bezeichnet. Gezeigt werden historische Funde aller Art aus dem Meer (Amphoren, Münzen, Keramik), dazu gehören Schiffsmodelle, Gemälde, Seekarten, Urkunden, Schiffsinventar. Besonders ausführlich dokumentiert ist der Zusammenhang zwischen der Entwicklung der Seefahrt und der Erstarkung der Stadt Dubrovnik bis zum Fall der Republik Ragusa. Untergebracht auf zwei Etagen in der Sveti-Ivan-Festung in der Nähe des Aquariums.

Tvrddava Sv. Ivana | im Sommer Di–So 9–18, im Winter 9–14 Uhr | Eintritt 40 Kuna, Kinder 20 Kuna

Museum des Kroatischen Unabhängigkeitskrieges J 6

Die im Fort Imperial auf dem Srđ-Berg (erreichbar mit der Seilbahn) ausgestellten rund 500 Objekte und Dokumente veranschaulichen die Ereignisse rund um den Krieg 1991 bis 1995 sowie die Belagerung der Stadt Dubrovnik. Zu sehen sind Kriegstagebücher, Minen und Sprengstoffe, militärische Karten sowie Fotos und Erinnerungen von Bürgern Dubrovniks, die den Krieg aus der Nähe und hautnah miterlebt haben. Allein im Oktober 1991 wurde Dubrovnik beim Angriff der Armeen aus Serbien und Montenegro mit rund 2000 Granaten beschossen. Panzer und Waffensysteme werden vorgestellt, aber auch Objekte des täglichen Lebens.

Srđ-Berg | tgl. 8–22 Uhr | Eintritt frei

13 Museum im Dominikanerkloster (Muzej dominikanskog samostana)

Devotionalien, historische Gemälde (darunter ein berühmtes Tizian-Bild), Altarbilder, Schmuck und Goldgegenstände aus venezianischer Zeit, Messbücher. Sehenswert ist auch der schöne Innenhof des Klosters.

Sv. Dominika 4 | tgl. 9–18 Uhr | Eintritt 20 Kuna

⑭ Stadtmuseum (Dubrovački muzej)

Wird manchmal auch als Museum für Kulturgeschichte (Kulturno povijesni muzej) bezeichnet. Interessante Sammlung zur Geschichte der Republik Dubrovnik. Im Zwischengeschoss sind Münzen, Briefmarken, Uhren, Majolika, Fayencen, Waffen, Porträts und Kostüme aus der Zeit zwischen dem 13. und 19. Jh. zu sehen. Das Obergeschoss zeigt vor allem Mobiliar und Porträts prominenter Stadtbürger aus dem 18. Jh. Des Weiteren sind ein Rokokosaal, das historische Kabinett des Rektors, ein Musiksaal mit Mobiliar aus dem 18. Jh. sowie eine Pinakothek mit Gemälden aus dem 15. und 16. Jh. angeschlossen. Besondere Aufmerksamkeit verdient das Kabinett des Rektors. In einem kleinen, mit Intarsien verzierten Kästchen befinden sich die vier Schlüssel der beiden Stadttore Dubrovniks (Pile- und Ploče-Tor).

Pred Dvorom 1 bzw. Kuežer | im Sommer 9–17, im Winter 9–16 Uhr | Eintritt 40 Kuna, Kinder 20 Kuna

⑮ War Photo Limited – der Krieg in Fotodokumenten

Auch die Bürger der Stadt Dubrovnik haben unter dem Krieg 1991 bis 1995 erheblich gelitten. Durch serbische und montenegrinische Truppen wurde die Stadt mehrfach beschossen. Auch im Hinterland Kroatiens kam es zu unvorstellbaren Gewaltexzessen. Eine engagiert geführte Institution in der **Altstadt von Dubrovnik** 8 erinnert mit eindrucksvollen Fotos an die Grausamkeiten dieses Krieges. Sie zeigen Leid, Verbitterung, Verzweiflung.

Für eine Begehung der massiven Stadtmauer von Dubrovnik (▶ S. 142) empfiehlt sich der frühe Vormittag, solange es noch schattig und nicht zu voll ist.

Dubrovnik | Antuninska 6 | Tel. 0 20/ 32 21 66 | www.warphotoltd.com | Mai und Okt. Di–So 10–16, Juni–Sept. tgl. 10–22 Uhr, von Nov. bis April geschl. | Erwachsene 40 Kuna, Gruppen, Studenten 30 Kuna

ÜBERNACHTEN

Dubrovnik Palace ▶ S. 141, nordwestl. a 1

Komfort außerhalb der Altstadt – Für seinen Komfort und Service mehrfach ausgezeichnetes Hotel auf der Halbinsel Lapad, knapp 5 km von der Altstadt entfernt. Eine relativ ruhige Lage an der Küste, ein hoher Komfort sowie modern und geschmackvoll eingerichtete Zimmer erfüllen die Erwartungen des anspruchsvollen Publikums. Restaurant, Nachtclub, Bars, Schwimmbäder, ein eigener Strand sowie Sport- und Fitnesseinrichtungen und viele weitere Serviceangebote. Busverbindung in die Stadt.

Masarykov put 20 | Tel. 0 20/43 08 30 | www.alh.hr | 308 Zimmer und Suiten | ♿ | €€€€

Excelsior ▶ S. 141, östl. d 1

Lifestyle und Fitness – Komfortables Hotel mit Blick auf die Altstadt. Viele Geschäftsleute und Touristengruppen. Moderner Standard. Kleiner Hausstrand. Sauna, Spa, Hallenbad, eigene Parkplätze, Restaurant, Fitnessbereich, Designershops.

Put Frana Supila 12 | Tel. 0 20/35 33 53 sowie 0 20/43 08 30 | www.alh.hr | 141 Zimmer, 17 Suiten | €€€€

Ivka ▶ S. 141, nordwestl. a 1

Modern und preiswert – Neueres Drei-Sterne-Hotel auf der Halbinsel Lapad. Saubere, zweckmäßig ausgestattete Zimmer mit Balkonen und Klimaanlage. Angeschlossen sind auch zwei Restaurants sowie eine Bar. Der größte Vorteil dieser Lokalität ist ein recht akzeptables Preis-Leistungs-Verhältnis in der ansonsten ziemlich teuren Unterkunftslandschaft Dubrovniks.

Sv. Mijajla 21 | Tel. 0 20/36 26 00 | www.hotel-ivka.com | 76 Zimmer | €€

ESSEN UND TRINKEN

RESTAURANTS

16 Domino

Steaks und Fisch – Gepflegtes, niveauvolles und beliebtes Restaurant, eines der attraktivsten in der Altstadt. Außer Steaks (Hausspezialität), Lebergerichten und Rostbraten sind auch Meeresfrüchte (Scampi Domino) und Fischgerichte empfehlenswert. Gemütliche Einrichtung, große Terrasse und freundliche Bewirtung.

Od Domina 3 | Tel. 0 20/32 31 03 | www.steakhousedomino.com | 1. Dez.–7. Jan. geschl. | €€

17 Kamenice

Delikate Happen – Am Gundulić-Platz gelegen mit einfacher Einrichtung, aber einem niveauvollen und schmackhaften Angebot.

Gundulićeva poljana 8 | Tel. 0 20/ 42 14 99 | tgl. 12–24 Uhr | €

Otto Tavern ▶ S. 141, westl. a 2

Herzhafte Speisen – Das nahe dem Hafen und der Fährstation für Fahrten nach Lopud und Šipan gelegene Restaurant repräsentiert eine gepflegte, solide Mittelklasse. Man speist in einem Gewölbekeller oder draußen auf der Terrasse. Deftige, liebevoll akzentuierte Gerichte. Viel gelobte Steaks, delikates Carpaccio. Übersichtliche Weinkarte mit typischen Weinen aus der Umgebung. Flinker, freundlicher Service. (▶ S. 18)

Nikole Tesle 8 (Buslinie 6) | Tel. 0 20/ 35 86 33 | www.tavernaotto.com | in der Saison tgl. 12–23 Uhr geöffnet | €/€€

Pantarul

▶ S. 141, nordwestl. a

Vorbildlich – Das außerhalb der Altstadt auf der Lapad-Halbinsel gelegene Restaurant bereichert die kulinarische Landschaft Dubrovniks erheblich. Mehrgängige Gourmet-Menüs auf der Basis von Fisch oder Fleisch. Hausgemachte Nudelgerichte. Gepflegte Weinkarte. Für das hohe kulinarische Niveau erscheinen die Preise günstig. Fast jeden Abend ausgebucht. Eine rechtzeitige Reservierung ist unbedingt ratsam. (▶ S. 18)

Kralja Tomislava 1 | Tel. 0 20/33 34 86 | www.pantarul.com | Di–So 12–16 und 18–24 Uhr | €€

EINKAUFEN

18 Markt

An Werktagen findet in der Altstadt gegenüber der Kathedrale ein Markt statt, bei dem von Bauern oder Händlern Obst, Gemüse, Gewürze, Olivenöl, Käse und Honig etc. angeboten wird.

Gundulić-Platz | ab ca. 8 Uhr bis zum Nachmittag

KULTUR UND UNTERHALTUNG

19 Caffé Bar Libertina

Kleine, urige und gemütliche Bar. Anspruchsvolle Musik, viel Jazz. Treff von Künstlern, Musikern, Lebenskünstlern im vorgerückten Alter.

Zlatarska ulica 5 | in der Saison bis nach Mitternacht geöffnet

20 Troubadour Hard Jazz Caffé

So nennt sich dieses seit mehr als 20 Jahren in der Altstadt existierende Lokal, der Treffpunkt der Jazzfreunde und Veteranen der örtlichen Kulturszene. Mancher Künstler, der sich umständehalber nicht in der Lage sah, seine Zeche zu bezahlen, trug seine Schulden ab, indem er dem »Troubadour« ein Gemälde, eine Zeichnung oder eine Fotografie vermachte. Die Wände bezeugen dies. An den Wänden Fotos von prominenten Besuchern aus dem In- und Ausland. Ganzjährig bis nach Mitternacht geöffnet. Enge Räumlichkeit, gemütliches Ambiente.

Bunićeva poljana 2 und Gundulićeva poljana 3 (zwei Eingänge) | Tel. 0 20/ 32 34 70 | bis nach Mitternacht geöffnet

SERVICE

ANKUNFT/ABFAHRT

Fähren (Jadrolinija)

▶ S. 141, westl. a 2

Tel. 0 20/41 80 00

Flughafen Čilipi

K 6

Tel. 0 20/77 33 77 | www.airport-dubrovnik.hr | Busverbindung mit der Linie 37 ins Stadtzentrum

AUSKUNFT

Informationsbüro in der Altstadt

▶ S. 141, b 2

Brsalje 5, nahe Pile-Tor | Tel. 0 20/ 31 20 11 | www.tzdubrovnik.hr, www.visitdubrovnik.hr

Im Laufschritt

▶ J 6/F 3

Etwas für die eigene Fitness tun und sich gleichzeitig über die Besonderheiten einer Stadt informieren. Dies kann man in Dubrovnik seit Kurzem bei der Firma Minuta dvije za usluge buchen.

Das Angebot richtet sich an Jogger, die mit einem Coach durch die Stadt laufen und dabei in Englisch über sie informiert werden. Der Service richtet sich an einzelne Läufer oder an Gruppen bis zu vier Personen. Es gibt Touren durch die Altstadt oder durch die städtischen Parks. (▶ S. 18)

Tel. mobil 0 91/2 01 24 56 und 0 91/6 12 97 00 | www.minutadvije.hr | booking@sightrunningcroatia.com | Einzelpersonen 300–375 Kuna, Vierergruppe pro Person 190–200 Kuna

Ziele in der Umgebung

KOLOČEP — J 6

200 Einwohner

Mit 2,4 km² ist Koločep die kleinste der bewohnten Elaphiten-Inseln. Das historische Schicksal der Insel war stets mit dem wirtschaftlichen Auf und Ab der Stadt Dubrovnik verbunden. Seine Blütezeit erlebte Koločep im 15. Jh. Damals operierte von hier aus eine bedeutende Handelsflotte. Außerdem mehrten Landwirtschaft, Fischerei und der Handel mit Korallen den Reichtum der Insulaner. Entsprechend zahlreich waren die Kapellen auf der Insel, die erfolgreiche Geschäftsleute gestiftet hatten. Heute lebt die autofreie Insel mit den beiden Ortschaften Donje Celo und Gornje Celo fast ausnahmslos vom Tourismus. Dort, wo sich noch keine Wohnanlagen ausgebreitet haben, wuchern subtropische Pflanzen. Feigen, Johannisbrot, Kakteen, Aloen und diverse Zitrusfrüchte gedeihen prächtig.

LOKRUM — J 6

100 Einwohner

Die kleine, der Stadt Dubrovnik unmittelbar vorgelagerte Insel, die per Ausflugsboot ab dem Alten Hafen (Stara Luka) nahe dem Ploče-Tor erreicht werden kann, wird von Einheimischen wie Touristen gern als Zufluchtsort genutzt, wenn die sommerliche Hitze in der Stadt kaum noch zu ertragen ist. Die Temperaturen auf der Insel liegen immer mindestens 10 Grad unter denen der Stadt. Erweitert wird dieser Vorzug durch angenehme Bademöglichkeiten in der Adria und Schatten spendende Kiefernwälder. Wer sich also ein paar Stunden Erholung von anstrengenden Besichtigungen in Dubrovnik verordnen möchte, begebe sich nach Lokrum.

Nicht zuletzt wegen der seltenen Vegetation auf der Insel wurde sie 1963 zum Naturschutzgebiet und 1976 zum Waldreservat erklärt.

LOPUD — J 6

250 Einwohner

Die knapp 5 km² kleine Insel liegt zwischen den Inseln Šipan und Koločep und zählt ebenfalls zu den Elaphiten-Inseln. Der einzige Ort liegt in einer geschützten Bucht auf der Nordwestseite und heißt wie die Insel Lopud. Er ist per Fähre mit Dubrovnik verbunden. Wenn die Fähre in die Bucht biegt, erblickt man bereits das oberhalb der Ortschaft gelegene Franziskanerkloster mit Glockenturm und einer Kirche, die heute als Pfarrkirche dient. Die ehemalige Klosterkirche (das Kloster wurde im Jahr 1808 aufgegeben) zeugt vom Reichtum der spätmittelalterlichen Zeiten und beherbergt imposante Gemälde. Eine Betrachtung wert ist auch das aus Walnussholz geschnitzte Chorgestühl, es bot jedem Mönch einen eigenen Sitzplatz.

Eine Besonderheit der Insel sind die Süßwasserquellen. Sie haben in Verbindung mit dem moderat-milden Klima und den frischen Winden eine üppige mediterrane Vegetation entstehen lassen.
Die artenreiche Vegetation mit Flaumeichen, mediterranen Kiefern, Wacholder, Myrthe, Lorbeer- und Olivenbäumen, ergänzt von Orangen- und Zitronenbäumen, Kakteen, Palmen und Zypressen macht bis zum heutigen Tag einen Großteil des insularen Charmes aus. In den letzten Jahren wurden markierte Wanderwege angelegt, um diesen Charme noch eindringlicher erleben zu können. Die reizvollsten Unternehmungen zu Fuß (Straßen gibt es auf der Insel so gut wie nicht) führen ab dem Ort Lopud in Richtung Uvala Šunj, wo es einen windgeschützten Strand gibt. Beliebte Zwischenziele auf Wanderungen sind auch die Kirchen Sv. Gospa od Šunja und Sv. Nikola Grčki.
Die Insel mit ihrer beeindruckenden Vegetation, dem erholsamen Klima und der wohltuenden Ruhe in der Vor- und Nachsaison hat sich die Gunst vieler Stammgäste aus dem In- und Ausland erworben. Manche kommen seit mehr als 30 Jahren mindestens einmal pro Jahr nach Lopud.

ÜBERNACHTEN

Villa Vilina

Komfort in historischem Gebäude – Verglichen mit den beiden großen Hotelkomplexen Lafodia und Villas Koločep bietet dieses Boutique-Hotel ein völlig anderes Ambiente. Das aus Natursteinen errichtete Gebäude direkt am Kai gehört der Familie Vilina, deren Vorfahren schon seit 1792 auf der Insel lebten. Von den Zimmern im oberen Bereich eröffnet sich ein schöner Blick auf den Hafen und die Bucht. Komfortable Ausstattung der Zimmer, Pool, Restaurant mit Terrasse, abwechslungsreiches Frühstück. Etwas zu hohe Preise in der Hauptsaison. Auch das Personal lässt es zuweilen an Freundlichkeit und Aufmerksamkeit fehlen. Das Hotel ist nur von Ende April bis Ende Oktober geöffnet.
Lopud | Obala Ivana Kuljevana 5 | Tel. 0 20/75 93 33 | www.villa-vilina.hr | 14 Zimmer | €€€/€€€€

MLJET H 6

1200 Einwohner

Die 36 km lang gestreckte und durchschnittlich ca. 5 km breite Insel ist rund 100 km^2 groß, liegt südlich der Halbinsel Pelješac weit draußen in der Adria und ist von Dubrovnik und von Prapratno und Trstenik auf der Halbinsel Pelješac mit der Fähre zu erreichen. In den Sommermonaten ankern nicht wenige Motor- oder Segelboote vor den Küsten oder in den Häfen bzw. Buchten von Pomena, Polače oder Sobra. Verwaltungszentrum ist das im Inland gelegene Straßendorf Babino Polje. Mit dem Tragflügelboot aus Dubrovnik kommen wenige Ausländer nach Mljet; es überwiegt der Besuch von Kroaten.
Neben den beiden spektakulären Seen im Nationalpark, den zahlreichen geschützten Buchten und einigen wenigen nahezu sandigen Stränden hat die Insel eine kraftvolle mediterrane Vegetation, sehr viel Ruhe und Gemächlichkeit zu bieten. Sie macht es Auslandstouristen aber nicht unbedingt leicht.

Der öffentliche Nahverkehr und die Versorgungseinrichtungen sind nur rudimentär entwickelt. Es gibt nur einen Supermarkt und wenige kleine Läden. Manchmal erlebt man die Einheimischen gegenüber Ausländern als abweisend oder desinteressiert. Über ihren sperrigen, nicht selten eigensinnigen und wortkargen Charakter kursieren unter Kroaten vom Festland deftige Witze. Nicht selten werden in den wenigen Restaurants der Insel überhöhte Preise verlangt. Gerade im Osten der Insel darf man eine moderne touristische Infrastruktur nicht erwarten. Der sommerliche Fremdenverkehr konzentriert sich auf den Inselwesten um die beiden Seen und die Orte Pomena und Polače.
In den Hochglanzprospekten und Legenden wird Mljet als die Insel ausgegeben, auf der Odysseus sieben vergnügliche Jahre mit der Nymphe Kalypso zubrachte. Verbürgt ist, dass die antiken Griechen Mljet Melitte nesos (Honiginsel) nannten. Aus römischer Zeit haben sich Überreste eines Palastes, einer Therme, zweier Basiliken sowie einer Schiffswerft erhalten. Mit römischen Galeeren wurden damals wertvolle Produkte, die auf der Insel erzeugt wurden, nach Rom und anderswo gebracht, insbesondere Salz, Olivenöl, Wein, Honig, Fleisch, Käse, Trocken- und Salzfisch. Im Mittelalter wurde die Insel den Benediktinern geschenkt. Später wurde die Insel von der Republik Ragusa in zwei Hälften aufgeteilt: Den Westen bekamen die Benediktiner, der Osten wurde an die lokalen Bauern vergeben. Bis 1808 blieb die grüne, vegetationsreiche Insel der Re-

Das Franziskanerkloster ist das bedeutendste Bauwerk in Lopud auf der Insel Lopud (▶ S. 147). Das Kloster liegt am Hafen und diente der Verteidigung der Insel.

publik Ragusa erhalten. Seit dem Jahr 1960 sind rund 30 km^2 im Westen der Insel als Nationalpark (▶ Im Fokus, S. 41) ausgewiesen. Für den Besuch werden ca. 70 Kuna, in der Hochsaison 80 Kuna Eintritt kassiert.

Wer über genügend Zeit und ein Fahrrad verfügt, sollte sich einen Tag reservieren, um auf der Hauptstraße ostwärts in Richtung Babino Polje und Sobra zu radeln. Vielleicht begegnen ihm unterwegs Mungos, die hier vor Jahrzehnten ausgesetzt wurden, um die Schlangen zu dezimieren. Inzwischen haben sich die Mungos enorm vermehrt. Nicht selten trifft man in den kleinen Weilern längs der Straße auf ältere Frauen in der typischen Tracht der Insel. Dazu zählen ein roter Wollrock, eine weiße Bluse und ein ehemals aus Seide gefertigter Gürtel. Man kann auch per Fahrrad über Sobra hinaus fahren und bis in den Osten der Insel vordringen. In den Ortschaften Prožura, Maranovići oder Korita leben nur noch wenige Menschen. Einige der älteren Männer haben sich auf den Fang von Hummern und Langusten spezialisiert, die zumeist an die Restaurants verkauft werden.

SEHENSWERTES

Malo jezero/Veliko jezero

Die beiden Seen im Zentrum des Nationalparks sind mit dem Meer und durch einen Kanal miteinander verbunden. Sie sind auf der Basis von Karstphänomenen entstanden und haben den außergewöhnlichen Reichtum von Pflanzen und Tieren in der Umgebung der beiden Seen begünstigt. In den angrenzenden Wäldern dominie-

Das Kloster der Heiligen Maria liegt auf der Klosterinsel im See Veliko jezero (▶ S. 150). Es wird von mediterraner Vegetation mit Palmen, Zypressen und Pinien umrahmt.

ren uralte Aleppokiefern, Steineichen, Wacholder, Myrte und Baumheide. Wissenschaftler haben in den Biotopen des Nationalparks eine Vielzahl seltener Schmetterlinge, Käfer und anderer Insekten entdeckt. Touristen erleben die zumeist ruhige, von Wegen durchzogene Landschaft an den Ufern als große Attraktion. Mehrere Picknickplätze wurden eingerichtet. Im Sommer werden auch Erfrischungsgetränke verkauft.

Auf der Insel im Großen See bauten Benediktiner aus Apulien im 12. Jh. ein Kloster und eine Kirche; sie wurde im Jahr 1198 geweiht. Besucher des Nationalparks können sich vom Ufer des Veliko jezero zur Klosterinsel Sv. Marija bringen lassen und dort das idyllische Ambiente sowie die Blicke über See und Uferlandschaft genießen. Die Überfahrt dauert nur wenige Minuten. Auf den markierten Nationalpark-Wegen, die man laut Vorschrift möglichst nicht verlassen sollte, gelangt man mühelos zu Fuß wieder nach Pomena. Auch Fahrradfahrer können die Landschaft im Umkreis der beiden Seen erkunden. Allerdings müssen sie an manchen Stellen einige Stufen und Unebenheiten bezwingen.

ÜBERNACHTEN

Odisej

Schöne Lage direkt am Meer – Das in der Bucht von Pomena gelegene Drei-Sterne-Hotel ist das älteste und größte der Insel. Es existierte bereits in jugoslawischer Zeit und wurde seither in einigen Bereichen modernisiert. Bar, Restaurant, kleiner Wellness-Bereich (Energy Clinic). Am überzeugendsten ist die schöne Lage des Hotels am Ufer der Bucht von Pomena. An der Rezeption kann man Fahrräder, Kanus, Paddelboote, Kajaks oder Surfbretter ausleihen. Alle Zimmer mit Klimaanlage. Kostenfreies WLAN in der Lobby. Restaurant, Pizzeria, Bars. Wellness-Center und Fitnessstudio.

Pomena bb | Tel. 0 20/74 40 22 | www.adriaticluxuryhotels.com | 165 Zimmer | €€

Schwimmen mit Ausblick

12

Hinein in den Veliko jezero mit seinem klaren und nicht zu kalten Wasser! Schwimmen Sie bedächtig und genießen Sie den Ausblick auf die Uferwälder. Herrlich (▶ S. 15)!

SERVICE

AUSKUNFT

Fremdenverkehrsbüro

Polače | Tel. 0 20/74 41 86 | www.mljet.hr

Nationalparkverwaltung

Govеđari | Pristanište 2 | Tel. 0 20/74 40 41 | www.np-mljet.hr

ŠIPAN

J 6

500 Einwohner

Mit einer Fläche von knapp 17 km² ist diese von Dubrovnik aus gut via Fähre zu erreichende Insel die größte der Elaphiten-Inseln. Hier haben Reste von vorgeschichtlichen Hügelgräbern sowie Ruinen von mittelalterlichen Kirchen überdauert. Ab dem 13. Jh. wurde Šipan in die Stadtrepublik Ragusa integriert und erlebte mit ihr den Aufstieg und den Niedergang. Aus der Zeit der

In Trsteno, 20 km nordwestlich von Dubrovnik, kann man im Arboretum (▶ S. 153) neben vielen seltenen Bäumen auch diese Steinskulpturen bewundern.

wirtschaftlichen Blüte stammen die wenigen noch erhaltenen Paläste von Adelsfamilien.

Die größte Ortschaft heißt Šipanska Luka und liegt an einer Bucht im Nordwesten der Insel. Oberhalb des Ortes haben Reste eines Rektorenpalastes aus dem 15. Jh. überdauert. Von touristischem Betrieb ist man im Ort nur in den Sommermonaten umgeben, in der Vor- und Nachsaison geht es allerorten betont gemächlich zu. Im Winter schließen alle touristischen Institutionen. Das gilt ebenso für Suđurađ, die zweite Ortschaft auf der Insel. Sie liegt auf der südöstlichen Inselseite und wird von zwei historischen Wehrtürmen überragt. Am Hafenkai legt die Personenfähre aus Dubrovnik an.

Während die beiden Ortschaften nicht mit herausragenden Attraktionen aufwarten können, erlebt der Besucher die hügelige Landschaft zwischen Šipanska Luka und Suđurađ als inspirierende Umgebung für Spaziergänge und Wanderungen. Hier gedeihen Oliven, Weinreben, Feigen, Mandeln und Johannisbrot. Zypressen, Pinien und Palmen passen sich in die Landschaft ein, gleichfalls einige Kirchen und Paläste.

ÜBERNACHTEN

Šipan

Blick auf die Hafenbucht – Das Drei-Sterne-Hotel ist die bedeutendste Unterkunft in der kleinen Ortschaft. Einst wurde das massive große Gebäude in zentraler Lage am Hafen als Olivenmühle genutzt. Nach erheblichen Umbauten entstand im Jahr 1979 das erste Hotel auf der Insel. Im Jahr 2007 erfolgte eine Generalmodernisierung. Die meisten der unterschiedlich großen und nach Ausstattung gestaffelten Zimmer bieten ihren Gästen einen schönen Blick auf den Kai und die von üppiger Vegetation eingefasste Bucht. Bar sowie Restaurant mit Terrasse. Den kleinen Strand in der Bucht erreicht man nach 300 m.

Šipanska Luka | Uferpromenade | Tel. 0 20/36 19 01 | www.hotel-sipan.de | 87 Zimmer | €€

◎ TRSTENO

J 6

300 Einwohner

Der Ort liegt gegenüber der Insel Lopud an der Küste. Wer sich hier als Tourist länger aufhält, kommt normalerweise wegen einer gewachsenen Rarität, deren Anfänge im frühen 16. Jh. wurzeln: dem Arboretum.

20 km nordwestl. von Dubrovnik

SEHENSWERTES

Arboretum

Am Eingang zu diesem Juwel subtropischer Pflanzenpracht wird der Besucher von zwei Platanen (Platanus Orientalis) empfangen, die angeblich mehr als 400 Jahre alt sind und die höchsten in ganz Europa sein sollen. Das Arboretum selbst geht auf die Anlage eines Renaissanceparks im Jahr 1492 zurück. Er gilt als der älteste seiner Art in Dalmatien. Zu bestaunen sind viele seltene alte Bäume und Sträucher aus dem Mittelmeerraum und anderen Klimazonen. Wer sich dafür interessiert, sollte sich von Dubrovnik aus diesen Ausflug gönnen.

Der Park, eine Kombination von Kultur- und Naturerbe, wurde zwischen 1494 und 1502 von der Dubrovniker Patrizierfamilie Gučetić-Gozze als Sommerresidenz angelegt. Während des gesamten 16. und 17. Jh. zog es Dichter, Künstler und Philosophen an diesen lauschigen, die Inspiration beschwingenden Ort. Angeblich schrieben hier manche Literaten aus Dubrovnik romantische Oden oder schwärmerische Liebesgedichte. Nach dem großen Erdbeben im Jahr 1667 wurde der Prachtgarten umgebaut. 1736 wurde der Park durch einen Renaissancebrunnen mit Neptun und Nymphen ergänzt. Die 28 ha große Anlage wurde nach dem Zweiten Weltkrieg verstaatlicht bzw. der Kroatischen Akademie der Wissenschaften zu Forschungszwecken übertragen. Seit 1962 ist der Park mit rund 400 Pflanzenarten als Monument der Gartenarchitektur geschützt.

Die heutigen Besucher wandeln auf befestigten Wegen, flankiert von Schmuckfontänen, sowie Wasserkanälen, Steinskulpturen, Statuen und Brunnen. Sehenswert sind die historischen Olivenhaine sowie alte, überaus würdige Kiefern, Zypressen, Zürgelbäume, Robinien, Palmen, Weißbuchen.

An der Küstenstraße zwischen Orašac und Slano | Tel. 0 20/75 10 19 | tgl. 7–19, im Winter bis 16 Uhr | Eintritt 35 Kuna, Kinder, Studenten 20 Kuna

Im Krka-Nationalpark (► S. 160) kann man staunen, baden und wandern.

QUER DURCH KROATIEN

GIPFELTOUR ZUM SVETI JURE 9 – VIRTUOSE NATUR IM DALMATINISCHEN HOCHGEBIRGE

CHARAKTERISTIK: abwechslungsreicher Ausflug mit dem Auto; Erfahrung bei Fahrten über Serpentinen und enge Straßen ist erforderlich **DAUER:** Halbtages- oder Tagesausflug **LÄNGE:** ab der Küstenstraße ca. 30 km **EINKEHRTIPP:** im Gipfelbereich keine, aber in der Ortschaft Gornje Tučepi, z.B. Restaurant Jeny, Tel. 0 21/62 37 04, www.restaurant-jeny.hr €€/€€€ **AUSKUNFT:** Fremdenverkehrsverband Tučepi, Kraj 103, Tel. 0 21/62 31 00, www.tucepi.com

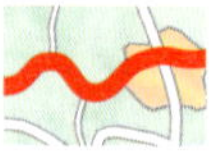

G 4

Der höchste Berg Dalmatiens bietet spektakuläre Ausblicke in die nahe und ferne Umgebung. In den höheren Lagen des Biokovo-Gebirges kann bis weit in den Mai hinein Schnee liegen. Und selbst im Sommer ist es im Bereich der Gipfelregion mitunter zugig und kalt. Ohne entsprechend warme Kleidung und Wanderschuhe wird der Ausflug gewiss kein Genuss.

Abzuraten ist von einer Fahrt zum **Sveti Jure** 9 an nebligen oder diesigen Tagen, dann wird man aus der Höhe nicht einmal bis zur Küste schauen können. An klaren Tagen allerdings wird man für die kurvenreiche Fahrt über Serpentinenstraßen mit einem Blick bis hinüber an die italienische Küste belohnt. Bei extrem guter Sicht, die allerdings selten ist, kann man den Monte Gargano an der italienischen Küste erkennen. Von Seehöhe geht es hinauf auf eine Höhenlage von rund 1700 m. Die Straße ist nicht besonders gut ausgebaut und besteht manchmal aus einer einspurigen Trasse, welche nur mit großer Vorsicht und angemessener Langsamkeit benutzt werden kann. Grundsätzlich kann die Straße bei gutem Wetter auch von normalen Personenkraftwagen ohne Vierradantrieb befahren werden. Erfahrungen mit Serpentinen und engen Straßenverhältnissen sollte der Fahrer unbedingt mitbringen.

Wer sich einen Tag lang im Sveti Jure aufhalten möchte, sollte sich mit Proviant versorgen, denn es gibt keine Hütten oder ähnliche Einkehrmöglichkeiten. In Gornje Tučepi kann man anschließend einkehren.

Kreuzung ▶ Vrgorac

An einer Kreuzung zwischen den Ortschaften Makarska und Tučepi biegt eine Straße in Richtung Vrgorac ab. Es ist dies die einzige Straße in der Umgebung, die von der Küste hinauf ins Bergland führt. Nach wenigen Kilometern biegt von der Hauptstraße nach links eine kleine Straße ab. Sie führt hinauf zur Gipfelregion des Sveti Jure. Darauf verweist ein kleines Schild an der Abbiegung.

Pinienwald ▶ Parkplatz

Die Straße führt zunächst durch Pinienwald, an Weißdorn und anderen Büschen vorbei. Ab ca. 1200 m wird die Landschaft merklich rauer. Nun sieht man kaum noch Wald, dafür viele kleine, vom Wind zerzauste Büsche, bizarre Karstformationen, verfallene Gehöfte und Ställe, kleine Felder, Bergziegen und einige halbwilde Pferde. Etwa ab Anfang Juni blühen hier viele bunte Gebirgsblumen. Die Autotour endet auf dem Parkplatz nahe dem Fernsehturm. Ab hier kommt man nur noch zu Fuß weiter. Die Fahrt ab Makarska bis zum Parkplatz nahe dem Gipfel dauert ca. eine Stunde.

Das gesamte Biokovo-Gebirge mit dem Berg Sveti Jure, der bis zur Höhe von 1762 m aufsteigt, ist ein typisches Karstgebirge, mit kleineren und größeren Höhlen und Grotten. Botaniker haben hier zahlreiche sehr seltene Pflanzen aufgespürt. Einen guten Überblick über die heimische Fauna vermittelt auch der Botanische Garten in der Ortschaft Kotišina (zwischen Makarska und Tučepi gelegen).

INFORMATIONEN

Über das Naturschutzgebiet Biokovo und die regionale Tier- und Pflanzenwelt informiert die Internetseite www.biokovo.com (Kroatisch und Englisch). Hier findet man eine gute interaktive Karte und eine informative, schöne Bildergalerie.

Das seit 1994 bestehende Unternehmen Biokovo Active Holidays (www.biokovo.net) in Makarska verfügt über herausragende Kompetenzen für Wanderungen im Biokovo-Gebirge. Angeboten werden ein- und mehrtägige Gruppenwanderungen für ein internationales und ambitioniertes Publikum.

Der Sveti Jure (▶ S. 156) wird auf seinem Gipfel von einer Radioantenne gekrönt. Von hier oben hat man bei gutem Wetter einen grandiosen Fernblick über die Küste aufs Meer.

LANDEINWÄRTS NACH SINJ – SEHENSWERTE ÜBERRASCHUNGEN IM HINTERLAND

CHARAKTERISTIK: Ausflug mit dem Auto auf manchmal verkehrsreichen Straßen **DAUER:** 1 Tag **LÄNGE:** Hin- und Rückfahrt ab Split 80 km **EINKEHRTIPP:** in Sinj, Restaurant des Hotels Alkar, Vrlicka 50, Sinj, Tel. 0 21/82 44 74, www.hotel-alkar.hr €€

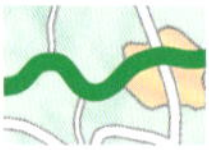

AUSKUNFT: Fremdenverkehrsbüro Sinj, Put Petrovca 12, 21230 Sinj, Tel. 0 21/82 63 52, www.visitsinj.com und Museum, www.mck-sinj.hr

F 3

Eine knappe Stunde dauert die Autofahrt von Split bis zur rund 4500 Einwohner zählenden Ortschaft Sinj im Tal des Flüsschens Cetina. Das Landwirtschaftszentrum im Cetina-Tal lag im Krieg mit Jugoslawien 1991 bis 1993 nahe der Front; mehrere Dörfer und Siedlungen in unmittelbarer Nachbarschaft wurden von den serbischen Truppen zerstört. Im Mittelalter kämpften Türken und Venezianer um die Macht über das Städtchen.

Split ▸ Sinj

Die Straße zwischen Split und Sinj ist kurvenreich, an manchen Stellen eng und besonders im Sommer ziemlich verkehrsreich. Auch viele Lastwagen sind hier unterwegs. Es empfiehlt sich, aufmerksam und nicht zu schnell zu fahren, da Unfälle auf dieser Strecke keine Seltenheit sind.

Beherrschendes Bauwerk von Sinj ist die Maria-Himmelfahrts-Kirche im Ortszentrum; in ihr wird das mit Gold umrahmte Bildnis der sogenannten Wundermadonna von Sinj aufbewahrt. Das Museum des Kreises Cetina (Muzej Cetinske Krajine) in der Andrije Kačića Miošića 5 ist gewöhnlich von montags bis freitags zwischen 8 und 16, samstags von 8–13 Uhr geöffnet und zeigt eine interessante Sammlung von Funden aus der frühen Siedlungsgeschichte von Sinj. Zu sehen sind vor allem Objekte aus der römischen Epoche: Steinwerkzeuge, Schmuck, Öllampen, Waffen, Teile einer Wasserleitung. Rundweg sehenswert ist auch das Museum im örtlichen Franziskanerkloster in der Šetalište Alojzije Stepinca 1. Die Sammlung im Parterre zeigt vornehmlich archäologische Funde aus römischer Zeit, darunter Inschriften, Steinskulpturen und Sarkophage. Hinein in die ländlichen und folkloristischen Traditionen der jüngsten Vergangenheit führt die Ausstellung in der ersten Etage. Hier sind originelle und typische Gegenstände aus dem Landleben im Kreis Cetina zu betrachten. Das Museum ist nur im Sommer täglich geöffnet. Kulinarische Spezialität von Sinj sind die kleinen, mit Sauerkrautblättern umwickelten Rindfleischrouladen, »arambašići«. Auch geräuchertes Hammelfleisch, »koštradina«, Flusskrebse, Froschschenkel sowie in Maismehl gewälzte und dann gegrillte Forellen werden als Spezialitäten der Gegend angeboten. Erlebenswert ist auch der Wochenmarkt von Sinj, auf dem vornehmlich Obst und Gemüse, Honig und Trockenfrüchte aus der Region verkauft werden.

Wenn man während der Hauptsaison dort übernachten möchte, sollte man reservieren lassen.

Über das Fremdenverkehrsbüro (nur in der Saison besetzt) kann man sich auch zum Reiterfest, das in der ersten oder zweiten Augustwoche stattfindet, detailliert informieren. Dieses Fest in Erinnerung an den Sieg über die Türken im Jahr 1715 wird mit spektakulären Reiterspielen in traditionellen Kostümen gefeiert und ist einen Ausflug nach Sinj (▶ S. 91) unbedingt wert.

Alka, der Name dieses Ritterspiels, stammt aus dem Türkischen und bezeichnet zwei konzentrische Eisenringe, die mit drei ebenfalls aus Eisen bestehenden Stäben verbunden sind. Während der Sinjska Alka müssen die teilnehmenden Reiter mit einer Lanze auf die Alka zielen. Für einen Treffer im zentralen Ring werden drei Punkte vergeben. Treffer im oberen Drittel bringen zwei, in den beiden unteren Dritteln je einen Punkt. Der Reiter, der nach drei Durchgängen die höchste Punktzahl erreicht hat, wird zum Sieger erklärt.

Während der Sinjska Alka erlebt die Stadt einen enormen Besucherandrang. Die Tribünenplätze am Rand der Ritterspiele sind gewöhnlich schon Monate vorher ausverkauft. Nur wer sehr früh erscheint, hat die Chance auf einen der begehrten Stehplätze am Rand des Geschehens.

Das Städtchen Sinj (▶ S. 158) liegt im Tal des malerischen Flusses Cetina, der sich in einem engen Flussbett bis zur Mündung in die Adria bei Omiš schlängelt.

ZU DEN KRKA-WASSERFÄLLEN – NATURBEGEGNUNGEN IM NATIONALPARK

CHARAKTERISTIK: Ausflug mit dem Auto auf gut ausgeschilderter Route **DAUER:** Halbtages- oder Tagestour **LÄNGE:** ab Šibenik 15 km **EINKEHRTIPP:** Restaurant Zlatne Školjke, Grgura Ninskog, Skradin, Tel. 0 21/77 10 22, www.zlatne-skoljke.com €€ **AUSKUNFT:** Fremdenverkehrsbüro Skradin, Obala bana Šubića 1, Tel. 0 22/77 13 06, www.skradin.hr und Informationsbüro des Nationalparks, Trg Ivana Pavla II br. 5, Šibenik, Tel. 0 22/21 77 20 und 0 22/21 77 30

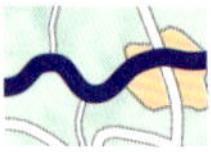

D 2

Mit Wucht stürzt die Krka in Kaskaden talwärts. Dieses Naturschauspiel lohnt die manchmal etwas beschwerliche Anfahrt von der Küste.

Die östlich der Stadt Knin entspringende Krka fällt auf ihrem rund 70 km langen Weg zur Mündung nahe der Stadt Šibenik über mehrere große Kalkterrassen insgesamt um mehr als 300 m ab und bildet dabei ungezählte kleine und große Kaskaden. Der wasserreiche Fluss hat an einigen Stellen auch enge, teilweise bis zu 200 m tiefe Kerbtäler ausgewaschen. Mehr als 110 km^2 dieser Landschaften an den Ufern der Krka sind seit 1985 als Nationalpark ausgewiesen. Hier existieren mehr als 850 Pflanzenarten, 18 Fisch-, 18 Fledermaus- und 220 Vogelarten. Die Seerosen-, Binsen- und Schilfgürtel an den Ufern der Gewässer sind reich an Amphibien und Insekten. Bei den Greifvögeln dominieren Habichte und Falken. Wildtauben und Nachtigallen sind stark verbreitet.

Šibenik ▸ Nationalpark Krka

Den Nationalpark Krka erreicht man am besten von Šibenik aus. Von hier ist die Anfahrt gut ausgeschildert. Sie führt zunächst auf der Landstraße in Richtung Drniš nordostwärts. Nach rund 10 km biegen Sie bei Lozovac nach links von der Landstraße ab und folgen der Beschilderung. Nach weiteren 5 km ist der erste Parkplatz des Nationalparks erreicht. Hier muss das Auto abgestellt werden.

Mehrere Wege führen zu den Stellen, von denen aus die Kaskaden am besten betrachtet werden können. Die spektakulärste Kaskade heißt Skradinski buk, sie ist 46 m hoch, 500 m lang und 200 m breit. Über 17 Stufen fällt der Fluss hier, begleitet von starkem Rauschen und ungestümer Gischt, talwärts. Zu dieser Kaskade werden Schiffsausflüge angeboten. Auch der etwa 15 km nordwärts gelegene Roški slap ist ein grandioser Wasserfall.

In der Saison werden Schiffsausflüge zur mitten in der Krka gelegenen Insel Visovac angeboten, auf der sich ein Franziskanerkloster befindet. In dem aus dem 15. Jh. stammenden Kloster kann eine Sammlung sakraler Kunstwerke besichtigt werden.

Skradinski-Wasserfälle ▸ Skradin

Nahe den Skradinski-Wasserfällen liegt die rund 3800 Einwohner zählende Ortschaft Skradin, die in illyrischer

Zeit Scardona hieß. Die Ortschaft verfügt über eine moderne geschützte Marina (www.aci-club.hr) und versucht in letzter Zeit immer deutlicher, ihre touristischen Vorzüge herauszustellen. Ab hier können Kajakausflüge auf der Krka unternommen werden. Auch Fahrrad- und Wandertouren werden angeboten.

Einen sehr guten Ruf hat die Umgebung von Skradin bei den Ruderern. Der nahe der Ortschaft gelegene See sowie der gesamte Mündungsbereich des Krka-Flusses bieten Ruderern fast perfekte Trainingsbedingungen. Das Anwachsen der örtlichen Marina und die große Zahl der Wassersportler im Sommer hat auch das kulinarische Angebot in der örtlichen Gastronomie verbessert. Inzwischen verfügt die Ortschaft über gute Restaurants.

Interessant für Wanderer dürfte ein Besuch der archäologischen Fundstätte Bribirska glavica sein. Sie befindet sich rund 15 km von Skradin entfernt nahe dem Ort Bribir. Die Ausgrabungsstätte liegt auf einem 300 m hohen Berg. Auf dem 72 000 m^2 großen Plateau sind Überreste von Zisternen, Sarkophagen, sakralen Bauten sowie Festungsmauern zu sehen.

INFORMATIONEN

Die Internetseite www.npkrka.hr informiert die Besucher über die Flora und Fauna des Nationalparks, mögliche Besichtigungen und Ausflüge, die günstigsten Anreiserouten sowie über die aktuellen Eintrittspreise. Hier gibt es auch detaillierte Karten.

Öffnungszeiten der Kaskaden: Skradinski buk 8–20, Roški slap 9–18 Uhr

Nur in einigen Bassins im unteren Bereich der Kaskaden der Krka-Wasserfälle (▶ S. 160) ist das Baden erlaubt, Liegewiesen laden zum Sonnen ein.

ÜBER DIE INSEL KORČULA – MEDITERRANE LANDSCHAFT UND GEPFLEGTE WEINKULTUR

CHARAKTERISTIK: Ausflug mit dem Fahrrad, nur für geübte, bergerfahrene Fahrradfahrer geeignet **DAUER:** Tagesausflug **LÄNGE:** hin und zurück knapp 100 km **EINKEHRTIPP:** Konoba Mate, Nr. 28, Pupnat, Tel. 0 20/71 71 09, www.pupnat.com € **AUSKUNFT:** Fremdenverkehrsbüro, Ul. 41 br., Vela Luka, Tel. 0 20/81 36 19, www.tzvelaluka.hr

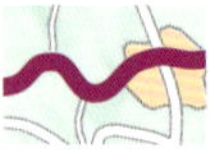

F/G 5

Die Tour beginnt in der Inselmetropole Korčula im Osten des lang gestreckten Eilands. Wir radeln bis zur Hafenortschaft Vela Luka im Westen der Insel und dann wieder zurück zum Ausgangspunkt. Vor allem im ersten Teil der Fahrt steigt die Straße auf 200 bis 300 m an. Die Tour vermittelt einen interessanten Einblick in die Landschaften Korčulas. Die Straßenqualität ist solide und für Fahrradtouren gut geeignet. Wer kein eigenes Fahrrad zur Verfügung hat, kann sich in Korčula-Stadt ein Fahrrad beispielsweise im Hotel Liburna (Tel. 0 20/71 10 06 und 0 20/72 60 26) ausleihen.

Noch ein wichtiger Hinweis: Die ambitionierte Fahrradtour ist durchaus an einem kompletten Ausflugstag zu bewältigen, vor allem dann, wenn man früh am Morgen aufbricht. Wem allerdings die beschriebene Distanz zu weit erscheint, der kann auch schon in Smokvica oder Blato umkehren und sich den Weg nach Vela Luka sparen. Grundsätzlich ist es auch möglich, den Rückweg nicht per Fahrrad, sondern mit einem öffentlichen Bus zu bewältigen und das Fahrrad im Bus mitzunehmen. Ab Vela Luka verkehren mehrmals am Tag Busse nach Korčula-Stadt.

Altstadt Korčula ▶ Čara

Die Straße steigt ab der **Altstadt von Korčula** 7 in Kurven an. Die schlimmsten Steigungen sind überwunden, sobald die Ortschaft Žrnovo erreicht ist. Sie fahren nun auf das kleine Dorf Pupnat zu.

Weiter geht die Fahrt durch die gepflegte Kulturlandschaft im Zentrum der Insel. Vor allem Weintrauben der regionaltypischen Sorte Pošip werden hier angebaut. Daraus wird von der örtlichen Genossenschaft bzw. privaten Winzern ein Weißwein mit charakteristischem Geschmack gekeltert. Zentrum des Anbaugebiets sind die beiden Straßendörfer Čara und Smokvica. Wer sich für den Weißwein der Gegend interessiert, mag in Čara (Haus Nr. 158) die Brüder Šain (Tel. 0 20/83 31 66 und 0 20/83 40 01) aufsuchen. Sie stellen einen Pošip der Spitzenklasse her, der ein subtiles Pfirsicharoma aufweist.

Blato ▶ Vela Luka

Von Smokvica aus erreichen Sie nach rund 12 km die Ortschaft Blato. Sie liegt nahe dem fruchtbaren Agrargebiet Blatsko polje. In der Umgebung werden im großen Stil Oliven angebaut. Den Ortskern von Blato erreichen Sie über eine rund 2 km lange Lindenallee, sie gilt als die zweitlängste in Europa. Im Zentrum steht die Pfarrkirche Svi Sveti.

Die Kirche verfügt über eine reiche Silbersammlung, in der sich auch venezianische Kruzifixe aus dem 18. Jh. befinden. Der örtlichen Schutzpatronin Sveta Vicenca (Heilige Vizenza) wird am 28. April ein großes Fest mit abwechslungsreichem Kultur- und Unterhaltungsprogramm gewidmet. Aufgeführt wird dabei das Ritterspiel Kumpanija. Zwei Armeen kämpfen miteinander und müssen ihre Bereitschaft zur Verteidigung der Heimat unter Beweis stellen. Fahnentänze, Dudelsackmusik und dumpfe Klänge der großen Kriegstrommel begleiten die Festlichkeiten. Ehemals gehörte auch eine traditionelle Stieropferung dazu, sie wurde allerdings abgeschafft.

Weitere 7 km sind es nun noch bis nach Vela Luka, der Hafenortschaft am westlichen Ende der Insel, wo auch die Fähre nach Hvar, Lastovo und Split abfährt, in der Saison auch Boote zu Badeinseln.

Während der Rückfahrt ist ein kulinarischer Besuch in der Ortschaft Pupnat zu empfehlen. In der familiär und sympathisch geführten Konoba Mate (tgl. 11–14 und 17–23 Uhr) werden hausgemachte Speisen wie Schinken, Käse, Gemüsedelikatessen, Nudelgerichte und eigene Liköre, Trester und Weine aufgetischt. Das rustikale regionaltypische Ambiente überzeugt ebenso wie die angebotenen Produkte.

In einer tief eingeschnittenen Bucht der Ortschaft Vela Luka (▶ S. 123) liegt der geschützte Fähr- und Fischerhafen mit Cafés, Läden und Tavernen.

WANDERUNGEN AUF DEN SVETI ILIJA – URWÜCHSIGE NATUR UND WEITE BLICKE

CHARAKTERISTIK: Bergwanderung mit steilem Aufstieg, anspruchsvoll, aber nicht gefährlich **DAUER:** Aufstieg und Abstieg jeweils ca. 3 Stunden, insgesamt Tagesausflug **LÄNGE:** ca. 12 km durch steiles Gebirgsgelände **EINKEHRTIPP:** Konoba Pelješki Dvori, Obala Pomoraca 36, Orebić, Tel. 0 20/71 33 29 € **AUSKUNFT:**

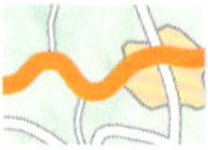

Fremdenverkehrsbüro Orebić, Zrinsko-frankopanska 2, Tel. 0 20/71 37 18, www.tz-orebic.hr

G 5

Die Wanderung ist zwar nicht schwierig oder riskant, erfordert aber doch eine gute Kondition und Erfahrung mit Bergwanderungen. Auch sollte man trittsicher und schwindelfrei sein. Unerlässlich sind solide Wanderschuhe und wetterfeste Kleidung – selbst im Sommer kann es auf dem Gipfel windig und kühl sein. Trinkwasser und Verpflegung sind ebenso mitzubringen, sinnvoll ist zudem die Mitnahme eines Fernglases.

Sinn macht diese Gipfelwanderung nur an klaren Gutwetter-Tagen. Grundsätzlich gibt es mindestens zwei Aufstiegsrouten. Die erste beginnt in der Ortschaft Orebić. Wir gehen auf der Küstenstraße, die durch den Ort führt, westwärts bis zum Hotel Bellevue auf der linken Seite. Bald hinter dem Hotel biegt rechts eine asphaltierte Straße ab. Sie führt recht steil den Hang hinauf bis zum Franziskanerkloster (Franjevački samostan). Wir folgen der Straße am Kloster vorbei und erreichen nach wenigen Minuten den Weiler Bilopolje. Hier zweigt rechts der Wanderweg zum Sveti Ilija ab, der üblicherweise mit einem rot-weißen Farbsymbol gekennzeichnet ist. Dieser Wanderweg steigt in Kehren steil den Hang empor und führt dann in einen Wald hinein bis zu einer Weggabelung. Hier kreuzt die zweite Aufstiegsroute, die ebenso beschrieben werden soll:

Von der Küstenortschaft Orebić aus fahren wir zunächst mit dem Auto (oder Taxi) westwärts an der Küste entlang über Kućište und Viganj bis zur kleinen Kapelle Sveti Ivan. Hier steigt die Straße am Hang empor in Richtung Lovište. Ungefähr 3 km ab der Kapelle Sveti Ivan biegt rechts von der Straße an einem kleinen Häuschen aus Zementsteinen unser Wanderweg ab. Auf dem Häuschen steht »Sv. Ilija, G. Nakovana« geschrieben. Außerdem ist der Weg mit einem rot-weißen Kreissymbol – später dominiert ein rot-weißes Strichsymbol – gekennzeichnet.

Gornja Nakovana ▶ Berghütte

Der Weg führt zunächst an der verlassenen Ortschaft Gornja Nakovana vorbei (unbedingt dem rot-weißen Strichsymbol folgen) und steigt dann mehr und mehr an. Nun dominieren Steineichen und Erdbeerbäume sowie aromatische Kräuter das Landschaftsbild. Immer mehr schlängelt sich der gut ausgetretene Weg hinauf in die Berge.

Nach etwa einer Stunde ist eine kleine Berghütte erreicht. Vor ihr steht eine alte Steineiche. Weiter verläuft der Aufstieg größtenteils durch ein schattiges Waldgebiet. Bald erreichen wir die besagte Weggabelung, wo wir auf die beschriebene Aufstiegsroute von Orebić treffen. Wir folgen nun weiter bergan dem rot-weißen Symbol durch die Wälder. Nach einer weiteren Stunde ist die massiv aus Steinen gemauerte Berghütte erreicht. Die Schutzhütte ist normalerweise geöffnet. Schon von hier genießen wir einen grandiosen Blick ins Tal.

Karstfelsen ▶ Gipfelkreuz

Nun folgt die letzte Etappe des Aufstiegs; sie dauert ca. 30 Minuten. Der Weg führt durch Wald, dann aber über spitze Karstfelsen bis hinauf zum Gipfelkreuz. Der Rundblick von hier oben ist wirklich einzigartig. Zur Meerseite hin erkennt man Korčula und – an klaren Tagen – in der Ferne die Inseln Mljet und Lastovo. Zur Landseite hin schweift der Blick hinunter auf die kleine Ortschaft Duba, die Ostspitze der Insel Hvar, die **Makarska Riviera** 3 und das Neretva-Delta. Vom Gipfelkreuz aus führt eine Art Ziegenpfad weiter ostwärts auf der Höhe zu einem Felsvorsprung, wo der Pfad endet. Von dieser Stelle aus kann man an klaren Tagen auf Orebić und die gesamte Küstenlinie schauen.

Felsvorsprung ▶ Orebić

Für den Rückweg sollte man sich Zeit nehmen. Der Weg führt steil abwärts und verlangt Trittsicherheit und stetige Konzentration. Wer den Abstieg nach Orebić wählt, muss auch den einen oder anderen Geröllhang queren.

Die anspruchsvolle Wanderung auf den Sveti Ilija beginnt im Badeort Orebić (▶ S. 126). Dort kann man nach den Anstrengungen auch gemütlich einkehren.

Romanisches Portal der St.-Laurentius-Kathedrale (▶ S. 92), Trogir.

KROATIENS SÜDLICHE KÜSTE ERFASSEN

KROATIEN KOMPAKT

Hier erfahren Sie alles, was Sie über Kroatiens südliche Küste und die Inseln wissen müssen – kompakte Informationen über Land und Leute, von Bevölkerung und Sprache über Geografie und Politik bis Religion und Wirtschaft.

BEVÖLKERUNG

Von den 4,4 Mio. Kroaten leben rund 800 000 in der Landeshauptstadt Zagreb. Größte Stadt der südlichen Küstenregion Dalmatien ist die Stadt Split mit ca. 200 000 Einwohnern. Weitere bedeutende Städte Dalmatiens sind Zadar, Šibenik und Dubrovnik. Ein Großteil der dalmatinischen Bevölkerung lebt in kleineren Ortschaften im Hinterland, an der Küste bzw. auf den Inseln. Außer Kroaten leben Serben, Bosniaken, Albaner, Roma u. a. in der Republik Kroatien.

LAGE UND GEOGRAFIE

Dalmatien grenzt im Nordwesten an die kroatische Region Kvarner, im Nordosten an Bosnien und Herzegowina sowie im Südosten an Montenegro. Ein Großteil der Region ist von Gebirgen aus Karstgestein geprägt. Als höchste Erhebung gilt der 1762 m hohe Sveti Jure nahe der Makarska Riviera. Im Bereich der Halbinseln und Inseln dominiert der Sveti Ilija mit 961 m. Küste und Inseln sind stark vom adriatischen Klima geprägt. Das Hinterland zeigt ein kontinentales Klima.

◀ Netzeflicken gehört zum Arbeitsalltag der dalmatinischen Fischer.

POLITIK UND VERWALTUNG

Mit dem Tod des Staatspräsidenten **Franjo Tudjman** 1999 endete eine Epoche autoritären Regierungsstils mit nationalistischem Charakter. Unter den wechselnden Regierungen der letzten Jahre hat sich das Land mehr und mehr demokratisiert und modernisiert. Die Wirtschaft wurde für private Investitionen geöffnet; auch ausländische Unternehmen können inzwischen in Kroatien Geschäfte machen. Deutlich ablesbar sind auch die Modernisierungen im Bereich der Verkehrswege. Mit dem Beitritt zur EU wurde auch ein Prozess eingeleitet, der das Rechtswesen an zeitgemäße Standards heranführen soll.

Im Küstenbereich ist Kroatien in die drei historischen Regionen Istrien, Kvarner und Dalmatien unterteilt. Letztere gliedert sich in die Verwaltungseinheiten (Gespanschaften) Zadar, Šibenik-Knin, Split-Dalmatien und Dubrovnik-Neretva.

RELIGION

Nahezu 90 Prozent der Kroaten bekennen sich zum römisch-katholischen Christentum. Der Rest gehört dem muslimischen oder orthodoxen Glauben an.

SPRACHE

Grundlegende Verkehrssprache ist Kroatisch in lateinischer Schrift. In den touristischen Zentren längs der Küste oder auf den Inseln versteht das Fachpersonal Deutsch, meist auch Englisch. Auch viele touristische Prospekte oder Internet-Informationen sind auf das deutsche Publikum ausgerichtet. Verständigungsprobleme gibt es in der Regel nicht.

WIRTSCHAFT

Die wirtschaftlichen Probleme Kroatiens sind nach wie vor gravierend. Die hohe Mehrwertsteuer und die hoch bewertete nationale Währung **Kuna** sorgen im Land für ein gehobenes Preisniveau bei geringen Einkommen. Auch im Export tut sich die kroatische Wirtschaft schwer. Nur wenige kroatische Produkte sind auf den Weltmärkten konkurrenzfähig. Bedeutendster Wirtschaftsfaktor in den Küstenbereichen ist mit Abstand der Tourismus. Ein Rückgang der Geschäfte im touristischen Sektor macht sich im gesamten Wirtschaftspotenzial Kroatiens negativ bemerkbar. Verschärft wird die wirtschaftliche Strukturkrise durch die hohe Arbeitslosigkeit; unter den Jugendlichen ist sie besonders hoch. Oft fehlt es den Jugendlichen an einer qualifizierten Ausbildung.

Mit dem EU-Beitritt Kroatiens sind Hoffnungen geweckt worden, dass sich die wirtschaftliche Lage schrittweise verbessert.

AMTSSPRACHE: Kroatisch
EINWOHNER: 4,441 Mio., davon 861 000 in Dalmatien
FLÄCHE: 56 542 km², davon ca. 13 000 km² Dalmatien
GRÖSSTE STADT: Split (in Dalmatien)
INTERNET: www.croatia.hr, www.dalmatia.hr
RELIGION: ca. 90 % Katholiken, 10 % Moslems und orthodoxe Christen
WÄHRUNG: Kuna

GESCHICHTE

Dalmatien hat sich von einer Region der Seefahrer und Schiffbauer zur bedeutendsten touristischen Region Kroatiens entwickelt. Das hat den Wohlstand der Bevölkerung, zumindest im Küstenbereich, deutlich erhöht.

2. Jahrtausend v. Chr. Die Dalmaten siedeln im Küstenbereich

Illyrische Stämme dringen in den Raum östlich der Adria vor. Einer dieser Stämme, die **Delmaten**, manchmal auch Dalmaten genannt, siedelt im Küstenbereich zwischen den Flüssen Krka und Neretva. Von diesem Stamm leitet sich der Name Dalmatien ab. Wenige Überreste dieses Stamms wurden von den heutigen Archäologen in Hügelgräbern oder hinter aufgehäuften Schutzwällen gefunden.

2. Jh. v. Chr. Römische Besiedlung der Provinz Illyricum

Ab dem 2. Jh. v. Chr. setzt die Periode der römischen Besiedlung ein. Die Illyrer werden von den Römern militärisch besiegt und als Einwohner der Provinz Illyricum in das Römische Reich eingegliedert. Ende des 3. Jh./Anfang des 4. Jh. entsteht in Split während der Herrschaft des Kaisers **Diokletian** der Diokletian-Palast.

1000 Venedig kontrolliert den Handel mit Salz, Holz und Getreide

Die **Seemacht Venedig** unter Leitung des Dogen Pietro Orseolo II. kontrolliert alle Städte an der dalmatinischen Küste. Fortan nennt sich der Doge Dux Veneticorum et Dalmaticorum. Venedig kontrolliert den Handel an der dalmatinischen Adria und unterbindet jeden Versuch der dalmatinischen

Ende des 3. Jh./Anfang des 4. Jh.

Während der Herrschaft des römischen Kaisers Diokletian entsteht der Diokletian-Palast.

11. Jh.

Venedig gelingt es, Byzanz als Mitbewerber an der adriatischen Küste auszuschalten.

Städte, eigene Handelsunternehmungen zu starten. Gehandelt werden vor allem Salz aus den dalmatinischen Salinen, außerdem Holz und Getreide. Mehrere Aufstände der Stadt Zara (heute Zadar) werden von den Venezianern niedergeschlagen. Im 11. Jh. gelingt es Venedig, Byzanz als Beherrscher der adriatischen Küste abzulösen.

1102 Venedig contra Ungarn

Das Königreich Ungarn tritt auf den Plan und versucht, Venedig die Dominanz über die dalmatinischen Hafenstädte streitig zu machen. Einige Hafenstädte wechseln mehrfach den Besitzer. Zu Beginn des 15. Jh. wird Ungarn durch die Angriffe der Türken geschwächt. In der Konsequenz gelingt es Venedig im Jahr 1409, dem ungarischen König für 100 000 Dukaten die Stadt Zadar und ganz Dalmatien abzukaufen. Spätestens ab dem Jahr 1421 wird Venedig zur beherrschenden Großmacht.

Unter der venezianischen Herrschaft kommt es zu einer wirtschaftlichen und kulturellen Blüte Dalmatiens. Es entstehen zahlreiche Stadtstrukturen, Kirchen, Wirtschafts- und Wohngebäude. Nur die Stadtrepublik **Ragusa** (Dubrovnik) kann sich durch geschicktes Lavieren der Macht Venedigs entziehen und ihre Unabhängigkeit bewahren.

1272 Aufschwung der Stadtrepublik Ragusa durch Handelsmonopol

Ragusa (Dubrovnik) kann gegenüber Venedig ein Stadtstatut durchsetzen, das zahlreiche Privilegien umfasst. Der Stadt wird auch eingeräumt, eigene Münzen zu prägen und in Umlauf zu bringen. Durch kluge Diplomatie, Bestechungen und Intrigen gelingt es Ragusa, das Monopol für den Handel mit Salz zu erwerben und zu verteidigen. Ragusa wird zu einer bedeutenden Handelsmacht und untergliedert sein Territorium in Fürstentümer, die von Repräsentanten der Patrizierfamilien aus Ragusa kontrolliert werden. Mljet, Lastovo, Ston, Šipan, Lopud, Cavtat und andere Inseln bzw. Städte werden zu eigenen Fürstentümern erklärt, die indes vollkommen von Ragusa abhän-

1409 Venedig kauft dem ungarischen König für 100 000 Dukaten die Stadt Zadar und weite Teile Dalmatiens ab. Nur Ragusa bleibt unabhängig.

1272 Die Stadt Ragusa setzt gegenüber der Großmacht Venedig ein eigenes Stadtstatut durch. Darin wird Ragusas Unabhängigkeit festgeschrieben. Die Stadt erhält Privilegien für die eigene Verwaltung und den Handel.

1421 Venedig wird zur beherrschenden Großmacht.

gig bleiben. Mit dem Erstarken der britischen, niederländischen und französischen Handelsflotten begann am Ende des 16. Jh. der wirtschaftliche Niedergang von Ragusa. Die Handelsschiffe, die nicht genügend modernisiert worden waren, erwiesen sich als veraltet und für den Handel mit Übersee unzureichend ausgerüstet. Das beschleunigte den Niedergang. Hinzu kam das Erdbeben im Jahr 1667. Es zerstörte weite Teile der Stadt.

1797 Frankreich an der Macht

Im Jahr 1797 geht die Vorherrschaft Venedigs zu Ende. Französische Truppen zwingen den letzten venezianischen Dogen zum Rücktritt. In den Folgejahren übernimmt Frankreich die Macht in Dalmatien. Ragusa verliert im Jahr 1808 seine Unabhängigkeit und wird unter den Franzosen an Dalmatien angegliedert. Nach dem **Wiener Kongress** 1815 wird Dalmatien der österreichischen Monarchie zugesprochen und ab 1816 zu einem eigenen Teilkönigreich erhoben. Der Name Ragusa blieb bis zum Jahr 1918 erhalten. Seither nennt sich die Stadt Dubrovnik, was auf das kroatische Wort für Eichenwald (dubrava) zurückgeht.

1941 Der Staat Kroatien entsteht mit faschistischer Unterstützung

Nach dem Ende des **Ersten Weltkrieges** und dem Zusammenbruch Österreich-Ungarns wird das gesamte dalmatinische Territorium dem Königreich der Serben, Kroaten und Slowenen (SHS) zugesprochen. König Alexander lässt 1929 den Staatsnamen in Königreich Jugoslawien ändern. Im **Zweiten Weltkrieg** wird das Königreich Jugoslawien zerschlagen und zwischen Deutschland, Italien und Ungarn aufgeteilt. Vom faschistischen Deutschland und Italien unterstützt, bildet sich im Jahr 1941 ein eigener kroatischer Staat. Er wird angeführt von **Ante Pavelić**, dem Chef der nationalistischen Ustaša-Bewegung. Diese Bewegung kopiert faschistische Praktiken und geht mit Gewalt gegen alle Nicht-Kroaten sowie politische Oppositionelle vor. Juden, Serben, Kommunisten und linke Politiker werden verfolgt

Ende des 16. Jh.

Wirtschaftlicher Niedergang der Stadtrepublik Ragusa. Das Erdbeben von 1667 beschleunigt diesen Prozess.

1797

Die Vorherrschaft Venedigs geht zu Ende. Französische Truppen zwingen den Dogen von Venedig zur Abdankung.

oder in Internierungslagern eingesperrt. Die **Ustaša** erhält Unterstützung der faschistischen Regierungen von Deutschland und Italien.

1946 Jugoslawien erhält eine neue Verfassung nach dem Bürgerkrieg

Auf dem Territorium des ehemaligen Königreiches Jugoslawien kommt es zu einem grausamen Bürgerkrieg zwischen den Volksgruppen. Partisanen organisieren den Widerstand gegen die italienischen, deutschen und kroatischen Faschisten. Führer der Partisanen wird der Kroate Josip Broz, seit 1937 Generalsekretär der verbotenen Kommunistischen Partei Jugoslawiens (KPJ). Im Untergrund nennt er sich **Tito**.

Nach dem Zweiten Weltkrieg wird unter Führung von Tito und der Kommunistischen Partei die Sozialistische Föderative Volksrepublik Jugoslawien gegründet. Am 31. Januar 1946 wird die neue Verfassung verkündet. Sie gilt für die Volksrepubliken Serbien, Kroatien, Slowenien, Bosnien-Herzegowina, Makedonien und Montenegro. Innerhalb Serbiens bekommen die Regionen Kosovo und Wojwodina gewisse autonome Rechte. Zahlreiche Unternehmen werden verstaatlicht. Innenpolitische Strukturen werden dezentralisiert. Ab 1953 werden Systeme der Arbeiterselbstverwaltung eingeführt. Außenpolitisch verfolgt der Staat ein Konzept der Blockfreiheit zwischen den ideologischen Blöcken im Westen und Osten.

1980 Titos Tod, das Ende des jugoslawischen Experiments

Nach dem Tod Titos im Jahr 1980 verschärfen sich die Spannungen im **Vielvölkerstaat Jugoslawien.** Auch die Wirtschaftslage verschlechtert sich drastisch. Bei den Wahlen im Jahr 1990 siegt in der Teilrepublik Kroatien die Partei HDZ (Kroatische Demokratische Gemeinschaft) unter Führung ihres Vorsitzenden Franjo Tuđman. Er wird Präsident Kroatiens und verschärft die Auseinandersetzungen mit den anderen Teilrepubliken Jugoslawiens. Im Mai 1991 findet in Kroatien ein Referendum statt, bei dem mehr als 93 Prozent der Bevölkerung für die

1808 Ragusa verliert seine Unabhängigkeit und wird an Dalmatien angegliedert.

1815 Österreich übernimmt die Macht an der kroatischen Adria.

1929 König Alexander lässt den Staatsnamen in Königreich Jugoslawien abändern.

Unabhängigkeit ihres Landes stimmen. Kroatien (ebenso Slowenien) löst sich von Jugoslawien und erklärt seine staatliche Souveränität.

1991 Unabhängigkeit und Krieg

Es kommt zum **Krieg** zwischen Kroatien und der von den Serben beherrschten jugoslawischen Armee, die Teile Kroatiens besetzt. Im Herbst 1991 werden Dubrovnik, Zadar, Šibenik und andere Küstenstädte von der jugoslawischen Armee beschossen. Die militärischen Auseinandersetzungen zwischen den kroatischen und den serbisch beherrschten jugoslawischen Truppen dauern an, es kommt zu Gewaltexzessen. Etwa ein Drittel des kroatischen Territoriums wird vom serbischen Militär erobert und besetzt. Als erster Staat der EU erkennt im Jahr 1992 Deutschland die Unabhängigkeit Kroatiens an. Im gleichen Jahr wird Kroatien in die UN aufgenommen. Der Krieg wird weiter mit großer Unerbittlichkeit und hohen Verlusten auf beiden Seiten geführt. Erst im Mai 1995 gelingt es Kroatien, die besetzte Region Ostslawonien zu befreien. Wenig später wird auch die Krajina von kroatischen Truppen eingenommen. Tausende von Serben fliehen oder werden von den Kroaten vertrieben.

1995 Frieden und ein neuer Anfang

Unter dem Druck der UN und der USA unterzeichnen Serben, Kroaten und Bosnier Ende 1995 das **Friedensabkommen von Dayton**. Darin wird auch vorgesehen, dass Ostslawonien, die Krajina und andere Gebiete wieder zum Territorium Kroatiens gehören sollen. Trotz des offiziellen Friedensabkommens bleiben erhebliche Spannungen zwischen den ehemaligen Kriegsparteien bestehen. Nach dem Tod des autoritär regierenden kroatischen Staatspräsidenten Franjo Tuđman im Dezember 1999 gewinnt wenig später die Opposition die Parlamentswahlen. Die vormals von Franjo Tuđman kontrollierte Regierungspartei HDZ (Kroatische Demokratische Gemeinschaft) verliert die Macht. Im Jahr 2000 kommt es zu einer neuen Regierung unter Führung des sozialliberalen Poli-

1941

Ante Pavelić, Führer der nationalistischen Ustaša-Bewegung, ruft einen unabhängigen kroatischen Staat aus. Er wird von den faschistischen Regierungen in Deutschland und Italien unterstützt. Dagegen formieren kroatische Partisanen den Widerstand.

1946

Nach einem grausamen Bürgerkrieg und dem Sieg der Partisanen wird die neue Verfassung verkündet. Auf ihrer Grundlage entsteht die Föderalistische Volksrepublik Jugoslawien unter der Führung von Tito.

tikers **Ivica Račan**. Er leitet ein Wahlbündnis aus insgesamt sechs Parteien.

2001 Aufbruch nach Europa

Die neue Regierung verspricht eine umfassende Steuer- und Wirtschaftsreform, Maßnahmen gegen Vetternwirtschaft und Korruption sowie eine Politik, die Kroatien schrittweise an die Europäische Union und die Nato heranführen soll.

Stipe Mesić von der Volkspartei HNS wird neuer Staatspräsident Kroatiens. Er setzt sich in aller Deutlichkeit von der Politik seines Vorgängers Franjo Tuđman ab, verspricht mehr demokratische Freiheiten und die Abschaffung von unberechtigten Privilegien für Mitglieder des Staatsapparates.

Im Jahr 2001 wird ein Stabilisierungs- und Assoziierungsabkommen mit der Europäischen Union unterzeichnet. Es kommt zu umfassenden Privatisierungen des Wirtschaftssektors. Auch der Tourismus, der durch den Krieg erheblich gelitten hatte, erlebt wieder einen Aufschwung. Nach wie vor sind aber Grenzstreitigkeiten mit dem Nachbarstaat und EU-Mitglied Slowenien ungeklärt. Zudem fordert die EU von Kroatien ein entschiedeneres Vorgehen gegen Kriegsverbrecher und korrupte Politiker.

2013 Endlich Mitglied der EU

Im Sommer 2009 wird Kroatien in die NATO aufgenommen. Bei den Präsidentschaftswahlen im Jahr 2010 siegt der Sozialdemokrat **Ivo Josipović**. Auch er setzt sich für die geplante EU-Mitgliedschaft Kroatiens ein. Nach einer diplomatischen Lösung der noch ungeklärten Probleme beschließt die EU-Kommission am 10. Juni 2011, die Verhandlungen mit Kroatien mit einem positiven Ergebnis abzuschließen und den EU-Beitritt auf den 1. Juli 2013 festzulegen. Im Januar 2012 findet in Kroatien das vorgeschriebene Referendum über die EU-Mitgliedschaft statt. Auf die Frage, ob Kroatien Mitglied der EU werden sollte, stimmen 66,5 Prozent der Wahlberechtigten mit Ja. Damit sind alle Voraussetzungen erfüllt. Am 1. Juli wird das Land als 28. Mitglied in die EU aufgenommen.

1991 Kroatien erklärt seine staatliche Selbstständigkeit. Es kommt zum Krieg.

1995 Friedensabkommen von Dayton.

2013 Kroatien wird in die EU aufgenommen.

2015 Kolinda Grabar-Kitarović von der HDZ-Partei wird für fünf Jahre zur Präsidentin Kroatiens gewählt.

2016 Die Stadt Stari Grad (das antike Pharos) auf der Insel Hvar feiert ihr 2400 Jahre währendes Bestehen. Damit ist sie die älteste Stadt Kroatiens.

REISEINFORMATIONEN

Anreise und Ankunft

MIT DEM AUTO

Durch Österreich und Slowenien geht es bis zur kroatischen Küstenstadt Rijeka; weiter auf der Magistrale südwärts über Senj, Karlobag, Starigrad bis Zadar. Von Starigrad-Paklenica bis zur Bucht von Kotor an der montenegrinischen Grenze erstreckt sich Dalmatien. Parallel zur Küste verläuft eine mautpflichtige Autobahn, Infos unter www.hac.hr. Fertiggestellt ist die Autobahn von Žuta Lokva in der Region Kvarner bis nahe der süddalmatinischen Küstenortschaft Ploče. Künftig soll sie sich bis Dubrovnik erstrecken. Es bestehen Hoffnungen, dass sich die Finanzierung dieses Projekts durch Kroatiens EU-Mitgliedschaft beschleunigt. Wer mit dem Pkw bis nach Split, Makarska oder Dubrovnik fahren möchte, kommt auf der Autobahn zügig und weitgehend stressfrei voran. Die Fahrt führt durch interessante Landschaften des kroatischen Hinterlandes und kostet Gebühren, die keinesfalls übermäßig hoch sind. Dagegen erweist sich eine Fahrt auf der Küstenmagistrale südwärts als zeitaufwendig und nervenbelastend.

MIT DEM BUS

Langwierig und nicht gerade komfortabel; tägliche Verbindungen nach Dalmatien. Die Fahrt Köln–Split dauert mindestens 24 Stunden. Manche Flugtickets nach Split sind preiswerter.

Info: www.eurolines.de bzw.
www.busticket.de

MIT DER FÄHRE

Schiffsverbindungen ab Italien (Ancona, Bari und Venedig) u. a. nach Zadar, Split, Dubrovnik, Hvar und Korčula. Infos und Buchung: www. Jadrolinija. hr

MIT DEM FLUGZEUG

Die bedeutendsten Flughäfen an Kroatiens südlicher Küste sind Split, Zadar und Dubrovnik.

Günstige Flüge ab Deutschland nach Dalmatien bieten derzeit TUIfly (www.tuifly.com), Airberlin (www.airberlin.com), Condor (www.condor.com), Lufthansa (www.lufthansa.com) und Eurowings (www.eurowings.com) an. Auch Easyjet (www.easyjet.com) und Ryanair (www.ryanair.com) fliegen Dalmatien an.

Ganzjährige regelmäßige Flugverbindungen nach Split und Dubrovnik unterhält die kroatische Gesellschaft Croatia Airlines (www.croatiaairlines.com, Tel. 0 69/9 20 05 20).

Taxifahrten von den Flughäfen Split, Zadar und Dubrovnik in die Innenstadt sind teuer. Weit günstiger ist die Fahrt mit dem jeweiligen Flughafenbus von Croatia Airlines. In Split verkehrt die Buslinie 37 im 20-Minuten-Takt zwischen dem Flughafen und dem Stadtzentrum. Die einfache Fahrt kostet ca. 3 €.

Auf www.atmosfair.de und www.myclimate.org kann jeder Reisende durch eine Spende für Klimaschutzprojekte für die CO_2-Emission seines Fluges aufkommen.

FLUGHÄFEN

Flughafen Brač

Tel. 0 21/55 97 11 | www.airport-brac.hr

Flughafen Dubrovnik

Tel. 0 20/77 31 00 | www.airport-dubrovnik.hr

Flughafen Split

Tel. 0 21/20 35 55 | www.split-airport.hr

Flughafen Zadar

Tel. 0 23/20 58 00 | www.zadar-airport.hr

REISEVERANSTALTER

Bemex Reisen

Tel. 0 89/2 31 19 70 | www.bemex.de

J.D. Riva Tours

Tel. 0 89/2 31 10 00 | www.kroatien-idriva.de

MIT DEM ZUG

Tägliche Verbindung per Euro-City ab München nach Rijeka. Von dort weiter per Fähre, Bus oder Leihwagen nach Dalmatien. Es gibt auch einen Autoreisezug von München nach Zagreb, dann weiter auf der Autobahn über Karlovac und Zadar bis Split. In der Sommersaison verkehrt auch ein Autoreisezug zwischen Zagreb und Split.

Auskunft

IN DEUTSCHLAND; ÖSTERREICH UND DER SCHWEIZ

Kroatische Zentrale für Tourismus

– Stephanstr. 13, 60313 Frankfurt | Tel. 0 69/2 38 53 50 | www.croatia.hr

– Liechtensteinstr. 22 a, 1/1/7, 1090 Wien | Tel. 01/5 85 38 84 | www.croatia.hr

Für Reisende aus der Schweiz ist das Büro in Frankfurt zuständig.

Buchtipps

Detlef Kleinert: Wenn Tito das wüsste. Von der kroatischen Küste bis zu den Bergen des Balkans (Herbig Horizonte Verlag, 2008) Der Journalist und langjährige Korrespondent schildert die Veränderungen der Lebensweise an der kroatischen Küste und im Hinterland.

Norbert Mappes-Niediek: Kroatien. Das Land hinter der Adria-Kulisse (Christop Links Verlag, 2009) Der ehemalige Südosteuropa-Korrespondent schildert die politische Wirklichkeit, gesellschaftliche Hintergründe und Bestrebungen zu einer Modernisierung der demokratischen Verhältnisse.

Jagoda Marinić: Gebrauchsanweisung für Kroatien (Piper Verlag, 2013) Mit viel Humor, Sachverstand und Engagement erläutert die Autorin die Vorzüge des Landes sowie die Mentalität, Sorgen und Leidenschaften der Kroaten.

Emeli Wethmar: Kroatisch kinderleicht (Schmetterling Verlag, 2010) Ein Bilderbuch mit sprachlichen Übungen, um Kroatisch für den Alltag zu lernen; geeignet für Kinder wie für Erwachsene.

City Cards

In Dubrovnik und Split kann der Kauf der Dubrovnik Card bzw. der Split Card Sinn machen, vor allem, wenn man sich gründlich mit den Angeboten der jeweiligen Stadt beschäftigen möchte und vorsieht, mindestens einen Tag oder gar mehrere Tage zu bleiben. Die Dubrovnik Card ermöglicht den

freien Eintritt in fünf Museen und zwei Galerien; außerdem berechtigt sie zu kostenlosen Spaziergängen auf der Altstadtmauer. Zudem können die Busse des öffentlichen Nahverkehrs kostenfrei benutzt werden. Der Käufer der Dubrovnik Card erhält einen 150-seitigen Reiseführer für die Stadt und überdies Rabatte in ausgewählten Geschäften, Souvenirshops und Restaurants.
Angeboten wird die Dubrovnik Card in drei Stufen. Für einen Tag kostet sie – online gekauft – 135 Kuna, für drei Tage 180 Kuna, für eine Woche 225 Kuna. Die Karte kann in den touristischen Informationsbüros, in Hotels oder bei touristischen Agenturen und Reisebüros erworben werden. Am günstigsten ist der Kauf der Dubrovnik Card im Internet. Infos: www.dubrovnikcard.com
Die Split Card kostet 5 € und ist 72 Stunden gültig. Bei einem Aufenthalt von drei oder mehr Tagen in Split bekommt man die Karte umsonst. Sie kann bei den touristischen Infobüros, in Hotels oder Reiseagenturen erworben werden. Die Karte ermöglicht den kostenlosen Besuch von fünf Museen und Galerien. Bei weiteren Museen gibt es 50 Prozent, und in ausgewählten Restaurants, Hotels und Geschäften zwischen 10 und 20 Prozent.
www.visitsplit.com

Diplomatische Vertretungen

Deutsches Honorarkonsulat

▶ Klappe hinten, a 2

Svačićeva 4, Split | Tel. 0 21/40 93 47

Österreichische Botschaft

Radnička cesta 80, Zagreb | Tel. 01/4 88 10 50

Schweizer Botschaft

Bogoviceva 3, Zagreb | Tel. 01/4 87 88 00

Feiertage

1. Januar Neujahr
6. Januar Heilige Drei Könige
Ostermontag
1. Mai Tag der Arbeit
Fronleichnam
22. Juni Antifaschistischer Widerstand
25. Juni Tag der Staatlichkeit
5. August Staatsfeiertag
15. August Mariä Himmelfahrt
8. Oktober Unabhängigkeitstag (Dan Neovisnosti)
1. November Allerheiligen
25./26. Dezember Weihnachten

FKK

FKK hat an der Adriaküste und auf den Inseln eine lange Tradition, die bis in die Dreißigerjahre des 20. Jh. zurückreicht. Beliebte FKK-Strände gibt es beispielsweise auf dem Pakleni-Archipel, das gegenüber der Stadt Hvar liegt. Besonders reizvoll ist der Jerolim-Strand.
Nach wie vor gibt es in Dalmatien einige FKK-Campingplätze sowie besondere, für FKK-Freunde ausgewiesene Strandpartien. Auch in entlegenen, nur per Boot bzw. Schiff oder nach längeren Wanderungen erreichbaren Buchten ist oft FKK üblich. FKK an Stränden, die offensichtlich nur von Besuchern in Badebekleidung genutzt werden, gilt als respektlose Provokation und verletzt die Moralvorstellungen der Einheimischen.
Umgekehrt gilt: Bekleidete Besucher eines FKK-Strandes üben Zurückhaltung und fotografieren keinesfalls.

Fotografieren

Das Fotografieren von militärischen Anlagen ist untersagt; das gilt auch für Schiffe der kroatischen Marine in den dalmatinischen Häfen.

Geld

10 Kuna	1,31 €/1,61 SFr
1 €	7,64 Kuna
1 SFr	6,20 Kuna

Sperr-Notruf bei Verlust der Kreditkarte/EC-Karte: 00 49/11 61 16

Seit 31. Mai 1994 heißt die kroatische **Währung** Kuna (HRK) bzw. (KN) – Kuna bedeutet im Deutschen Marder. 1 Kuna ist in 100 Lipa unterteilt. Im Umlauf sind Münzen zu 1, 2, 5, 10, 20 und 50 Lipa, außerdem 1, 2 und 5 Kuna. **Banknoten** gibt es im Wert von 5, 10, 20, 50, 100, 200, 500 und 1000 Kuna.

Möglichkeiten zum **Geldwechsel** gibt es in Banken, geöffnet in der Regel Mo–Fr von 7–19 und Sa 7–13 Uhr, in Wechselstuben, auf Postämtern, in vielen Reisebüros, in Hotels und auf Campingplätzen. Es lohnt sich unbedingt, die Konditionen zu vergleichen. Der Umtausch in Kroatien ist günstiger als in Deutschland. Euro werden allgemein auch sehr gerne genommen.

Geldautomaten (Bankomat), an denen man mit EC- und Kreditkarten kroatische Währung ziehen kann, gibt es in nahezu allen Ortschaften in den touristisch relevanten Gebieten.

Kleidung

Fällt der Urlaub in die Sommersaison von Mai bis September, lohnt es sich unbedingt, Taucherbrille, Schnorchel und Flossen mitzunehmen. Wegen der vielen Kies- und Felsenstrände Dalmatiens empfehlen sich solide Badeschuhe. Auch ist in den Sommermonaten Sonnenschutz notwendig. Für Schiffsausflüge und Transfers mit Fähren benötigt man wetterfeste Kleidung, denn oft vergessen Schiffsreisende, dass während der Fahrt das Wetter umschlagen, es windig, gar stürmisch oder regnerisch werden kann.

Links

www.croatia.hr
Offizielle Informationen der Kroatischen Zentrale für Tourismus

www.skippertipps.de
Tipps für Wassersportler in Kroatien

www.camping.hr
Kroatischer Campingverband, informative und umfangreiche Seite

www.dalmacija.net
Infos über Mittel-Dalmatien

www.reisewelt-kroatien.de
Umfassende Infos über touristischen Service in Kroatien

www.dalmatia.hr
Offizielle Infos der Tourismusbehörde Split und Umgebung

www.kroatien-net.de
Unterkünfte und allgemeine Infos

Medizinische Versorgung

KRANKENVERSICHERUNG

Der Abschluss einer Auslandsreisekrankenversicherung sollte je nach individueller Situation überlegt werden, ist aber nicht obligatorisch.

KRANKENHAUS

Größere Krankenhäuser befinden sich z. B. in Zadar, Split und Dubrovnik. Kleinere Krankenhäuser und medizinische Versorgungsstationen gibt es auch auf den Inseln und längs der Küste. Im Krankheitsfall ist es sinnvoll, sich an die Hotelrezeption oder an eine touristische Informationsstelle bzw. Agentur zu wenden. Gewöhnlich sind sie bemüht, den Kontakt zu örtlichen medizinischen Diensten herzustellen.

APOTHEKEN

Apotheken sind meist Mo–Fr von 8–21 und Sa von 8–14 Uhr geöffnet.

Nebenkosten

1 Tasse Kaffee	1,50 €
1 Bier	1,60 €
1 Glas Wein	1,50 €
1 Cola	0,90 €
1 Brot (ca. 1 kg)	1,00 €
1 Schachtel Zigaretten	ab 1,50 €
1 Liter Benzin	1,20 €
1 typisches kleines Gericht	3,00 €
Mietwagen/Tag	ab 45,00 €

Notruf

Polizei Tel. 92 oder 112
Feuerwehr Tel. 93 oder 112 und 985
Rettungsdienst Tel. 94 oder 112
Pannenhilfe Tel. 987
Seenot-Rettung Tel. 91 55
Kroatische Engel (Touristische Infos jeder Art, auch in Deutsch. Nur von Ende März bis Mitte Okt.) Tel. 0 62/ 99 99 99
ADAC-Auslandsnotruf
Tel. 0 89/22 22 22

Post

Die Ämter der kroatischen Post- und Telekommunikationsgesellschaft HPT sind in der Regel Mo–Fr von 7–19 und Sa von 7–13 Uhr geöffnet. In der Sommersaison sind einige Postämter in den Touristenorten bis 22 Uhr geöffnet. Die Postämter bieten auch Telefonkarten für Gespräche aus Telefonzellen an. Das Porto für Postkarten beträgt 3,50 Kuna, die Briefkästen sind gelb.

Reisedokumente

Deutsche, Österreicher und Schweizer können mit einem gültigen Reisepass oder Personalausweis (Identitätskarte) einreisen. Kinder unter 16 Jahren müssen im Pass eines Elternteils eingetragen sein oder benötigen einen Kinderausweis mit Lichtbild bzw. einen Kinderreisepass. Bei der Einreise mit dem Auto oder Motorrad sind der Führerschein, der Kfz-Schein und die grüne Versicherungskarte vorzulegen.

Reiseknigge

Nationalbewusstsein: Halten Sie sich bei Debatten über die Politik der kroatischen Regierung oder über die Hintergründe für den Zerfall des ehemaligen Jugoslawien zurück. Dieses Thema wird nach wie vor kontrovers debattiert und reißt alte Wunden auf.
Batterien im Koffer: Bei der Ausreise an den kroatischen Flughäfen dürfen sich im aufgegebenen Gepäck keine Objekte (Mini-Radio, Fotoausrüstung, Rasierapparate, Reisewecker etc.) befinden, die Batterien enthalten.

Reisezeit

Günstigste Zeit für eine Reise nach Dalmatien sind die Monate Mai/Juni sowie September und die erste Oktoberhälfte. Die Temperaturen sind dann meist angenehmer als in der von starker Hitze geprägten Hochsaison im Juli und August.
Auch der Herbst und der Monat April können den Urlauber an der dalmatinischen Adria in manchen Jahren mit

einem milden, angenehmen Wetter verwöhnen. Im Herbst sollte man aber beachten, dass zumeist ab dem 15. Oktober das touristische Serviceangebot nachlässt.

Info über das Wetter in Kroatien: www.wetter.net/n116.html

Sicherheit

Wichtige Dokumente sowie größere Geldsummen deponiert man möglichst im Tresor des Hotels. Problematische Bereiche, in denen es zu Aktivitäten von Taschendieben kommen kann, sind – wie überall – die gelegentlich von Besuchergruppen überfüllten Städte, Häfen oder Märkte. Auch an den Ticketschaltern der Fährstationen kann es zu solchen Aktivitäten kommen. Kommt es zu einem Diebstahl, sollte er in jedem Fall auf der örtlichen Polizeistation gemeldet werden. Gestohlene Kreditkarten sollte man umgehend sperren lassen.

Strom

Generell 220 Volt. Adapter werden nicht benötigt.

Telefon

Auslandsgespräche sind generell teuer, Inlandsgespräche verhältnismäßig preiswert. Viele deutsche Mobilfunk-Anbieter bieten Roaming-Tarife an. Kroatien verfügt über ein modernes und bis auf kleine Ausnahmen flächendeckendes Mobilfunknetz. Die drei größten inländischen Mobilfunkanbieter heißen Vipnet (0 91…), Tele 2 (0 95…) und Cronet (0 98…).

VORWAHLEN

D, A, CH ▸ **Kroatien** 0 03 85
Kroatien ▸ **D** 00 49
Kroatien ▸ **CH** 00 41
Kroatien ▸ **A** 00 43

Danach wählt man die jeweilige Ortskennzahl ohne die Null am Anfang. Im Festnetz kann eine Nummer im selben Vorwahlbereich auch ohne Vorwahl angewählt werden.

Vorwahlnummern der Regierungsbezirke (Županije) in Dalmatien:
Zadar/Knin Tel. 0 23
Šibenik Tel. 0 22
Split Tel. 0 21
Dubrovnik und Neretva-Tal Tel. 0 20

Klima (Mittelwerte)

	Januar	Februar	März	April	Mai	Juni	Juli	August	September	Oktober	November	Dezember
Tagestemperatur	12	12	14	17	21	25	28	28	25	21	17	13
Nachttemperatur	6	6	8	11	15	19	21	21	18	14	10	7
Sonnenstunden	4	5	6	7	9	10	11	11	9	7	4	3
Regentage pro Monat	11	11	9	8	8	4	3	3	6	9	13	13
Wassertemperatur	13	13	13	15	17	22	23	24	22	20	18	15

Tiere

Hunde und Katzen benötigen zur Einreise einen EU-Heimtierausweis (stellt der Tierarzt aus) mit Nachweis einer Tollwutimpfung. Das Tier muss durch einen Mikrochip identifizierbar sein.

Trinkgeld

Bei sehr gutem Service des Reiseführers, Taxifahrers oder Kellners ist ein Trinkgeld von 5 bis 10 Prozent der Rechnung angebracht. Das Trinkgeld fürs Hotelpersonal richtet sich nach der Hotelkategorie.

Verkehr

AUTO

Es genügen die gültige Zulassung des Autos und ein gültiger Führerschein; die grüne Versicherungskarte sollte mitgeführt werden. Wer nicht mit dem eigenen Wagen einreist, benötigt eine Vollmacht des Fahrzeughalters. Innerhalb von geschlossenen Ortschaften sind max. 50 km/h vorgeschrieben; auf Landstraßen 90 km/h; auf Schnellstraßen 110 km/h; auf Autobahnen (gebührenpflichtig) 130 km/h. Die Promillegrenze liegt bei 0,0 Promille.
Die Versorgung mit Tankstellen, die auch bleifreies Benzin anbieten, ist an der Küstenmagistrale ausreichend. Bei den Inseln sollte man sich vorher erkundigen. Das Tragen einer Warnweste bei Unfällen und Pannen ist Vorschrift.

FAHRRAD

Verleihstationen gibt es praktisch in allen touristischen Zentren. Für ambitionierte Fahrradtouren im Gebirge gibt es spezielle Agenturen, die über einschlägige Kenntnisse und Erfahrungen verfügen.

MIETWAGEN

Hinreichend großes Angebot in allen touristischen Orten und Flughäfen. Zumeist erhebliche Engpässe im Juli und August, gepaart mit Preissteigerungen.

ÖFFENTLICHE VERKEHRSMITTEL

Das Busnetz längs der Küste ist dicht, das auf den Inseln weniger dicht ausgebaut. Die Preise sind niedrig. Sonntags verkehren weniger Busse.

SCHIFF

Die meisten Fährverbindungen in der kroatischen Adria sowie nach Italien bietet die staatliche Gesellschaft **Jadrolinija**. Die Preise für die Fähren zu den Inseln sind günstig.
Für Fahrten in der Hochsaison ist eine rechtzeitige Reservierung der Tickets im Internet unbedingt ratsam. Wer im Juli und August sein Ticket am Tag der Abfahrt kaufen möchte, muss mit erheblichem Gedränge rechnen. Besonders die Autofähren sind in der sommerlichen Hochsaison stark überlastet und bieten dem Reisenden nur einen eingeschränkten Service. Auch der Zustand der sanitären Anlagen ist dann oft beklagenswert.

DERTRAFFIC

Emil-von-Behring-Str. 6, 60424 Frankfurt | Tel. 0 69/95 88 59 63 | www.ocean24.de

Jadrolinija

Rijeka | Tel. 0 03 85/51/66 61 11 | www.jadrolinija.hr

Mit Katamaranen und modernen Schnellbooten betreibt die Firma Kapetan Luka einen verlässlichen Fährbetrieb, der sich in den letzten Jahren durch Professionalität einen Namen gemacht hat. Die meisten Verbindungen starten in Split. Buchung und Info unter: www.krilo.hr

Taxi

Es gelten feste Tarife. Bei längeren oder Tagesfahrten kann der Preis ausgehandelt werden. Das Preisniveau ist nicht niedrig und entspricht ungefähr dem deutschen.

Zeitungen und Zeitschriften

Deutschsprachige Zeitungen und Zeitschriften bekommt man während der Saison von Mai bis Mitte Oktober in den Touristenorten.

Zeitverschiebung

In Kroatien gilt die MEZ wie in Deutschland und die Umstellung auf Sommerzeit, die von Ende März bis Ende Oktober in Kraft tritt.

Zoll

Reisende aus Deutschland und Österreich dürfen Waren abgabenfrei mit nach Hause nehmen, wenn diese für den privaten Gebrauch bestimmt sind. Bestimmte Richtmengen sollten jedoch nicht überschritten werden (z. B. 800 Zigaretten, 10 l Spirituosen, 10 kg Kaffee). Weitere Auskünfte unter www.zoll.de und www.bmf.gv.at/zoll.

Reisende aus der Schweiz dürfen Waren im Wert von 300 SFr abgabenfrei mit nach Hause nehmen, wenn diese für den privaten Gebrauch bestimmt sind. Tabakwaren und Alkohol fallen nicht unter diese Wertgrenze und bleiben in bestimmten Mengen abgabefrei (z. B. 200 Zigaretten oder 2 l Wein). Weitere Infos unter www.zoll.ch.

Für die Einfuhr von Jagd- oder Sportwaffen sowie deren Munition besteht eine Anmeldepflicht. Ausländern wird für die Dauer ihres Aufenthalts in Kroatien eine Trageerlaubnis für ihre Sportwaffen erteilt.

Entfernungen (in km) zwischen wichtigen Orten

	Biograd	Dubrovnik	Makarska	Omiš	Šibenik	Sinj	Split	Ston	Trogir	Zadar
Biograd	–	350	183	147	45	154	122	289	144	30
Dubrovnik	350	–	167	203	305	260	228	61	250	380
Makarska	183	167	–	36	138	80	61	106	84	213
Omiš	147	203	36	–	102	55	25	142	48	177
Šibenik	45	305	138	102	–	109	77	244	52	75
Sinj	154	260	80	55	109	–	32	199	51	171
Split	122	228	61	25	77	32	–	167	25	152
Ston	289	61	106	142	244	199	167	–	186	319
Trogir	144	250	84	48	52	51	25	186	–	127
Zadar	30	380	213	177	75	171	152	319	127	–

ORTS- UND SACHREGISTER

Wird ein Begriff mehrfach aufgeführt,
verweist die **fett** gedruckte Zahl auf die Hauptnennung.
Abkürzungen: Hotel [H] · Restaurant [R]

FÜR DIE
BESONDEREN momente
AUF REISEN.
Über
100
Titel!
MERIAN momente
LISSABON

Liebe Leserinnen und Leser,

vielen Dank, dass Sie sich für einen Band aus unserer Reihe MERIAN *momente* entschieden haben. Wir freuen uns, wenn Ihnen der Reiseführer gefällt. Wenn Sie aber Anregungen, Korrekturen oder Kritik haben, zögern Sie bitte nicht, uns zu schreiben. Denn das hilft uns, MERIAN *momente* noch besser zu machen.

Alle Angaben in diesem Reiseführer sind gewissenhaft geprüft. Preise, Öffnungszeiten usw. können sich aber schnell ändern. Für eventuelle Fehler übernimmt der Verlag keine Haftung.

TRAVEL HOUSE MEDIA
Postfach 86 03 66
81630 München
merian-momente@travel-house-media.de
www.merian.de
Tel. 0 89/4 50 00 99 41

BEI INTERESSE AN MASSGESCHNEIDERTEN MERIAN-PRODUKTEN:
veronica.reisenegger@travel-house-media.de

BEI INTERESSE AN ANZEIGEN:
KV Kommunalverlag GmbH & Co KG
Tel. 0 89/9 28 09 60
info@kommunal-verlag.de

2. Auflage 2017

REDAKTIONSLEITUNG
Susanne Kronester
REDAKTION
Juliane Helf
LEKTORAT
Waltraud Ries
BILDREDAKTION
Tobias Schärtl
SCHLUSSREDAKTION
Christiane Gsänger
HERSTELLUNG
Bettina Häfele, Gloria Schlayer
SATZ/TECHNISCHE PRODUKTION
h3a GmbH, München
REIHENGESTALTUNG
Independent Medien Design, Horst Moser, München (Innenteil), La Voilà, Marion Blomeyer & Alexandra Rusitschka, München und Leipzig (Coverkonzept)
KARTEN
Kunth Verlag GmbH & Co. KG für MERIAN-Kartographie
DRUCK UND BINDUNG
Printer Trento, Italien

TRAVEL HOUSE MEDIA
Ein Unternehmen der
GANSKE VERLAGSGRUPPE

PEFC
PEFC/18-31-506

BILDNACHWEIS

Titelbild (Insel Korčula), mauritius images: J. Wlodarczyk/Alamy

Alamy: Capture 128, B. Müller TOPICMedia 39 | H. Arndt 152 | Bildagentur Huber: F. Cogoli 55, 121, 125, Grafenhain 20/21, J. Huber 109, 138, Stipe Surac 36 | Bildagentur Zoonar GmbH 2 | Corbis 122, F. Cogoli/Grand Tour 40, J. Irish National Geographic Society 48, I. Vdovin JAI 144, M. Williams-Ellis & R. Harding World Imagery 32 | Dorling Kindersley: L. Rossi 113 | dpa Picture-Alliance: F. Banfi /WaterFrame 13l, R. Hackenberg 13r, W. Thieme 127 | Fotolia: D. Bajurin 150, lexlero 73 | gemeinfrei 171 | Getty Images 170l, 172, A. Copson, Collection: AWL Images 15, S. Levis Collection: Photolibrary 116 | GlowImages 61, 70, 111, 161, 166/167, 173 | imago/imagebroker 119 | Interfoto 165 | H. Klöcker 9 | Kroatische Zentrale für Tourismus: M. Romulić & D. Stojčić 14, 52 | laif: M. Amme 60, 66, G. Gerault hemis 64/65, R. Kreuels 103, H. Madej 84, 100, 106, 149, 168, Martin/Le Figaro Magazine 16, 56, C. Zahn 90 | mauritius images 6, 131, alamy 154/155, A. Fateev/Alamy 157, M. Moxter 94, O. Stadler 63, United Archives 192 o | plainpicture: Lumiimages 47, Mato 44 | Prisma Bildagentur 4/5, A. Leiva 26 | H.-G. Roth 159, 163 | Schapowalow: J. Huber/SIME 80, SIME 89, J. Wlodarczyk SIME 93 | Shutterstock: e X p o s e 175, M. Fuchslocher 19, Kesu 29, Kiev.Victor 174, E. Kondratova 31, H. Nouwens 170r, M. Paschos 192 u, P. Prescott 83, V. Rybakova 18, xbrchx 79, Zocchi Roberto 134 | ullstein bild 96 | vario images/imagebroker 114 | Your Photo Today 22, A. Seewald 12

KULINARISCHES LEXIKON

A

ajvar – pikante Würzbeilage für Fleischgerichte
arbun – Rotbrasse

B

bakalar – Stockfisch
bijeli luk – Knoblauch
bijeli sir – Frischkäse, Quark
biska – spezieller Schnaps
blitva – Mangold
boca – Flasche
bračkisir – Schafskäse aus Brač
breskva – Pfirsich
brodet – dalm. Bouillabaisse
burek – gefüllte Pasteten

C

čaj – Tee
čaša – Glas
čevapčići – gegrillte Hackfleischröllchen
cipal – Meeräsche

D

dagnje – Miesmuscheln
debit – regionaler Weißwein
dinja – Honigmelone
dingač – lokaler Rotwein
divlač – Wild
doručak – Frühstück

F

fuži – Maultaschen

G

gostiona – Gaststätte
govedina – Rindfleisch
gregada – Fischtopf

H

hladno – kalt
hobotnica na salatu – Tintenfischsalat
hrvatica – lokaler Roséwein (trocken)

J

jabučni sok – Apfelsaft
jabuka – Apfel
jagode – Erdbeeren
jaja – Eier
janjetina – Lammfleisch
jesti – essen
juha – Suppe

K

kakao – Kakaogetränk
kava – Kaffee
kiselo – sauer
kolač – Kuchen
konoba – Weinkeller
konobar, molim – Herr Ober, bitte
kozji sir – Ziegenkäse
kruh – Brot
krumpir – Kartoffel
kruška – Birne
kupus – Kohl

L

lignja – Tintenfisch
limun – Zitrone
limunada – Limonade
lozovača – Traubentrester

M

mahune – grüne Bohnen
malvazija – lokaler Weißwein (trocken)

maslac – Butter
masline – Oliven
med – Honig
meso – Fleisch
mineralna voda – Mineralwasser
minestra – Gemüseeintopf
mlijeko – Milch

N

na lešo – gekocht
naranča – Apfelsine
na žaru – vom Rost, vom Grill

O

odojak – Ferkel
omlet sa sirom – Omelett mit Käse
orada – Goldbrasse
orahovac – Walnusslikör
orahovica – Walnussschnaps
orgula – regionale Olivensorte
oslić – Seehecht
ovčji sir – Schafskäse

P

papar – Pfeffer
pašticado – Rinderbraten
pečeni krumpir – Bratkartoffeln
pelinkovac – Magenbitterlikör
perad – Geflügel
pikantno – pikant
pile – Hühnchen
piti – trinken
pivo – Bier
pošip – kroatischer Weißwein
povetica – Kuchen, eine Strudelart
povrče – Gemüse
prošek – Süßwein
pršut – Schinken
pljeskavica – gegrillte Bulette
prč – regionaler Muskatwein
prstači – Steinbohrermuschel
pura – Maisbrei, Polenta
purica – Truthahn

R

račići – Garnelen
rak – Krebs
ražnjići – gemischte Fleischspieße
riba – Fisch
ribarski brudet – Fisch-Brodetto
riblja juha – Fischsuppe
riža – Reis
rožata – Karamellpudding

S

sardine u ulju – Ölsardinen
sarma – Krautwickel
sir – Käse
škampi – Scampi
škarpina – Drachenkopf
školjke – Miesmuscheln
skuša – Makrele
sladoled – Eis
slano – salzig
slatko – süß
sljivovica – Pflaumenschnaps
sok – Saft
sol – Salz
suho – trocken (Wein)
šunka – Schinken
svinjetina – Schweinefleisch

T

teletina – Kalbfleisch
travarica – Kräuterschnaps
tuna – Thunfisch

V

večera – Abendessen
vinjak – Weinbrand
vino – Wein
voće – Obst
voda – Wasser
vruće – heiß

Z

živjeli – Zum Wohl!

SPLIT GESTERN & HEUTE

Während seiner Regierungszeit ließ sich Kaiser Diokletian in nur zehn Jahren (295–305 n. Chr.) an einer Bucht im heutigen Split einen pompösen Altersruhesitz bauen. Das monumentale Gebäude im Stil einer römischen Villa war durch Mauern und Wachtürme gesichert, auch Tempel und prachtvolle Fassaden gehörten dazu. Die Überreste des imposanten **Diokletian-Palastes** 2 aus römischer Zeit sind heute in die Altstadt von Split (▶ **S. 82**) integriert.